土地法制科学

LAND LEGAL SYSTEM SCIENCE

第4卷

主　　编 耿　卓
执行主编 文学国

法律出版社

“中国土地法制与乡村振兴战略会议联盟”
简　介

“中国土地法制与乡村振兴战略会议联盟”(以下简称“联盟”)是在陈小君、房绍坤、高圣平、高富平、王洪平等教授倡议下,由中国人民大学不动产法研究中心、吉林大学财产法研究中心、广东外语外贸大学土地法制研究院、华东政法大学财产法研究院、烟台大学中国土地政策法律实施评估研究中心共同发起成立的以研究土地法制、乡村振兴战略法治保障为主题的松散型智库性虚体机构。“联盟”致力于扩大中国土地法律制度研究在立法和司法、依法行政、城乡融合、乡村社会治理、农民境遇改变和农业有序发展等方面的学术影响,致力于服务党和国家的决策,切实助推乡村振兴战略全面落实。

为弘扬学术、扩大影响,经“联盟”议事会(发起成员单位)研究决定,“联盟”学术论坛由“联盟”成员单位轮流承办,每年春季和秋季各举行一次;广东外语外贸大学发起并连续主办两届的“全国土地法制与社会发展博士生论坛”于2018年起由“联盟”主办、“联盟”成员单位轮流承办,每年秋季举行;广东外语外贸大学土地法制研究院主办的《土地法制科学》于2018年起由“联盟”主办、“联盟”成员单位轮流承办,每年出版两卷。

“联盟”的“两坛一书”须遵守宪法、法律、法规和国家政策,不得危害国家安全、统一和民族团结,不得违背社会公德。“联盟”坚持开放原则,将适时接纳相关符合设立宗旨和条件的高校或研究机构加入。

目　录

Contents

Urban and Rural China

Fundamental Theory

Social Empirical Research

Review and Translation of Foreign Law

Review & Summary

城乡中国

广东破解乡村振兴用地难问题研究*

耿卓等**

|**摘　要**|

乡村振兴战略与土地制度改革在价值目标上具有一致性，在基本制度内容上具有同一性，在推进步骤上具有相似性。由于长期以来以城市化为中心建立的体制机制，目前广东乡村振兴用地难问题较为突出，主要表现为村庄土地利用规划尚未完成，土地用途管制僵化、建设用地指标缺乏、用地流程审批复杂、农地流转难、农地权益退出机制不完善、历史遗留用地问题亟待解决等。基于乡村振兴的用地需求，应当坚持新发展理念和科学思维，更新国土空间规划，改革农村土地制度，节约集约利用土地，完善土地确权登记等支撑保障制度，通过体系化的制度方案破解广东乡村振兴用地难问题。

|**关键词**|

乡村振兴　用地难　国土空间规划　集约节约用地　土地制度改革

|**目　次**|

---

* 基金项目：司法部国家法治和法学理论研究项目“乡村振兴战略实施的土地法制改革路径”（18SFB2033）。

** 执笔人：耿卓、孙聪聪、张凇纶、曹益风、陈越鹏，均为广东外语外贸大学土地法制研究院专职研究人员。

一、引言

实施乡村振兴战略是建设现代化经济体系的重要基础,是建设美丽中国的关键举措,是传承中华优秀传统文化的有效途径,是健全现代社会治理格局的固本之策,是实现全体人民共同富裕的必然选择,对解决新时代我国社会主要矛盾,实现"两个一百年"奋斗目标和中华民族伟大复兴中国梦,具有重大的现实意义和深远的历史意义。我国区域经济差异明显,在乡村振兴方面,不同区域根据各自的经济发展现状和资源特点制定了不同的政策。

广东是我国改革开放的先行地区和重要的经济中心区域,在全国经济社会发展和改革开放大局中具有重要地位。习近平总书记在参加广东代表团审议时提出"四个走在全国前列",为进一步做好新时代广东各项工作、实施乡村振兴战略指明了前进方向、注入了强大动力、提供了重要遵循。广东按照"四个走在全国前列"的要求,为推动乡村振兴战略各项举措在南粤大地落地生根、结出丰硕成果,结合本省实际,特别是乡村存在的不平衡不充分问题,制定广东省《关于推进乡村振兴战略的实施意见》。为强化实施乡村振兴战略的规划引领,根据中共中央国务院《关于实施乡村振兴战略的意见》《乡村振兴战略规划(2018—2022年)》及广东省《关于推进乡村振兴战略的实施意见》,广东省《实施乡村振兴战略规划(2018—2022年)》成为指导全省各地区各部门分类有序推进乡村振兴的重要依据。该规划特别提出推进乡村振兴综合改革试点,在梅州、惠州、江门、清远和佛山开展乡村振兴综合改革试点,探索城乡融合发展新路径,在培育新型农业经营主体、农村土地制度和集体产权制度改革、农村人居环境整治、乡村治理等重点领域取得实质性进展。同时,粤港澳大湾区合作的重点领域与农业现代化发展和乡村产业的方向一致,紧抓湾区建设带来的千载难逢的战略机遇,必将极大助力乡村振兴战略的实施。

面对乡村振兴这一历史机遇,以及乡村振兴过程中出现的新业态、新主体,农村发展的新模式,农村"沉睡的资产"即将逐步盘活等新形势,土地制度改革在抓住机遇的同时,其改革成效也要接受乡村振兴这一"试金石"的检验。[1]广东如何以土地制度改革助推乡村振兴战略的实施,是土地制度改革面临的新考题和挑战。

---

〔1〕 参见夏柱智:《乡村振兴背景下的农村土地制度改革——以对土地增减挂钩的反思为切入点》,载《贵州大学学报》(社会科学版)2018年第3期。

二、广东乡村振兴用地难问题及其类型化

作为全国 GDP 排名第一的省份,广东发展不平衡、不充分的问题在乡村最为突出,实施乡村振兴战略对于广东补齐发展短板、全面建成小康社会具有特殊重要性。在全省推进乡村振兴战略实施的背景下,农村土地不再是农民的安身立命之本、城市化建设的储备库,更是农民实现生活富裕的产权保障、乡村产业发展最重要的资源要素。但是囿于长期以来以城市化为中心建立的体制机制,目前广东乡村振兴用地难问题较为突出。课题组基于乡村振兴的用地需求,结合前期的实地调研经验,从供应链、权利变动、行动理论和立法论视角将用地难问题类型化梳理如下。

(一)乡村振兴用地需求的土地类型

乡村振兴的用地需求集中地体现在产业兴旺、生态宜居目标的实现过程中,尤其是在全域推进农村人居环境整治的背景下,实施乡村振兴战略和建设美丽宜居乡村应当互为表里、协同推进,避免重蹈城市化进程中低成本污染、高代价治理的覆辙。依据土地用途,乡村振兴的用地需求主要表现为建设用地、农业用地和生态用地等不同的土地类型。

1. 建设用地

建设用地是指建造建筑物、构筑物的土地,包括城乡住宅和公共设施用地、工矿用地、交通水利设施用地、旅游用地、军事设施用地等。乡村产业转型升级中的一二三产业融合、农产品加工、乡村休闲旅游、农村创新创业、乡村基础设施建设等均有赖于充足的建设用地供给。建设用地的用途既包括农村集体自用和外来资本投资建设,又可区分为工业、商业等经营性用途和基础设施、公共服务等公益性用途等。鉴于土地资源的稀缺性和不可再生性,以及农业生产和粮食安全对于人类生存与发展的基础性和重要性,需要对建设用地的规模予以控制,并对农业用地的规模进行保护。然而在前期城市偏向政策的指引下,建设用地指标向城市地区倾斜,乡村的建设用地指标和规模大量“支援”城市建设,在存量建设用地本就紧张的情况下,难以新增建设用地。课题组在调研中就发现有乡村旅游项目因违法用地而被关停的情况。

2. 农业用地

乡村产业根植于乡村,以农业农村资源为依托,以农民为主体,以一二三产业融合发展为路径,地域特色鲜明、承载乡村价值、创新创业活跃、利益联结紧密的产业体系。乡村振兴并非在乡村场域建设“城镇”,而要在以农业为基础和主

导产业的前提下,充分挖掘农村在田园风貌和生态价值方面的比较优势。与此同时,传统农业向现代农业、生态农业转型升级有赖于农业设施用地保障,一二三产业融合发展需要建设用地与农业用地优化布局,均给乡村振兴中的用地保障带来全新的课题与挑战。与此同时,以家庭承包经营为基础的农村基本经营制度以及土地承包经营权确权登记颁证工作的完成,使农用地权属细碎、分散成为我国农业适度规模经营的现实制约。乡村振兴的用地难不仅集中体现为建设用地不足,如何促进承包地流转以提高农业生产效率,亦是实现传统农业向现代生态农业转型亟待突破的制度瓶颈。需要强调的是,乡村振兴依然要强调耕地保护,尤其要警惕外来资本涌入“圈地”,危及粮食安全。

3.生态用地

我国现行法律并没有生态用地的法定分类,其毋宁是随着环境污染和生态破坏问题日益成为制约经济社会可持续发展的关键因素而进入决策与实践视野的新的土地类型。生态用地是乡村自然风貌的载体、全域生态系统的依托,因此是乡村振兴中各项开发建设活动的禁限区。

在推进生态文明建设、构建国土空间规划体系与实施乡村振兴战略过程中,尤其要注意生态用地、农业用地与建设用地之间的科学配置与动态调节。生态保护红线固然不可逾越,但并不意味着禁止开发利用生态资源。事实上,党的十八大以来,我国生态保护补偿机制顺利推进,广东省亦陆续发布《生态保护补偿办法》《关于健全生态保护补偿机制的实施意见》《生态保护区财政补偿转移支付办法》等规范性文件,逐步扩大市场化补偿范围,加大投入力度,在生态保护补偿体制机制建设方面取得初步成效。但在实践中还存在企业和社会公众参与度不高,优良生态产品和生态服务供给不足等矛盾和问题,亟须建立政府主导、企业和社会参与、市场化运作、可持续的生态保护补偿机制,激发全社会参与生态保护的积极性。

生态用地主要分布在农村地区,乡村振兴中的产业兴旺和生态宜居既受到生态保护红线的制约,又从生态保护补偿机制中获益;新增建设用地主要从农用地转用而来,闲置的宅基地和空心村等经过整理复垦又可转变为农用地;建设用地、农业用地和生态用地在乡村振兴战略的实施过程中具有内在的联动性,解决乡村振兴的用地难问题尤其要注意解决思路和方案的系统性。在第三次全国土地调查对土地的利用现状进行客观摸排的基础上,新一轮国土空间规划的编制应当在资源环境承载能力和国土空间开发适宜性评价的基础上,科学有序统筹布局乡村生产、生活和生态等功能空间,划定生态保护红线、永久基本农田、城镇开发边界等空间管控边界，强化底线约束，为乡村可持续发展预留空间。

（二）供应链视角下的乡村振兴用地供给难

所谓供应链视角，即从土地供应的角度观察乡村振兴用地需求的满足情况。2019年8月26日修改的《土地管理法》允许集体经营性建设用地与国有建设用地同等入市、同价同权，更进一步开拓了乡村振兴用地的供应渠道。从供应链视角观察，乡村振兴的土地供给具有内在的一致性，无论建设用地、农业用地抑或生态用地，均主要由农民集体供给，但囿于城乡二元的土地财产权结构和建设用地的指标和规模控制，乡村振兴用地的供给侧结构性改革依然任重而道远。

1. 农民集体依规自主供应用地难

农村和城市郊区的土地，除由法律规定属于国家所有的以外，属于农民集体所有；宅基地和自留地、自留山，属于农民集体所有。但是囿于各类规划和新增建设用地指标控制，除农用地按照法定用途自主利用外，建设用地应当符合乡（镇）土地利用总体规划和土地利用年度计划，并依法办理兴办企业建设用地审批手续、公共设施和公益事业建设审批手续、村民住宅建设审批手续等，其中涉及农用地转为建设用地的，应当办理农用地转用审批手续。长期以来在我国以经济建设为中心的发展理念指引下，新增建设用地指标大部分被投放到城市地区，广东省《关于推进乡村振兴战略的实施意见》明确要求，涉农市县各级每年安排不少于10%的用地指标，保障乡村振兴新增建设用地需求，用地指标之少、分配比例之不均衡可见一斑。不止于此，实践中各项用地审批进程缓慢，受制于建设用地指标和规模，而市场机遇稍纵即逝，乡村产业尤其是休闲农业和乡村旅游等前期投入成本较高，项目主体往往在获得用地审批之前先行开工建设，造成违章用地和违法建设屡禁不止。农民集体在建设用地供应上几无自主性。在珠海“乡村产业发展研究”课题调研过程中，村民特别提出政府倾向于扶持由其指定的项目，而对于村民自主引入的合作开发企业，往往不予用地审批或政策优惠，从中即体现出农民集体自主供应用地难的现状。

2. 乡村振兴供地的零碎化、碎片化

乡村产业尤其是其中的农业园区和休闲旅游业态，以农业农村资源为依托，配套以零碎化的经营性粮食存储、加工和农机农资存放、维修场所、永久性餐饮、住宿、会议、大型停车场、工厂化农产品加工、展销、休闲观光度假场所、各类庄园、酒庄、农家乐等用地，客观上不需要全部变更土地用途，如果是农民集体自主或与其他主体共同开发，亦无须办理征地手续。但实践中项目开发主体出于控制经营风险的考虑，往往希望对经营项目拥有自主产权，但又不愿意为整个开发项目用地支付土地出让金,倒逼各地探索点状供地模式,更进一步加剧了乡村振兴供地的碎片化。所谓“点状供地”,是将项目用地分为永久性建设用地和生态保留用地,其中永久性建设用地建多少供多少,生态保留用地只征不转,按租赁、划拨、托管等方式供项目主体使用。〔2〕 但是点状供地造成土地利用的二元化,带来生态保留用地租赁期限与建设用地出让年限不一致、项目周边环境难提升、产业低端重复、用地效率低下等问题。广东省《关于推进乡村振兴战略的实施意见》提出允许县级政府在确保县域范围内耕地数量不减少、质量不下降前提下,采用分散划块、点状分布的形式供地,有效利用农村零散存量建设用地,不涉及投放新增建设用地指标和集体土地征收,是更具合理性和可行性的供地探索。

值得注意的是,新《土地管理法》限缩了农村土地征收的范围,在第45条规定“为了公共利益的需要”,可以依法实施征收;在其列举的公共利益类型中,唯有“在土地利用总体规划确定的城镇建设用地范围内,经省级以上人民政府批准由县级以上地方人民政府组织实施的成片开发建设”兼具商业开发的性质,且尤其强调“成片开发”。

(三)权利变动视角下的乡村振兴用地流转难

所谓权利变动视角,是从土地使用权的得丧变更的角度研究乡村振兴过程中各类土地的转换和流转状况。乡村振兴的用地难,不仅表现为供应链视角下的供地困难,各主体取得相应土地使用权之后,往往难以再流转以实现土地财产权利增值和土地的高效利用。究其根源,一方面是由于我国略显僵化的土地用途管制制度,未建立起不同类型的土地之间相互转换的通道;另一方面则根源于我国城乡二元的社会结构和土地财产权制度,使农村土地负载了本不该由其承担的社会保障职能。用地难问题的实质是土地的不同用途之间以及同一用途的土地在不同利用主体之间的利益失衡,法权表现即权利的赋予、行使和救济困难。囿于社会保障职能,农村土地使用权未被赋予完整的用益物权权能,导致其财产价值难以被发现,农民难以其土地权利获得财产性收入。肇始于党的十八届三中全会的新一轮农村土地制度改革,寄希望于强化农村土地使用权的财产属性,建立城乡统一的建设用地市场,加快构建新型农业经营体系,赋予农民更多财产权利,推进城乡要素平等交换和公共资源均衡配置。但是目前从权利变动的视角观之,乡村振兴用地的流转依然较为困难。

---

〔2〕 参见《安徽首块“点状供地”项目落地,乡村振兴战略又添新举措》,载 http://biz.ifeng.com/a/20181101/45207016_0.shtml,2019年9月20日最后访问。

1. 各类用地之间转换打通使用难

实践中“大棚房”问题的出现，在很大程度上是对设施农用地的监管无效造成的。2014年9月29日，原国土资源部、农业部联合发布的《关于进一步支持设施农业健康发展的通知》为耕地和设施农用地之间的转换搭建了通道，但该通知的效力层级过低，且有效期仅为5年，接下来耕地与设施农用地之间如何转换亟需立法指引。《物权法》[3]和《土地管理法》将集体建设用地使用权和宅基地使用权作为两种不同的用益物权类型，但实践中村民在废弃的乡镇企业旧厂房上建房、整理闲置的宅基地兴建集体物业的情况多有发生，尤其是在新近的农村土地征收、集体经营性建设用地入市和宅基地制度改革（以下简称“三块地”改革）试点中，农民集体受到集体经营性建设用地入市利益的激励，整理闲置宅基地、集约节约利用宅基地的热情高涨，但是宅基地和集体建设用地之间能否以及如何转换，试点实践与新《土地管理法》均未有所涉及。不仅如此，新《土地管理法》仅规定集体经营性建设用地入市的条件和程序，依据《土地管理法》作为公法无授权即禁止的一般原理，集体公益性建设用地仍是不允许入市的。但是经营性建设用地和公益性建设用地之间如何区分、相互之间是否允许又如何实现转换，目前立法和相关政策亦是不清晰的。课题组在南海区调研发现，相关部门的负责人并未能向课题组清楚解释其整合的宅基地是如何“变性”成为集体建设用地的，其间的行政恣意性可能会给土地开发人带来寻租的空间，值得警惕。

2. 各类用地自由规范有序流转难

我国农村土地由农民集体所有并承担社会保障职能与城乡二元结构下农村的社会保障体制不健全互为因果、交互作用，导致立法上一直限制集体土地使用权流转。肇始于十八届三中全会的新一轮农村土地制度改革，以促进集体土地使用权流转、增加农民财产性收入为旨归，分别开展承包地“三权分置”、宅基地制度、集体经营性建设用地入市以及承包土地的经营权、农民住房财产权、集体经营性建设用地使用权抵押贷款等试点改革。目前承包地“三权分置”已实现《农村土地承包法》的特别法转化，尽管学界对于此次立法的效果褒贬不一，[4]但仍使农民保留土地承包权、流转土地经营权以及土地经营权人再流转其权利

---

[3] 本书相关课题研究成果均产生于我国《民法典》生效前，为保障成果准确性和时效性，具体表述均以当时实际情况为准。

[4] 参见高海：《“三权”分置的法构造——以2019年〈农村土地承包法〉为分析对象》，载《南京农业大学学报》（社会科学版）2019年第1期；陈小君：《土地改革之“三权分置”入法及其实现障碍的解除》，载《学术月刊》2019年第1期。

具备了法律依据。

根据法律规定,宅基地按照“一户一宅”的原则予以分配,但此“户”与农村承包经营户是否重合,实践中各地的做法不一,并逐步形成了符合中国传统伦理和家庭观念的分配原则,〔5〕但亦带来产权人不清晰的弊端。与此同时,《物权法》规定,宅基地使用权人依法对集体所有的土地享有占有和使用的权利,未赋予宅基地使用权人收益权能,〔6〕实践中村民在自有住宅内或者市场主体租赁村民住宅经营农家乐、民宿等是否具备权源基础,是否应当比照经营性建设用地进行管理等,均不明晰。

新《土地管理法》第63条规定了集体经营性建设用地入市的条件、程序、法律效果等。根据该条的严格限制,实践中能够入市的集体经营性建设用地非常有限,且目前出租、出让等的具体办法尚未出台,如何与国有建设用地实现同价同权亦不明确。

3. 城乡统一建设用地市场建立难

我国农村土地财产权利限制流转在一定程度上保障了农业生产和粮食安全,以及农民的生存和居住权益,但却造成了农村产权交易市场的发育程度较低,土地使用权的市场价值无从体现。不仅如此,此次《土地管理法》修改之前,一元化的建设用地供应模式,剥夺了农民和集体的土地发展权,也即农民和集体变更土地用途、改变土地利用现状的权利。国家征收农民集体的土地,再转让给土地开发人,土地财政在抬高地价的同时催生房地产泡沫,此种经济增长方式极易诱发系统性的金融风险,因而是不可为继的。在广东地区事实上突破相关法律规定允许集体建设用地流转的实践背景下,〔7〕新一轮农村土地制度改革

---

〔5〕 如《广州市乡村建设规划许可证实施办法》规定,符合“一户一宅”政策的本村村民,具备本村农村集体经济组织成员资格的,可以户为单位提出住宅建设申请。申请建设住宅的村民符合下列情形之一的,应当认定为“一户”:夫妻与未达到法定婚龄子女同住的为一户;有兄弟姐妹的,其中一人应与其父母为一户,其余兄弟姐妹达到法定婚龄或结婚后可申请分户;是独生子女的,结婚后可以继续与父母为一户,也可单独立户;离异后无房一方再婚且配偶无房的可为一户。可见其更多地以达到法定婚龄或者结婚为前提条件,旨在满足集体成员组建家庭的居住需求。

〔6〕 参见陈小君:《宅基地使用权的制度困局与破解之维》,载《法学研究》2019年第3期。

〔7〕 《珠海经济特区土地管理条例》第46条规定:“本市集体建设用地使用权可以依法流转,并接受政府及其有关职能部门的监督和管理。农村集体经济组织将本村所有的集体建设用地使用权出让、租赁、转让、出租、转租或者抵押的,应当在镇人民政府(街道办事处)的见证下,经农村集体经济组织全体成员的三分之二以上表决同意并签名确认后,报区政府、横琴新区和经济功能区管理机构审核同意。农村集体经济组织将本村所有的集体建设用地使用权出让、租赁、转让、出租、转租或者抵押的,应当签订书面合同,并依法办理有关登记手续。”

尝试在全国推进集体经营性建设用地入市,并最终在新《土地管理法》中予以确认。课题组发现"城中村"或城市周边的农村建设用地上的厂房与写字楼、宅基地上的房屋主要用作出租,集体建设用地(包括宅基地)与国有建设用地在具体用途上并无本质差别,建立城乡统一的建设用地市场具备相当的实践基础。但由于集体建设用地使用权的流转尤其是出让市场尚未建立,其市场价值评估机制与流转平台缺位,如何实现与国家建设用地的衔接、建立城乡统一的建设用地市场仍待实践积累经验。

4. 农民的土地权益实现和退出难

我国城市的土地归国家所有,各级政府土地管理部门及其授权的机构代表国家出让国有建设用地使用权并收取土地出让金,实现了国家作为土地所有权人的权益。农村土地归农民集体所有,集体土地流转的收益,若全部归国家,是对农民和集体财产权利的无视和掠夺,若全部归农民集体或农民,则将导致利益分配由政府谋利转变为地主食利,不仅不能统筹城乡发展,反而将农村割裂成食利的近郊农民和既无法分享城市发展成果也无法获得土地增值收益的远郊农民两个阶层,[8]对于不享受土地产权保障的城市居民亦属不公。因此,建立兼顾国家、集体和个人的土地增值收益分配机制同时具备正当性和可行性。问题在于,是否针对不同的集体土地使用权适用相同的土地增值收益分配机制。事实上,实践中基于是否可流转以及流转后的用途限制和潜在收益的不同,各地针对不同的集体土地使用权是否收取以及收取多大比例的土地增值收益调节金规定有所不同。土地承包经营权无论是自身转让还是仅流转土地经营权,一般不收取调节金;宅基地使用权因禁止向非集体成员流转,亦较少收取调节金;在农民集体流转建设用地使用权时,一方面因流转收益较高,另一方面因农民享有成员权,有权分享集体土地增值收益,根据《农村集体经营性建设用地土地增值收益调节金征收使用管理暂行办法》的规定收取20%~50%不等的土地增值收益调节金。征收比例差异如此之大有违实质的公平和正义。

此外,土地承包经营权、宅基地使用权、集体资产收益分配请求权等的退出和回购机制不健全,使进城务工农民即便在取得城市户籍、获得城镇居民社会保障的情况下,仍无动力退出闲置的土地和农房,造成土地资源的巨大浪费。

(四)行动理论视角下的乡村振兴用地实施难

行动理论是公共政策领域研究行动对公共政策执行和反馈的分析框架。在

---

[8] 参见吴昭军:《集体经营性建设用地土地增值收益分配:试点总结与制度设计》,载《法学杂志》2019年第4期。

乡村振兴用地的场域,行动者是各级政府及其相关职能部门、农民集体、农民个体、家庭农场、农业企业、农民专业合作社等各类参与主体,各类参与者通过政策制定和执行,基于收益和成本分析对政策的效果予以反馈。具体到乡村振兴的用地政策执行,主要是在执法和监督视角下表现为土地监管和违章用地合法化转化过程中的实施困境。

1. 乡村产业发展占用土地监管难

如前所述,囿于乡村产业发展建设用地指标供应不足、项目前期投入过大项目主体急于收回成本等原因,实践中未批先建、少批多建、建而不批等现象多有发生,违章用地和违法建设行为屡禁不止。加之各行政主管部门条状的事权分割与基层政府块状的职责结构之间存在执法人员和执法能力的不匹配,以及农村地区的熟人社会特质,乡村产业发展中占用土地的监管难度极大。各级行政主管部门往往采取弹性执法、运动式执法的方式查处违法违章行为,执法力度不足,违法行为人笃定执法部门不会拆除违建,更进一步损及土地管理和规划管制的权威。课题组在调研中发现,当地存在作为历史文化遗产的"年例"〔9〕风俗使得大量外出务工甚至已有稳定职业的城市居民回乡建房,一户多宅、宅基地超标准、超面积现象严重,违法占用农用地较为普遍,但法难责众,地方政府及相关主管部门执法力度较弱,难以有效遏制违法用地行为。

2. 部分违章用地事后合法转化难

违章用地的形成原因颇为复杂,有基于政策、法律修改等原因造成的,有基于历史原因未及时办理集体土地权属证明或者建设规划许可的,有未履行农用地转用审批手续擅自改变土地用途的,亦有违反控制性详细规划确定的土地使用性质及其兼容性等用地功能控制要求,容积率、建筑高度、建筑密度、绿地率等用地指标的。因违章建筑已存在、拆除的成本往往很高,或者即便拆除亦难以回复土地的原用途,且部分情况下非基于行为人主观上的违法故意,应允许部分违章建筑事后采取补救措施实现合法化转化。但目前相关立法对此种合法化转化的条件、程序以及法律效果等均无明确规定,造成僵化执法的同时,进一步损害

---

〔9〕 茂名年例,以岭南祭祀文化为核心,在粤西茂名市及附近湛江吴川市、廉江市及广西北流市等地区,以冼夫人文化为主体,以宗亲文化为维系,受高凉文化、潘茂名文化、诸神信仰、祖宗崇拜的影响,由历史上多次南迁带来多元文化与土著文化交融补充,不断发展演化,经过沉淀、传承、繁衍而来的一种岭南文化。年例期间,无论在地农民还是外出村民,无论是否还是原农村集体成员,均需回乡祭祖、宴请宾客,客观上需要在农村地区仍有居所,因此外出务工或户口迁出人员回乡建房之风颇盛,村民戏称,"村里建的好的房子都是没人住的房子",土地资源闲置和浪费现象较为普遍。

土地利用效率。

(五)立法论视角下的用地保障制度制定难

立法论是从法律制定和完善的角度从根本上解决乡村振兴用地难问题的逻辑进路。目前引领农村土地制度改革的是作为政策性文件的各类试点暂行办法,并随着试点改革的深入形成可复制可推广的经验,经由《农村土地承包法》《土地管理法》等的修改上升为法律制度。但此进路并不意味着政策和法律可以混为一谈。政策通常具有通俗易懂性,并不以精确的概念表达为追求,在内容上往往表现出纲领性、方向性和宣示性的特点,因而具有更强的变动性、模糊性;政策往往是针对某一领域或某一新情况、新问题的及时反应,以便为政策的落实提供必要的自由裁量空间。而法律则在概念表述上以精确严谨著称,法治要求法律具有明确性、稳定性,是可预期的,法律规则不仅是人们的行为规则,更是法院的裁判规则,在理解、解释和适用上有其独特的规则,在语言风格上要求法言法语。政策与法律的差异性决定了政策进入法律的方式应慎重选择。[10] 除执法环节外,造成乡村振兴用地难问题的成因主要是立法上的体制机制缺陷和障碍,表现在中央立法的原则性和地方立法的部门化,以及立法技术的非科学性等方面。

1. 各项改革政策法律制度协同难

在全面深化改革的背景下,与广东乡村振兴战略的实施相关的改革措施包括但不限于农村土地制度改革、粤港澳大湾区建设、国土空间规划体系构建、自然资源产权制度改革、农村集体产权股份合作制改革等,在农村土地制度改革中又有承包地“三权分置”、农村土地征收、宅基地管理与“三权分置”、集体经营性建设用地入市、承包土地的经营权、农民住房财产权、集体经营性建设用地使用权抵押贷款、利用集体建设用地建设租赁住房等改革试点。各项改革政策和法律制度之间如何实现有机协同,政策目标能否以及如何实现立法表达,均有待进一步探讨。在“肇庆现代农业发展课题”调研过程中,课题组即发现德庆县作为承包土地的经营权抵押贷款试点县,承包土地的经营权抵押贷款试点与承包地“三权分置”改革并未有效协同推进,导致贷款实践中出现诸多制度性难题。如因未给土地经营权人登记颁证,土地经营权人欲向银行等金融机构申请贷款需要农民提供土地承包经营权证书;但土地承包经营权证书以户为单位发放,每户

---

〔10〕 参见耿卓:《承包地“三权分置”政策入法的路径与方案——以〈农村土地承包法〉的修改为中心》,载《当代法学》2018 年第 6 期。

土地承包经营权证书上列有多块承包地,若欲以其中一块或几块设定抵押则无从办理登记。目前德庆县采取在土地承包经营权证书复印件上加注的权宜之计解决,但已失去抵押登记的公示性和严肃性,亦不利于土地经营权抵押贷款业务在全国范围内予以推广。

2. 改革方案衔接协调可操作性难

根据中共中央《关于全面推进依法治国若干重大问题的决定》有关"立法要与改革相衔接,做到重大改革于法有据、立法主动适应改革和经济社会发展需要"的要求,各项试点改革均有与之配套的暂行办法,但是实践中各试点地区罔顾试点办法各行其是的情况多有发生,难以形成可复制可推广的试点经验,并在立法过程中予以提炼和总结。不仅如此,各改革方案之间衔接协调性差的问题亦较为突出,典型的如中共中央办公厅、国务院办公厅《关于农村土地征收、集体经营性建设用地入市、宅基地制度改革试点工作的意见》未建立起农村土地征收、集体经营性建设用地入市和宅基地制度改革之间的联动机制,新《土地管理法》关于土地征收补偿费、安置补助费标准及其考量因素的规定,以及集体经营性建设用地流转参照同类用途的国有建设用地执行的规定,必然带来集体经营性建设用地入市后与农村土地征收制度如何协调的问题。如此规定,能否克服一元化的建设用地供应弊端,是否会带来土地二元化供应的新的缺陷,如因供应机制和价格体制的不同,农民集体和开发人普遍倾向于选择集体经营性建设用地入市,导致因公共利益征收集体土地变得愈发困难等。除此之外,改革方案或立法草案等往往由各主管部门负责起草,不可避免地在其中夹杂部门利益和地方利益,使立法缺乏普遍性、民主性和科学性。

综上述及,广东乡村振兴用地难问题体现为供应链视角下的供给难、权利变动视角下的流转难、行动理论下的实施难以及立法论视角下的制度制定难,其中既有全国层面的体制机制原因,又有广东地方立法层面的特殊成因,需要结合广东乡村振兴和土地治理的实际,进行点面结合、普遍与特殊兼顾的对策研究。

三、广东乡村振兴用地难问题的制度成因

(一)政策制度分析的原理与框架

1. 原理概说

制度是人为设计的形塑人们互动关系的约束,不仅建立人类行为规范和行动准则,而且其运行还有助于减少交易成本、降低不确定性并由此带来福利的增进。具体而言:

(1)合理构建秩序,推动社会发展。人类对秩序具有天然的偏好。秩序的形成与维持被认为是文明社会的标志,其鼓励着信赖和信任,并且减少合作的成本。在经济学的层面上,一切禁止各种不可预见行为和机会主义行为的规则,都被称为“制度”。[11] 也就是说,制度是维持人类社会一定秩序的重要机制。科学合理的制度会推动社会发展;反之,制度的不科学与欠缺,会阻碍技术成果的进步与社会整体的前进。而在众多制度之中,法律发挥着最为重要的作用,其作为正式制度的典型代表,表现了公权力背后的国家意志,代表着最大范围内的公共利益。良好法律制度的构建和执行,无疑是整个社会得以健康运行的重要基础。

(2)控制未来风险,压抑原生焦虑。所谓原生焦虑,是指人类因无法驾驭生活而带来的焦虑。在面对不确定性时,人类会产生焦虑、恐惧甚至躁狂等非理性行为。正因如此,制度的存在会使我们有效地控制未来风险,将风险进行合理的控制、规范与分散,从而压抑人类的原生焦虑。[12] 在这个问题上,法律因其特有的普适性与稳定性,扮演了非常重要的角色:它能够给予当事人足够的保护;同时也能为当事人的行为提供足够的激励和指导,并且为其他人提供合法的预期。

(3)多元构成体系,彼此存在竞争。法律是最为重要的制度之一,但并不意味着法律是唯一的制度,也不能认为法律在所有局面下都是会起到最大作用的制度。在文明成熟的国家与地区之内,制度往往是多元化的体系构成,而且不同制度之间既有合作,但也存在竞争,而且有时这种竞争还会非常激烈。如何在不同制度中取舍,不同学科之间难免存在差异。法学容易更强调实证法的作用,但社会学与人类学会更重视非正式制度在人类行为与合作中的作用。作为政府的执政者与管理者,必须兼顾多元制度的共同作用。

综上所述,制度在社会发展与国家建设中具有非常重要的推动作用。随着时代变化,制度同样需要与时俱进。一方面,制度的稳定性会减少制度的执行成本,增加其可信赖性,并且促进人际交往;[13] 另一方面,危机会推动制度的变迁,政府的职责便是有效控制危机而调整制度,以应对外部需求。[14] 当时代突破了现有制度的限制,我们又必须将制度加以改进和革新。

这一问题在土地制度中体现得最为突出。自古以来,土地制度一直是国家

---

[11] [德]柯武刚、史漫飞:《制度经济学》,韩朝华译,商务印书馆 2000 年版,第 3 页。

[12] 参见[英]斯蒂尔:《风险与法律理论》,韩永强译,中国政法大学出版社 2012 年版,第 8 页、第 53 页。

[13] [德]柯武刚、史漫飞:《制度经济学》,韩朝华译,商务印书馆 2000 年版,第 114 页。

[14] [美]彼得斯:《政治科学中的制度理论:“新制度主义”》,王向民等译,上海世纪出版社 2011 年版,第 35~36 页。

得以生存和发展的基础,而随着土地生产水平的发展、人口的增多和交往融合以及社会局势的变化,土地制度也在不断进化和革新。自改革开放以来,党和国家从实践中获得的真知,便是充分重视制度建设,在底层充分尊重农民自主的制度建设,然后从全局的角度进行政策确认与宏观指引。事实证明,我国的农村建设取得了较大的成就。不过在进入21世纪以来,互联网和新经济的兴起,城乡差距和地域差距的拉大,人口流动的频繁化与常态化,土地管理与土地市场之间的尖锐化和突出化,从而导致农村发展不充分、农民贫困和受束缚。这些都说明,我国的土地制度已经到了亟须改革的关键时刻。这也是党的十九大以来党中央进行乡村振兴改革的根本原因。

2. 研究分析框架

制度正成为社会科学研究的中心和焦点,围绕制度研究形成的新制度主义日益兴盛。新制度主义主要由理性选择制度主义、历史制度主义和社会学制度主义等三大流派组成。其中,理性选择制度主义最有影响力,广泛应用于政治学、经济学、社会学等领域。制度是公共政策研究的一种重要途径,学界开始尝试在制度与公共政策研究之间建立联系,试图理解公共政策的制度逻辑。从制度视角理解政策过程,我们需要回答以下问题:制度如何在政策过程中发挥作用,制度影响政策过程的途径和机制是什么,制度与政策过程中每一个阶段和环节之间关系如何,制度对公共政策选择发挥什么作用?制度如何推动公共政策变迁?制度分析与发展框架是目前政策过程理论中从制度视角研究公共政策比较有竞争力的理论,对政策过程研究影响很大。

对制度进行分析时,我们既可以从自然物质条件、共同体属性和应用规则这三组外生变量入手,也可以从行动舞台〔15〕或者结果入手。行动舞台由行动情境和行动者两组变量组成。行动情境是指直接影响作为研究对象的行为过程的结构;行动者则是指处于行动情境中的个体。制度分析与发展框架包括7组主要变量(如图1所示)。〔16〕 (1)参与者集合。参与者是指在决策过程中承担某种身份且具有决策能力的实体,既可以是个人,也可以是复合个体,如国家、城市、公司、非政府组织。“行动者”其实就是采取行动的参与者,不一定需要独立出来。(2)参与者的身份。在行动情境中,参与者可能有不同或相同的身份,也可能有多重身份;但整体来讲,身份的数量通常小于参与者的数量。身份变量将参与者

〔15〕 行动舞台,是指一个广泛存在于公司、市场、地方、国家、国际等各种和各级事务中间的社会空间,此空间内的个体由于利益矛盾而相互斗争。

〔16〕 王群:《奥斯特罗姆制度分析与发展框架评介》,载《经济学动态》2010年第4期。

和容许的行为集合相连接。(3)容许的行为集合及其与结果的关联。在决策的各个阶段,承担某种身份的参与者必须要从众多容许的行为中做出选择,进而产生预期结果或者部分预期结果。在外生变量的影响下,行为与结果的关联存在一定的不确定性和风险性。(4)与个体行为相关联的潜在结果。参与者可以依自己的意愿选择行为,非预期结果同其他结果也可以一起纳入分析框架。(5)每个参与者对决策的控制能力。参与者对结果控制能力不一,可以是绝对控制和零控制之间任何一种情况。(6)参与者可得到的关于行动情境结构的信息。掌握信息的程度影响决策。当一个基于众多个体联合行动而导致的结果难以估量时,投机情绪便开始滋生。(7)收益和成本。收益和成本是行为及其结果的激励和阻碍因素。任何一个结果都与一定的收益和成本相关。

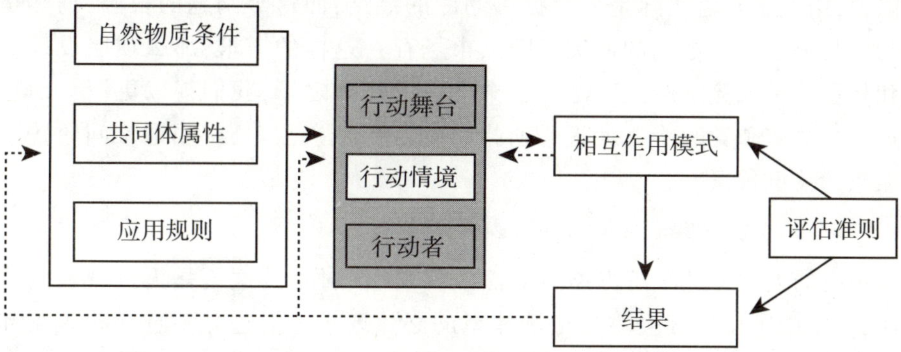

图1 制度分析与发展框架

除此之外,我们还可以引入正式制度和非正式制度。在正式制度中我们需要重点关注政策与法律这两类具有差异性的类型,揭示两者之间的关系,以为制度创新奠定基础。在非正式制度中,特别是要注重地方在实践中形成的习惯和做法,分析非正式制度与正式制度之间的互动关系,探寻内在的作用机理,以保证政策法律的合目的实施。

自改革开放以来,我国农村土地制度的历史,正是体现了制度变迁与发展中的参与者博弈,体现了不同各方基于收益和成本而在不同行动情境之下选择决策的现实。在计划经济过渡到市场经济的过程中,国家的角色逐步从参与者和决策者转变为管理者与监督者,而农民个体也从被动地参与农业经营、吃"大锅饭"的局面,转变为主动地进行农业开发,按劳分配,这实际深刻地体现在了家庭联产承包责任制的勃兴之中。在这个过程中,诸如"小岗村""大包干"的底层实践对上层制度的突破及其随后进行的制度改变,都起到了非常重要的作用。由此可见,制度经济学所展示的参与者冲突以及非正式制度与正式制度的互动,在我国同样存在。基于这一原理,反观今日我国乡村振兴所面临的局面,与改革开放初期又有所不同。在城乡二元鸿沟加剧的今日,城市土地收益明显高于农村,而且城市的就业与薪酬相对个体化的农业开发而言,同样颇有吸引力。另外,我国实行严格的土地政策,导致乡村进行农业开发的用地要经过层层审批与重重阻碍,无法直接与资本和市场相连。在这种情况下,一方面,是农村用地难,农业开发者无法得到足够的土地来进行规模生产;另一方面,农村土地因收益率低、开发难度大而低效使用甚至完全搁置(所谓的"撂荒")。今日的问题,实际恰恰源自非正式制度对正式制度的冲击,源自正式制度无视环境和条件之变化而导致的僵化和恶性循环,也是党和国家要实施乡村振兴战略的根本原因。可以说,用地难问题实际是乡村振兴问题的症结;而这个问题的根源,仍然是底层制度与上层制度之间的冲突。既然市场存在这样的需求,那么顶层设计的更改和修正就是大势所趋。正是在这个理论的支撑之下,我们得以更深刻地理解习近平总书记和党的十九大报告所指出的乡村振兴战略,将用地难问题置于乡村振兴的关键位置。

(二)乡村振兴改革政策与法律制度的辩证法

中央的大政方针政策方略对立法发挥着引领作用,这既是无可辩驳的客观现实,也是中国特色社会主义法治体系的必然要求。但这并不意味着政策和法律可以混为一谈。这是因为政策与法律之间存在诸多差异。

根据十八届四中全会提出的"重大改革于法有据",目前学术界与政府部门一致达成的基本共识是:改革需要在法律的限度之内进行,并且最终要落实在法律之中。[17] 不过,改革越深化,现有法律就会产生越大的限制作用:因为改革的核心,实际恰恰就是针对现行法律所确定的基本秩序。这里涉及改革与法律的辩证法:改革注定是要超越现行法律的,否则就不能被称为改革;但超越现行法律的行为,很容易触碰到法律的底线,造成"违法"的表象,引发相应的法律责任,甚至构成对社会主义法制体系甚至法治建设的损害。这种情况在改革开放初期,问题并不严重:因为那时我国法律尚不完善,立法和修法的需求和频率较高,政策对法律的冲击和挑战,并不会产生特别严重的后果。但时至今日,经过改革开放40多年的建设,目前我国的法律体系基本成型,各个部门的法律已经较为完善;而且在互联网时代,信息资讯传播呈现高速度和广范围的特点,任何

---

〔17〕 张晓山:《实施乡村振兴战略的几个抓手》,载《人民论坛》2017年第33期。

对现行法律的违反与碰撞,都很容易引发网络媒体的关注与传播,造成巨大的社会影响,甚至引发相应的群体性冲突,对社会主义建设造成非常恶劣的影响。由此看来,法律既是改革的推动器,同时也会成为进一步改革的拦路石。这个问题在我国的农村地区,又呈现独有的特质和地方性问题。尽管我们已经进入21世纪,村庄社会的多元化和异质性增强,地方性共识逐步下降,但农村地区的乡土人情和熟人社会仍然要远远强于城市地区。农村内部的村规民约和内部"来往账"就会比城市地区起到更大的约束作用,从而成为一种学者所称的"无需法律的秩序"。〔18〕而且,广东地区农村的内合力更大,地权意识更强,村民应对政策与法律执行的组织效率与团结意识也更强大,稍有不慎,很容易形成所谓的"土围子",〔19〕与政府形成对抗甚至冲突。我们应当看到,在适用高位阶的法律规范农村之时,在将改革加以推进之际,必须考虑到本土资源的影响,必须考虑到法律与改革在现有局面下的可接受性与可贯彻性,同时考虑到本地特有的情况与法律和改革之间的紧张和互动关系。

这些问题都是乡村振兴中必须考虑的问题,非常值得政府与管理者重视,并且要寻找相应的对策。正如前述,用地难的限制,既是这些问题的表现,反过来又催生和加剧了这些问题的变异与滋长。一方面,农民与基层政府的矛盾,以及基层政府与上级政府之间的冲突,很多恰恰表现为用地难的问题。无法进行有效的农业开发、无法获得应有的土地收益,这会加剧农民对政府的不满,甚至导致相互之间的冲突;另一方面,当用地开发的需求超过了法律限制的力度,乡村内部的共同体就会集体共谋形成规避乃至对抗法律的共同体,在法不责众的掩盖下损害法制乃至法治。在这种情况下,顺应市场需求和农民意愿的改革,也就势在必行。而这里的改革,则必须兼顾顶层设计与实践探索两个方面;这也应和了前文所谈的正式制度和非正式制度之间的冲突与博弈。因此,我们在讨论和解决乡村振兴的用地难之时,必须重视制度建设。而这就意味着两个层面的问题,亦即制度的顶层设计和实践探索。

(三)乡村振兴战略实施的顶层设计与实践探索

解决法律、政策与实践三者之间矛盾的法理依据涉及如何对待改革的问题。只要保持改革的大方向与社会主义的立法精神一致,守住底线,乡村振兴用地难的改革就可大胆探索。在方向已经指明、顶层设计出台后,中国的改革与发展要

---

〔18〕[美]埃里克森:《无需法律的秩序》,苏力译,中国政法大学出版社2003年版,第5页。

〔19〕贺雪峰等:《地权的逻辑》,中国政法大学出版社2018年版,第168页。

靠基层创新来开路。群众的首创经过实践检验后,遂有政策的跟进,最后才是法律的规范。

1. 顶层设计的基本分析

制度创新主体呈现多元化和复杂化的特点。制度创新的主体有国家、团体、个人三个层次。实现制度创新的主体可以是单个人、自愿合作的个人组成的集团或政府。他们可以采用个人完全自主的形式、政府完全控制的形式或者居于这两个极端形式之间的半自愿的、半政府的形式,即自主合作的形式。基于中央政府和地方政府主体存在的差异性,可以把原有的制度变迁三大主体—政府、团体和个人——重新划分并界定为中央政府、由地方政府和利益团体组成的地方权益集团、个人。

根据政府在制度变迁所起到的作用不同,对制度变迁方式进行分类,政府起主导性作用的制度变迁为强制性制度变迁,政府起到辅助性作用的制度变迁为诱致性制度变迁。诱致性制度变迁指的是现行制度安排的变迁或替代,或者是新制度安排的创造,它由个人或一群人,在响应获利机会时自发倡导、组织和实行。诱致性制度变迁的基本模型是:在初始的制度均衡中,由外部性、规模经济、风险和交易成本所引起的潜在收入增加时,就会使制度变迁的收益大于成本,从而产生制度非均衡,进而发生制度变迁,改变现存的制度安排,并形成新的均衡。强制性制度变迁的基本模型是:国家为了改进全社会的福利,在权衡收益与成本之后,激励国家实行强制性制度变迁。因此,强制性制度变迁的边界条件是两个及两个以上要素市场的不完备使获利机会不能自动实现,进而由国家强制实施。

在我国,土地制度变迁呈现实践探索—政策跟进确认—法律规范的规律,具有诱致性制度变迁与强制性制度变迁相结合的特点,即个别地区为追求发展而突破政策法律制度约束,揭示现行制度不足、实现有效发展和提供经验做法;随后政策从实际出发、尊重基层的探索并总结提升其经验做法;从而推动法律制度变革,在法律上予以承认、固定和规范,进而在全国推行。

我们可以看到,基层创新与实践检验属于经济基础层面,而政策调整与法律确认则属于上层建筑层面。按照历史唯物主义的基本原理,政策调整与法律确认对基层创新与实践检验具有能动性的反作用:创新与实践必须在政策与法律的限度内加以进行;但是,政策与法律又必须随时加以调整和变化,否则就会影响农民的自主创新与农业的实践推进。正因如此,乡村振兴的有效治理,离不开农业政策与法律制度的有效规制与科学设置。

(1)积极发挥政策的引导作用。在农村问题上,政策发挥了非常重要的作用。制定政策则要处理好以下几个关系：一是政策与发展环境的关系；二是农业政策与市场主导的关系；三是政策与地方实际的关系；四是农业政策稳定性与周期性的关系；五是政策对多数人与少数人的利益关系。[20]

（2）法律体系的科学配置与法治观念的贯彻落实。从理论上讲，法律作为公共产品，将有效地扭转和避免市场失灵所带来的损害与外部性；而就实践来看，我国目前农业和农村的相关法律虽然体系较为完整，但也仍有欠缺。[21] 在具体政策制定、实施和保障等方面，欠缺法治思维的现象仍然层出不穷，有待改进。实施乡村振兴战略，离不开中央政府与地方政府之间、政府与农民之间利益关系的协调。乡村振兴战略实施的保障机制创新，要贯彻以法治体系为中心的多元化保障理念。强化乡村振兴法治保障，把行之有效的乡村振兴政策法定化，充分发挥立法在乡村振兴中的保障和推动作用。为此，必须尽快修订相应的法律法规和出台相关的政策措施；必须重点做好农民财产权利界定、产权流转交易市场培育和服务监管等工作。

改革开放以来的实践表明，农村问题终究要尊重农民的创造性与主体性，必须尊重农民的主体地位和首创精神，只有从政策和法律上保障农民的主体地位，形成发展为了人民、发展依靠人民、发展成果由人民共享的实现机制，走出中国特色社会主义的乡村振兴之路才有可能。因此，乡村振兴战略的贯彻与深化，既要在宏观上强调政策与法律，又要在微观上重视农民的切身利益。

2. 实践探索的制度导向

作为一项长期发展战略，乡村振兴战略的实施问题必然涉及方方面面，是体制性和机制性问题。为此必然需要进行制度创新，[22] 以新的更富有效率的制度安排取代旧的缺乏效率的制度安排。制度创新主体呈现多元化和复杂化的特点，有国家、团体、个人三个层次。制度创新是一种多元参与者、多层次变动的复杂而有机的动态系统变迁。

作为整个国家治理现代化体系的一部分，乡村建设与振兴不可能孤立地发挥作用，必须嵌入整个社会制度体系之中，与其他政治、经济、法律、文化制度相互协调配合，产生联动作用。由于长期受重城市轻乡村思维定式的影响，乡村振兴受阻于诸多制度性因素，特别需要破除一系列阻碍乡村振兴的体制机制障碍。

---

〔20〕 参见万宝瑞：《农业发展四十年，政策保障是根本》，载《农村工作通讯》2018 年第 10 期。

〔21〕 陈锡文：《实施乡村振兴战略，推进农业农村现代化》，载《中国农业大学学报》（社会科学版）2018 年第 1 期。

〔22〕 文魁、徐则荣：《制度创新理论的生成与发展》，载《当代经济研究》2013 年第 7 期。

中共中央国务院《关于实施乡村振兴战略的意见》指出：要推进体制机制创新，强化乡村振兴制度性供给，以完善产权制度和要素市场化配置为重，激活主体、激活要素、激活市场，着力增强改革的系统性、整体性、协同性。在实施乡村振兴战略过程中，既要政府发挥主导作用，又要市场发挥决定性作用，还要农民、乡村发挥主体性作用，因此相关制度保障是混合型的制度变迁。

正如前述，解决乡村振兴用地难的问题，应当被置于重中之重的位置，以其作为农业发展的导向性价值取向。乡村振兴离不开用地难的破解，而用地难的破解又离不开制度建设。我们希望能够更好地盘活存量土地，通过村庄整治、零散建设用地整理等方式节约出来的建设用地，重点支持乡村振兴；既要用好增量，调整优化用地规划和布局，将年度新增建设用地计划指标确定一定比例；同时又要用于支持农村新产业新业态发展。为了实现这些计划，意味着必须进行有效的制度设计：既要基于农村基层农民的实践智慧，也要兼顾全国农村整体的宏观布局。为此，我们将从浙江与广东两省的对比来展开讨论。

四、浙粤两省破解乡村振兴用地难问题的实践探索

广东省与浙江省相隔上千公里，自然气候和人文历史也有所不同，但两省在农业发展和乡村用地所面临的挑战上，却具有颇为相似的局面。首先，浙粤两省都是经济发达地区，在近三年的GDP排行榜中，广东和浙江基本保持在全国第一和第四的位置，而且每年也保持了较为稳定的快速增长，由此推断在广东省和浙江省农业并非最吸引投资和人才的产业；其次，浙粤两省人口众多，密度较大(根据2018年的统计，浙江省为5737万人，广东为11,346万人，广东省的面积约近浙江省两倍)，同属人多地少的省份，都有提高农地使用效率和集约经营的实际要求。与此同时，广东省与浙江省的城市化进程速度快，农村人口外流严重，土地利用的效率较低、难度较大。乡村振兴用地难的问题，在浙江和广东两地是切实的存在，各地采取不同措施的背后也反映了相似的基本理念与解决路径，而这些对破解乡村振兴用地难提供了重要参考与借鉴。

(一)浙江省解决乡村振兴用地难问题的主要经验

浙江省是最先开展土地制度改革试点的省份之一。2005年8月，时任浙江省委书记的习近平在浙江湖州安吉考察时，提出“绿水青山就是金山银山”的科学论断。2015年2月，全国人大常委会出台《关于授权国务院在北京市大兴区等三十三个试点县(市、区)行政区域暂时调整实施有关法律规定的决定》，义乌市和德清县随之成为“三块地”改革试点地区，两地为解决乡村振兴用地难问题的

创新举措和积累了成功经验。2016 年 4 月颁布的《浙江省土地节约集约利用办法》,以规模管控、土地供应和收回、土地盘活利用等为主要内容,为破解乡村振兴用地难提供了基本指引与制度保障。2017 年 10 月,浙江省国土资源厅发布《浙江省土地整治规划(2016—2020 年)》,对农用地整理、农村建设用地整理、城镇工矿用地整理、垦造耕地工作、土地生态整治和全域推进土地整治等重点问题作了较为全面的指导与规范。

1. 健全土地综合整治与利用机制,强化用地保障

(1)分类施策为纲,强调重点突破

《浙江省土地整治规划(2016—2020 年)》阐明了全省的土地整治战略。该规划明确以"八八战略"为总纲,遵循"创新、协调、绿色、开放、共享"五大发展理念,坚持最严格的耕地保护制度和最严格的节约用地制度,深入实施"节约优先""藏粮于地"战略。为此,浙江省提出了土地整治规划的基本原则:坚守红线、数质并举;保护优先、绿色整治;城乡统筹、协同发展;以人为本、效益共享;因地制宜、突出特色;实施"藏粮于地于技、加强节地集约、坚持绿色生态、优化国土空间"四大土地整治战略。以上原则和战略无疑是对党中央和国务院乡村振兴战略的切实贯彻。

根据上述规划的内容,浙江省面对农用地和耕地、农村建设用地、耕地垦造与土地生态整治等几个大问题,分类施策、各有侧重,强调重点、分别突破。例如,在农用地整理重点区域——粮食生产功能区、现代农业园区、重要农产品生产区等耕地集中连片分布的区域——重点开展农用地整理,主要包括浙北平原区、浙中丘陵盆地区和浙东沿海围垦区,共涉及 39 个县(市、区)。在农村建设用地的整理中,重点关注农村闲置低效建设用地整理,全面实施村庄环境整治提升,大力推进城乡建设用地增减挂钩,优化村庄布局和形态,改善农村整体面貌。在垦造耕地工作问题上,严格监管低丘缓坡造地,严禁在省定"十个范围"内垦造耕地,科学实施沿海滩涂围垦造地,并且要实施一批重大垦造耕地工程。重大垦造耕地项目新增的优质耕地优先列入基本农田整备区,可与零星永久基本农田置换,优化永久基本农田布局。

(2)深化耕地整治,释放土地活力

在耕地整治的问题上,浙江土地呈现多山少田的状况,而且还存在建设用地与耕地之间此消彼长的矛盾。为了实现对耕地红线的坚守和集约用地目标,浙江省在总结国内外低丘缓坡土地开发经验的基础上,以综合开发为基本思路,走出了一条具有当地特色的利用低丘缓坡改造之路。

浙江省先后发布《关于科学开发利用滩涂资源的通知》(浙政发〔2005〕34号)《关于推进低丘缓坡综合开发利用工作的通知》(浙政发〔2006〕20号)《浙江省滩涂资源开发利用实施意见》(浙政办发〔2006〕47号)浙江省人民政府办公厅《关于进一步做好低丘缓坡综合开发利用工作的通知》(浙政办发〔2008〕84号)等文件,并在2010年由浙江省政府办公厅发布了《浙江省低丘缓坡重点区块开发规划(2010—2020年)》,在建设用地与耕地垦造两个方面,提出了浙江省低丘缓坡综合开发的思路和重点布局,从试点到全省,从"台地产业"到"坡地村镇",综合开展了低丘缓坡的改造工作。总之,浙江省积极拓展思路,探索产业上山,开发利用低丘缓坡,以"台地产业"主导模式来建设工业园区:把宜建的低丘缓坡开发为建设用地的过程中,削峰填谷,根据坡度地形的具体情形,将其平整成为适用于工业产业、城镇建设发展的土地资源。

在进行低丘缓坡的综合利用中,浙江省先在多个地区进行试点,并且深入开发所取得的经验还成为全国学习和发展的典型示范。比如2002年浙江省丽水市最早开启了低丘缓坡的综合利用探索,经过四年的开发建设,2006年丽水市南城新区成为全省的首个试点区域,全域综合开发低丘缓坡,整理出大量的建设用地,最终在此基础上建成了水阁工业新区。丽水的探索为浙江省土地资源管理创新提供了较好的实践基础。到了2012年,丽水成为全国首批试点地市,3707公顷的控制区块被批准允许进行试点综合开发。

(3)探索点状供地,创新供地方式

浙江省一方面要满足"耕地占补平衡"的制度约束,另一方面又要解决土地需求和供给之间的严重矛盾。在这种局面下,土地开源便成为地方政府的头等大事。到了2015年,为了进一步推进低丘缓坡的"生态化"开发利用,在总结"台地产业"试点经验的基础上,浙江省又开始在湖州安吉等地探索实施"坡地村镇""点状供地"的试点工作,强调发展生态农业,集约用地,这样既能实现开发者的成本降低,又能为政府节约用地指标,还可以保持农村原有生态的基本状况。所谓点状供地,是将项目用地区分为永久性建设用地和生态保留用地,其中永久性建设用地建多少供多少,剩余部分可只征不转,按租赁、划拨、托管等方式供项目业主使用。这实际就是对土地的集约化和精细化利用:以需求来规划指标,通过散点或者带状供给建筑用地,从而保持其他土地的生态样貌和农业功能。以湖州的某个项目为例,该项目规划用地1200余亩,采用"点状供地"方式后,实际占用用地指标仅21亩,其他生态保留用地采取租赁方式供地,而在"块状征地"之下1200多亩都要征用,相比之下优势非常明显。

根据实践中的经验，在前期探索的基础上，浙江省人民政府办公厅《关于做好低丘缓坡开发利用推进生态“坡地村镇”建设的若干意见》（浙政办发〔2018〕64 号）又明确指出，为了防止成片开发对环境带来的破坏，“坡地村镇”采用“点状供地”的方式，而且不再“削峰填谷”。目前，“点状供地”已经为我国多个省市（诸如安徽、海南、重庆等地）加以借鉴。但是在“点状供地”之下，如果按照“一宗地对应一本不动产权证”形式发放产权证书，不仅为权利人管理不动产权证书造成麻烦，也会激发权利人随意分割转让部分不动产，影响项目整体的使用功能。在这种情况下，安吉县在湖州市率先实现“坡地村镇”项目点状供地集成发证：所有宗地对应一个单元号，领取一本不动产权证。这些工作表明，在法律规定的限度与空隙内，施政者仍然大有可为。

2. 完善宅基地制度改革，盘活闲置宅基地资源

2015 年 4 月，义乌市在全国率先开展宅基地“三权分置”改革，为促进产业兴旺、生态宜居目标的实现进行制度创新，也为深化农村土地制度改革提供了新的思路与路径。2016 年 4 月，义乌市发布了《关于推进农村宅基地制度改革试点工作的若干意见》，在一定条件下允许宅基地使用权合法转让，进而达到放活宅基地使用权的目标。为了确保宅基地制度改革的有序、高效，也为改革工作的顺利进行提供保障，义乌市制定了一系列相关办法，如《义乌市农村宅基地取得置换暂行办法》《义乌市农村宅基地使用权流转暂行办法》《义乌市农村宅基地有偿使用暂行办法》《义乌市“集地券”管理暂行办法》《义乌市农村宅基地历史遗留问题处理暂行办法》《义乌市农村土地民主管理暂行办法》《义乌市农民住房财产权抵押贷款实施办法》等。在新理念、新方向的引领下，这些办法从不同角度对宅基地制度进行创新与变更，涵盖了宅基地的取得、使用、流转、退出、抵押与管理等方面。

（1）总体安排与基本思路

义乌市宅基地“三权分置”改革是在坚持、落实集体所有权和保障、固定宅基地分配资格权的前提下，引入市场力量进行资源配置：第一，落实宅基地集体所有权，丰富集体所有权实现形式；第二，优化、固定宅基地分配资格权，明确、保障集体成员的基本权利；第三，通过多种方式放活宅基地使用权，通过市场机制实现宅基地的资产功能。在宅基地“三权分置”的体系下，义乌市对宅基地的取得置换、产权明晰、有偿使用、转让交易、有偿退出、担保融资等问题进行规范，出台了相关的配套文件。改革中宅基地有偿选位、宅基地落地权益有偿调剂、宅基地使用权转让、农房出租与抵押等方式，彰显了宅基地与农房的财产权属性，并在

市场调节中实现资源优化配置。同时,宅基地“三权分置”为固化已久的农村宅基地制度带来了崭新活力,也为优化村庄用地布局、盘活闲置宅基地和农房等问题提供了制度供给。[23]

(2)彰显宅基地财产价值,促进市场化流转

在“户有所居”的基础上,义乌市在坚持宅基地集体所有权、保障集体成员资格权的前提下,按照自愿、有偿原则,允许宅基地使用权通过买卖、赠与、互换或其他方式进行流转。据研究显示,当前浙江省的宅基地流转以政府主导为主,农民进入宅基地市场进行宅基地置换的意愿较低。[24] 同时,伴随着宅基地流转工作的启动,义乌市在保障农民的居住权利方面也有新的举措。例如,《义乌市农村宅基地有偿使用暂行办法》以分类建立农村宅基地有期、有偿使用制度为宗旨,兼顾了公平与效率,增加了集体成员取得宅基地使用权的途径,也提高了农村宅基地节约集约利用水平。[25]

市场化流转当然包含融资担保。农房抵押在全国范围内普遍存在体制机制上的障碍,义乌市结合当地实际情况进行探索,提出了一些具有进步意义的措施。一方面,义乌市开展农房不动产统一确权登记,既维护了农民对宅基地使用权、房屋所有权的基本权益,也为后续农房抵押的顺利进行奠定根基。另一方面,义乌市构建、完善了抵押物的处理机制,通过多样化的处置方式在保障作为抵押人的农民的基本居住利益与确保金融机构抵押权实现之间保持平衡。[26] 这些改革举措增加了农民与金融机构进行农民住房财产权抵押贷款的信心,而相关担保市场的建立与发展,有助于农民住房与宅基地财产价值的释放,为乡村振兴提供了新的发展驱动力。

---

〔23〕 参见汪明进、赵兴泉、黄娟:《农村宅基地“三权分置”改革的经验与启示——基于浙江省义乌市的实践视角》,载《世界农业》2019年第8期。

〔24〕 参见范建双、虞晓芬:《浙江农村“三权”改革背景下农户宅基地空间置换意愿的影响因素》,载《经济地理》2016年第1期。

〔25〕 《义乌市农村宅基地有偿使用暂行办法》第4条规定:“宅基地面积超出村庄建设规划确定的户型面积,在落地前可由村集体经济组织统一回购,有偿调剂给本村集体经济组织成员。”

〔26〕 例如,《义乌市农民住房财产权抵押贷款实施办法》第18规定:“抵押贷款合同到期而抵押人不能如约归还贷款,可以通过以下方式处置抵押物:(1)以抵押物折价或者以拍卖、变卖抵押物所得款项用于偿还贷款;(2)抵押人参加城乡新社区集聚建设,在保证留有一套人均建筑面积最少不低于30平方米的高层公寓自住房屋的前提下,将抵押物置换权益交易所得用于偿还贷款;(3)将抵押物由本村集体经济组织回购用于宅基地再分配,所得款项用于偿还贷款;(4)将宅基地进行复垦,形成‘集地券’,交易所得用于偿还贷款。”

(3)构建宅基地退出机制,提高土地利用率

在宅基地退出机制方面,义乌市的做法也颇具特色。义乌市制定《义乌市“集地券”管理暂行办法》对“集地券”的形成、交易、利用与收益分配问题作了较为明确的规定,确立“集地券”制度。

“集地券”实质上是建设用地指标凭证。[27] 在“集地券”制度下,村集体与农户都有动力提高土地的节约集约利用水平。宅基地使用权人自愿退出宅基地并复垦为耕地等农用地折成的建设用地指标归农户所有;村集体经济组织拥有两种情形下折成的建设用地指标,一是城镇规划建设用地红线范围外的村庄实施更新改造后腾退的宅基地复垦为耕地等农用地,二是农村散乱、闲置和低效利用的其他建设用地以及废弃工矿建设用地等,复垦为耕地等农用地。“集地券”实行台账式管理,先实施建设用地复垦,后在市域范围内统筹使用;同时,具有独立民事行为能力的法人和自然人,均可参加“集地券”交易。

3. 推动集体经营性建设用地入市,丰富土地供给方式

义乌市以“同权同价、流转顺畅、收益共享”为目标,充实农村集体经营性建设用地使用权的基本权能,统筹集体建设用地入市的试点工作,并构建城乡统一的建设用地市场。

具体而言,义乌市在农村集体经营性建设用地入市改革试点方面的主要做法可以概括为如下几方面:(1)以现行国有建设用地交易制度为模板,义乌市研究制定集体建设用地流转规则与管理制度,将集体经营性建设用地与国有建设用地纳入统一的公共资源交易平台进行流转,并对入市方式、入市年限、价格机制、担保制度等问题予以规范,协同推进两者的交易同等化。(2)在入市途径方面,《义乌市农村集体经营性建设用地入市管理办法(试行)》第6条至第9条规定了直接入市、先复垦后异地调整入市、跨村异地调整入市等方式。多元的入市方式给入市制度打下扎实的基础,增加了集体建设用地入市的现实性、可能性,为村集体开展入市工作留下充足的空间。(3)义乌市建立了涵盖城乡的集体建设用地与宅基地基准地价体系,反映出使市场在资源配置中起决定性作用的基本精神,使价格机制、竞争机制能在城乡土地资源配置中充分发挥作用,有利于“同地同价”的实现。(4)土地增值收益的分配方面,义乌市在改革试点中通过赋予农民集体土地开发权,使农村集体经济组织在入市交易中处于主导地位,进

[27] 《义乌市“集地券”管理暂行办法》第4条规定:“本市行政区域范围内对农村退出的宅基地、废弃的工矿建设用地以及农村散乱、闲置和低效利用的其他建设用地等,通过工程技术等措施复垦为耕地等农用地,经验收合格,折算为建设用地指标,由国土局发放‘集地券’(建设用地指标凭证)。”

而确保入市后的土地增值收益大多由农民集体取得。[28]

(二)广东省解决乡村振兴用地难问题的实践考察

1. 广东省保障农村产业用地的现实困境

在以贸易为主的发展历程与政策取向的背景下,农业和农地在广东面临着不同的挑战:一方面,城乡单向流动,造成乡村公共设施、基础设施的缺失和远郊村的空心化;另一方面,农村土地继续坚持"集体所有"属性,村集体组织处分土地手段有限,只能依托各自的集体用地出租以吸引中小企业,而不同的村集体之间由于村民利益诉求不一,又难以形成有效的整合,使碎片化的工业用地难以吸引大型企业进驻,只能承接低产出、高污染的产业。

总体而言,在土地用途管制、土地规划等制度的约束下,广东省在保障农村产业用地方面仍有如下较为突出的问题:(1)村土地利用规划尚未完成。村土地利用规划是农村各项土地利用活动的基础,对土地规范、有序和可持续利用能起到有效引领与促进作用,而目前全省范围内这项工作仍未得到充分落实,部分地区的编制工作有待加强,土地规划体系尚未完整构建,规划功能的发挥受到较大限制。(2)土地用途管制僵化。在土地复合利用背景下,传统的土地用途管制面临着挑战,设施农用地的用地范围窄,难以满足产业融合发展对设施农用地的实际需要。同时,部分地区存在附属设施用地、配套设施用地的面积及比例超出国家标准等现象,既需要规范设施农用地的管理,也需要对现有管理规定进行完善。(3)建设用地指标缺乏。为了保证城镇化的快速发展,过往新增的建设用地指标一般优先用于城市发展用地需求,乡村产业发展建设用地供应指标相对不足。这种局面亟待扭转,农村新产业新业态的发展需要有充足的建设用地指标作为支撑,在指标分配模式上应结合乡村振兴的现实需要进行完善。(4)用地流程审批复杂。同一地块往往受多个部门管辖,不同部门的内部规定及其对土地的性质划定也有所不同,用地审批往往会在多个部门之间打转,严重拉长项目落地周期、拖慢工程的建设进度。(5)农地流转难。农村产权交易市场发育程度低,农村土地要素自由流动的市场配置机制尚未形成,产权不清、权能不全等问题,造成土地承包经营权和宅基地使用权难以流转,农村土地价值难以变现,导致土地、房屋低效利用,甚至出现大片土地抛荒和宅基地闲置。(6)土地权益退出机制不完善。由于缺乏完善的土地权益退出机制,进城农民的土地仍然留在

〔28〕 参见郑淋议、钱文荣、郭小琳:《农村土地制度改革的研究进展与经验深化——来自改革先行地浙江的探索》,载《当代经济管理》2020年第2期。

其手上,导致“人城—权村”两地分异格局长期存在,进城农民滞留在农村的闲置土地资源无法有效利用,造成占而不用、需而无地的实际问题。(7)历史遗留用地问题亟待解决。广东省内普遍存在各种历史遗留用地问题,如“一户多宅”、超面积或没有土地权属来源材料的宅基地和集体建设用地等。对此,应加大力度、妥善解决,持续推进宅基地和集体建设用地确权登记发证工作的有序进行,为深化土地制度改革清除障碍。

2. 广东省乡村用地问题的个案考察

(1)珠海市斗门区集体建设用地的利用

珠海市斗门区面临的问题,可以说是广东省甚至全国乡村振兴问题的缩影。总体而言,由于缺乏制度支持与实践先例,集体建设用地入市尚不完善,市场也不够成熟;反过来,宅基地闲置甚至违建的局面又较为突出,已丧失本村集体成员资格、户口迁出且进城定居的村民的宅基地,又面临无法收回的困局。至于土地征收,农民在征收决定中的参与权形式化,征收补偿额度低,政府补偿主动性不足,甚至有时会引发群体性事件。以上问题的核心,实际就是土地资源因为缺乏合理的制度配置,而这个局面又会成为乡村产业中招商引资的瓶颈,而且土地制度滞后或固化,缺少建设用地配套,阻碍了乡村旅游和休闲农业的进一步发展。具体而言:

第一,普遍缺少集体建设用地指标。一方面,在调研中许多村代表反映村里的土地大多为基本农田,建设用地指标很少,导致乡村产业无地可用。举例而言,近年来休闲农业和乡村旅游是斗门区乡村重点发展的产业之一,并已取得显著成绩。然而,乡村旅游业的发展需要投入大量的建设用地,否则将无法兴建配套设施、配置辅助设备等,这会给消费者带来不便,降低服务体验,影响地方口碑与品牌打造。另一方面,从消极影响方面分析,农村集体建设用地的紧缺,导致各种违法现象。例如,白蕉镇存在占用河床建房的现象,河道的变窄变浅将会造成环境问题。

第二,集体建设用地指标难以落地。这个问题出现的原因在于政府部门在土地管理方面的沟通与合作存在问题,更深层次的因素是政府未能妥善履行职责。例如,乾北村的代表认为国土主管部门、规划主管部门与发改委之间互相推脱,使集体建设用地指标成为空头支票;湾口村也有代表认为不同行政部门的依据、标准存在差别,导致用地手续异常复杂。诚然,建设用地指标的生成、分配与落实涉及多个行政部门,这也是行政机关专业化分工的表现。但是,行政部门之间不能分而不合,更不能因为政府内部信息不畅、沟通不足而影响社会大众的利益。

第三,集体建设用地入市门槛较高。2014年8月,珠海政府发布《珠海市集体建设用地使用权流转实施办法(试行)》(珠府〔2014〕94号),对珠海行政区域内(除横琴新区外)集体建设用地使用的流转与管理问题进行规范与调整。从该办法的具体规定可以看出,集体建设用地使用权的流转程序非常复杂,不同层级不同职能的行政部门拥有相应的审批权限。这种制度设计,一方面使流转手续烦琐、申请周期长,而且只要卡在其中一个环节,前期所做工作可能都会付诸流水、前功尽弃,耗费大量的时间成本;另一方面,行政机关对流转事宜的审批权限过大,能否入市流转受制于不同行政主管部门的偏好,难以为村集体提供较为明确的预期,严重影响村集体推动入市流转工作的积极性。

第四,产业与用地政策联动性不足。当前斗门区产业政策与用地制度联动方面存在以下问题:一是休闲农业与乡村旅游业的土地配套问题。例如,旅游景区开发计划因配套土地不足而受到阻碍;作为乡村旅游业的配套设施的如公路、厕所等都禁止建造,给消费者带来不便。二是大棚房整治行动存在过犹不及之嫌。为遏制"农地非农化"乱象,这几年政府对大棚房进行大规模整治。对于这些行动,有些村代表认为存在"一刀切"的问题,整治过程拆除了一些必要的设施。三是产业发展受制于环保制度、产业政策等,从而对建设用地的利用方式形成约束。斗门部分地区处于水资源保护区中,限制了乡村产业的布局与发展。四是闲置建设用地的重新利用问题。一些闲置的建设用地在产业政策、环保政策等方面制约下,对招商引资造成困难。例如,有村代表反映,废旧厂房的用地因工业企业可能带来环境问题,土地用途变更手续较为烦琐等原因,被长期闲置。

(2)佛山市南海区农村土地制度改革试点

佛山市南海区是广东唯一的"三块地"改革试点地区,在中央文件的指导下开展了集体经营性建设用地入市改革试点工作,为破解乡村振兴用地难问题进行了有益探索。南海区改革试点和开发取得的成效颇多,具体包括如下几个方面:一是土地开发。南海区针对农村集体经营性建设用地量大分散、利用低效以及配套设施不足的状况,探索集体土地整备制度,实现集体土地统筹开发,以托管方式将符合入市条件的集体经营性建设用地进行整合,以备统一招商入市。同时结合旧村(居)改造、村级工业园改造提升和产业社区建设等需要,南海区积极探索实施农村片区综合整治,统一进行土地前期整理和基础设施配套建设,推动集体土地的连片整合开发。二是土地征收。南海区一方面探索"差别化"审批程序，线性交通基础设施重点项目征地，采取“先许可后实施”的审批程序，其他项目则采取“先协商后批准”的审批程序，大大提高了土地征收效率分类；另一方面确定征收补偿标准，合理分配土地增值收益，提高政府执行效率，同时满足农民切实利益需求。三是宅基地。其一，统一成立村级宅基地管理组织，强化集体经济组织对宅基地的监管处分权能；其二，实行宅基地有偿使用制度，落实集体经济组织对宅基地的收益权能；其三，科学定义分户标准，以法定结婚年龄作为分户判定标准，建立宅基地权益资格名录库，精细化保障农户宅基地资格权；其四，探索多种宅基地的流转方式，鼓励村内流转和有偿退出，并且探索将存量农房转变用途为集体经营性住房，由实际使用人将其出租或经营；其五，实行出租屋市场准入制度。

对于农村集体经营性建设用地入市，南海区于2015年12月颁布了《农村集体经营性建设用地入市管理试行办法》，对入市的基本规则与管理制度作出了总体规范与安排。随后，因为入市工作涉及多个层面的问题，南海区相继制定了《农村集体资产管理交易办法》《进一步完善存量农村集体经营性建设用地手续实施细则的意见》《农村集体建设用地片区综合整治的指导意见》《土地增值收益调节金与税费征收使用管理试行办法》《关于加强农村集体经营性建设用地入市监管的指导意见》《农村集体经营性建设用地抵押融资管理试行办法》等11份入市政策文件，形成了较为完整、系统的入市规则体系，为村集体与市场主体提供了较为明确的预期，也让行政部门的服务与监管工作有规可依，确保了试点工作的整体性、协调性与可操作性，有效降低入市风险。（见表1）

表1　南海区农村集体经营性建设用地入市的制度安排

项　目	主要内容
入市客体	存量农村集体建设用地中，土地利用总体规划和城乡规划确定为工矿仓储、商服等经营性用途的土地
入市主体	村（居）集体经济组织
入市形式	将一定年限土地使用权出让、租赁、作价出资（入股）、转让、出租和抵押
入市年限	出让、租赁、作价出资（入股）的最高年限，不得超过同类用途国有建设用地使用权出让的最高年限
交易方式	招标、拍卖、挂牌（含网上挂牌）及现场竞价，特殊情况可采取协议方式

续表

项　目	主要内容
交易价格	公开出让、租赁的起始价(起始租金)、协议出让价(协议租金)或作价出资(入股)价格,原则上不得低于农村集体经营性建设用地基准地价(基准租金)的70%
交易平台	区内农村集体经营性建设用地公开交易必须经区或镇(街道)交易中心进行
期满处理	出让、租赁、作价出资(入股)年限届满的,土地使用权、地上建筑物及附着物按合同的约定处理,未约定的由村(居)集体经济组织无偿收回

第一,入市主体与入市范围。一方面,南海区《农村集体经营性建设用地入市管理试行办法》第3条规定:"农村集体经营性建设用地属村(居)集体经济组织所有,农村集体经营性建设用地使用权入市不改变土地所有权性质。"据此,南海区通过明确农村集体经营性建设用地归属的方式,将入市主体界定为村(居)集体经济组织。同时,第79条规定对因历史原因造成所有权人与使用权人不一致时应按相关办法进行更名登记,以理顺产权关系。另一方面,入市对象主要有两类,即存量农村集体建设用地与国有划拨留用地,前者的入市条件是土地利用总体规划和城乡规划确定为工矿仓储、商服等经营性用途的土地;后者可参照前者的相关规定进行入市。

第二,多样化的入市方式。南海区《农村集体经营性建设用地入市管理试行办法》规定了多种入市方式,既有一级市场上的出让、租赁和作价出资(入股),也包括二级市场上的转让、出租和抵押。其一,一级市场。该试行办法对出让、租赁和作价出资(入股)的具体内涵进行界定(第12条),也明确了三种入市形式的最高年限都不得超过同类用途国有建设用地使用权出让的最高年限(第13条),合同中如未对转让、出租、抵押进行约定则不能办理鉴证及土地登记(第14条)。此外,该试行办法还对入市前取得规划条件、最低交易价格、土地用途管制、土地登记、交易合同鉴证、期限届满后的处理、续期的申请程序等问题进行了规定。其二,二级市场。通过一级市场取得相应的土地使用权利后,在合同并未禁止的前提下,集体建设用地使用人还可以将土地再次入市,如转让、出租和抵押等,这些交易行为构成了集体建设用地入市的二级市场。二级市场的形成进一步释放、彰显了集体建设用地使用权的财产价值,为充分发挥市场机制的资源配置作用奠定制度基础,从而更好地满足土地使用者的现实需求,提高集体建设用地市场的运行效率。

第三,集体建设用地整备。针对区内集体经营性建设用地位置分散、开发低效以及缺乏配套设施等问题,南海区创设了集体经营性建设用地整备制度,并成立了集体土地整备中心。集体土地整备中心采取收购、托管的方式,将符合入市条件的集体经营性建设用地进行集中连片整理,并统一招商推动入市,这种模式有助于克服集体土地零落分散、不集中的弊端,提高土地开发利用的效率,并形成规模经济效应,进一步释放了土地的经济价值。

结合当地规定与实践经验,南海区主要采取了以下方法以实现集体土地统筹开发。〔29〕 其一,构建农村片区综合整治模式。佛山市南海区《农村集体经营性建设用地入市管理试行办法》规定,政府可根据区内旧村(居)改造、村级工业园改造提升和产业社区建设等需要,对土地利用效率低下的连片农村集体建设用地进行综合整治;(第 58 条)依据"多规合一"进行土地整治,对综合整治片区范围内各类土地统一进行复垦、基础设施配套,重新划分宗地和确定产权归属;(第 59 条)经综合整治,在优先保障村(居)民住房安置和基础设施配套等用地后,属于经营性用途的农村集体建设用地,可入市或由村(居)集体经济组织自行开发。(第 60 条)〔30〕其二,制定产业载体项目土地利用政策。该试行办法中,南海区建立了农村集体经营性建设用地产业载体开发与转让制度,对本地区重点发展产业进行支持,充分利用了土地制度为相应的产业载体落地提供便利条件,增加对社会资本的吸引力。具体而言,农村集体经营性建设用地产业载体项目是指:"经认定的出让农村集体经营性建设用地以商服、工矿仓储用途进行开发,竣工验收后,按规划、住建部门审定的房屋基本单元进行分割登记、分拆销售的开发项目"(第 32 条)这种允许分割登记、分拆销售的权利,使投资者可加快资金的回笼速度,从而有效降低其资金成本,在产业政策与土地政策建立了联动纽带,深度释放了集体建设用地的财产价值。〔31〕

第四,完善土地规划制度。南海区利用"多规合一"的改革机遇,对城乡总体规划、土地利用总体规划等进行重新修编,深入了解本地的土地状况与增强规划对土地利用活动的刚性限制。在具体操作上,南海区通过招标聘请了专业的中

〔29〕 参见叶红玲:《探索集体经营性建设用地入市新模式——广东南海农村土地制度改革试点观察》,载《中国土地》2018 年第 7 期。

〔30〕 参见胡杰成:《"农地入市"的南海经验》,载《中国经贸导刊》2018 年第 21 期。

〔31〕 参见叶红玲:《探索集体经营性建设用地入市新模式——广东南海农村土地制度改革试点观察》,载《中国土地》2018 年第 7 期。

介机构进行基础数据的调查,开展上图入库工作;同时充分了解、把握村集体、投资者、行政部门与金融机构等利益相关方对入市改革的现实需求与基本观点。在系统掌握区内集体经营性建设用地的多方面信息后,对入市改革进行收益与风险评估。完成上述工作后,南海区根据东、中、西三大片区的发展定位,统筹土地利用、城乡建设、产业发展等规划在土地上的高度融合,进而对集体经营性建设用地的规划进行调整、优化,使其符合三大片区各自产业发展与城市建设规划的具体要求,并使控制性详细规划编制实现全覆盖。总之,通过"多规合一"改革与规划的修编工作,南海区充分增强与发挥规划制度对集体经营性建设用地入市的指引与规制作用,实现城乡建设、经济发展与土地利用的内在统一,并形成集体建设用地有序入市的良好局面。〔32〕

第五,制定相关配套制度。除前述试行办法外,南海区还制定了11份政策文件为入市制度提供多方面支持,构建了许多与入市息息相关的配套制度,增强了入市交易的确定性、可操作性,也提高了入市流程的规范化水平与行政机关的监管能力。例如,佛山市南海区《农村集体资产管理交易办法》构建了"一个平台、两级交易"的集体土地公开交易服务体系,明确划分了区级与镇级交易的业务范围,并规定了审批流程、平台建设等问题;为规范农村集体经营性建设用地数据信息管理,南海区建立了统一的农村集体经营性建设用地信息管理系统,主要功能包括数据查询、交易信息更新、开发利用监管等。〔33〕

综上所述,南海区农村土地制度改革试点阶段性任务完成情况总体良好,建立了城乡统一的建设用地市场,增强了农村产业发展用地保障能力,创设了土地统筹利用新模式;增强了政府的行政能力与治理作用,促进了乡村自治与基层组织建设,并且有效地保障了农民的切身利益。

五、破解广东乡村振兴用地难的对策建议

(一)坚持新发展理念和科学思维

1.新时代新发展理念的阐释与贯彻

乡村振兴战略作为我国"三农"问题的总抓手,始终要以习近平新时代中国特色社会主义思想为根本指导,以人民为中心,坚持贯彻新时代发展理念,全面

〔32〕 参见赵祥:《"再集体化"与政策协同:集体建设用地入市改革的路径分析——基于广东佛山市南海区改革试点的经验分析》,载《岭南学刊》2019年第4期。

〔33〕 参见张清军:《佛山市南海区农村集体经营性建设用地入市问题研究——基于国外土地发展权配置经验》,载《广东土地科学》2018年第3期。

落实"三农"工作的农业农村优先发展的总方针。

以人民为中心是指导各项事业的根本理念,乡村振兴是农业农村农民的全面发展,根本上是人的发展,就是要从根本上解决城乡发展的不平衡,解决农业农村农民发展的不充分。乡村振兴工作千头万绪,在发展中面临着各种各样的难题,亟须贯彻新发展理念予以破解。用地难是其中的一个节点问题,牵涉面甚广,更需要增强整体性、系统性和协调性。

我们需要正确阐释"创新、协调、绿色、开放、共享"五大发展理念,并在破解乡村振兴用地难中精准贯彻。(1)就创新理念而言,科学技术的创新、生产经营的创新是基础性要求,而体制机制创新尤应得到重视,是创新理念新的更高层次的要求。在破解广东乡村振兴用地难时要更加重视从制度上着手,避免临时性、突击性和个案性的解决方案,避免出现各环节各主体不联通不联动的脱节、缺位、错位问题,健全完善问题解决方案的运行机制,提供制度化的解决方案。(2)就协调理念而言,协调发展既是发展理念,也是方法论,是驾驭复杂局面的思维工具。只有协调才可能和谐。广东乡村振兴用地难的破解需要协调城镇乡村用地、工业农业用地、生态产业发展用地、乡村一二三产业用地、传统与现代农业用地、农业生产与农业设施用地等。(3)就绿色理念而言,就是建设生态文明、建设美丽中国,就是要坚持绿水青山就是金山银山理念,在乡村振兴中就是生态宜居乡村美。这要求我们在破解广东乡村振兴用地难时对用地产业的筛选和引入要把绿色原则作为基本考量因素,更加重视土地的节约集约使用,从农业乡村的特质出发依托、补充和增强扩展农业的发展动能从而发挥协同放大效应。(4)就开放理念而言,开放的实质是市场要素的有序自由流动,既包括一般意义上的对外开放,也包括对内开放,还要统筹两个开放。在乡村振兴战略实施中,要开门修路架桥拆墙:破解乡村振兴用地难在观念上要避免自我设限,不盲目排斥某种事物和做法;在思维上注重双向互动而不是单向流动;在路径上拆除土地之间的樊篱积极整合,既要扩展增量更要挖掘存量。(5)就共享理念而言,是以人民为中心发展思想的根本要求和集中体现。乡村振兴的主体是农民,是乡村,但农民和乡村并非乡村振兴的全部整体,不能唯我独尊,更非专享独享。乡村振兴用地难背后的成因是利益失衡、利益短缺,因此破解之道是做大"蛋糕"分好"蛋糕",前者是基础,后者是关键。

农业农村优先发展有着深刻内涵,需要处理好各类矛盾和关系。"优先发展"至少具有以下内涵:一是发展理念优先,构建和形成对"三农"问题的现代认知观,包括对农业多重功能、农民多重属性、农村多重价值的认知。二是制度创新优先,在理念和行为上瓦解城乡二元体制机制,建立健全城乡融合发展体制机制和政策体系。三是政策安排优先,着眼于促进财政税收、金融信贷、农业保险、基础设施、公共服务、人才等各类资源要素向农业农村倾斜,调整政策思路和政府行为,构建农业农村优先发展的长效机制。〔34〕

"优先"发展至少需要处理好以下几对关系:一是城乡融合和乡村优先的关系。两者不是替代与排斥的关系,而是具有内在的一致性,乡村优先应置于城乡融合的时代架构中推进。二是长期目标和阶段任务的关系。在政策制定和落实中既要注重阶段性,又要虑及连续性,在长期目标指引下确定并完成阶段任务。三是总体要求和重点突破的关系。各地实施乡村振兴的总体要求一致,阶段目标和要求以及相应的突破重点因地制宜因时制宜因势制宜,路径方式多元,避免遍地开花、齐步走。四是市场机制与政府行为的关系。要充分发挥市场机制在资源配置中的决定性作用,完善产权制度和要素市场化配置改革,同时更好地发挥政府作用,强化乡村振兴的制度性供给,防止"唯市场论"等错误论调、"等靠要"等依赖思想和运动式、盆景式、撒胡椒面等不良做法。五是实践创新与政策设计的关系。不能为了创新而创新,创新要能落地生效进而上升为政策制度设计。〔35〕

农业农村优先发展是破解用地难的尚方宝剑,需要在国土空间规划和土地用途管制、土地供应(的数量、区域、层次)、土地集约节约利用、土地使用审批、土地执法和监督、相关配套保障制度等方面贯彻和体现。

2. 新思维观念的确立与坚持

正确的指导思想理念是科学制定政策及有效实施政策的基本保证,而在理论研究和实务工作中必须要有科学的思维和正确的方法。

底线思维,也是红线思维,不能突破,不能变通,不能讨价还价。在乡村振兴战略实施中特别是在保障乡村振兴用地时必须坚持以下底线和原则:一是农村土地集体所有权的基础性地位不可动摇,〔36〕即坚持和强调集体所有权,并视之为一切农村制度改革的前提。二是严格落实保护耕地这一基本国策。在我国,人地矛盾一直非常突出。防止非农用地挤占耕地是相关制度设计首要考虑的问题。相关制度设计应"围绕农民土地权利的实现和社会公共政策之间的平

---

〔34〕 参见张红宇:《坚定不移推进农业农村优先发展》,载《中国党政干部论坛》2019年第3期。

〔35〕 参见韩长赋:《坚持农业农村优先发展　大力实施乡村振兴战略》,载《求是》2019年第4期。

〔36〕 参见韩松、廉高颇:《论集体所有权与集体所有制实现的经营形式——从所有制的制度实现与经营实现的区分认识集体所有权的必要性》,载《甘肃政法学院学报》2006年第1期。

衡而展开”[37]。三是农民权益保护,农民是乡村振兴战略实施的出发点和落脚点,任何损害农民合法权益的行为都是对乡村振兴战略本身的违反。四是生态环境可持续发展,绿水青山就是金山银山,生态宜居就是生态环境,与可持续发展具有内在一致性。五是农村基本经营制度和农业综合生产能力,关涉我国的粮食安全,对此的违反或损害就是对中国人饭碗的破坏。

法治思维是一种制度性思维、规则性思维、程序性思维、平衡性思维。[38] 法治就在于具有固根本、稳预期、利长远的制度保障作用。制度建设具有根本性和全局性,制度文明往往体现并制约物质文明和精神文明建设。对乡村振兴用地需求及供给的政策方案和地方试点经验要及时转化上升为法律以成制度进行固化。法治思维是一种规则性思维,即尊重既定法律规则,表现出稳定性、确定性的刚性色彩。对乡村振兴所需用地的供应应以法律规则保证稳定性和可预期性。法治思维是一种程序性思维,即通过法律预先设定行为方式和行为步骤,获得确定性法律后果。对土地需求的了解、满足及运行保障应合程序,既听取尊重各方意见又营造对话平台以保证可执行性。法治思维是一种平衡性思维,就是要实现权利与义务平衡、权利与权力平衡,并在此基础上实现法律利益平衡、公法与私法平衡、实体法与程序法的平衡,以实现乡村振兴用地供给的稳定性和持续性。

权利思维方式强调权利优先于义务和责任。权利思维方式的展开路径是,权利的合理性优先于权利的合法性、权利的现实性优先于权利的理想性;权利的实现优先于权利的救济;权利的保障优先于权利设定;实体权利与程序权利并重。[39] 乡村振兴战略实施中的土地使用在法律上即表现为权利,切实赋予供地人以权利是破解“有得用”的根本之道,有效保障用地人的权利则是“用得好”的基本要求。对于合理不合法的用地现象要以改革的精神对法律进行立改废。

体系是法律的正当性之所在。[40] 在设计方案时,我们要坚持体系思维,特别是体系的融贯。乡村振兴用地难的破解具有综合性,涉及政府、用地人和供地人等地位不同、目标各异的多方主体,牵涉不同层级、效力和功能的权利,在政策尚不明朗以及向法律转化的阶段,尤须满足体系化要求,重视来自历史传统和社

[37] 参见韩松、廉高颇:《论集体所有权与集体所有制实现的经营形式——从所有制的制度实现与经营实现的区分认识集体所有权的必要性》,载《甘肃政法学院学报》2006年第1期。

[38] 参见周尚君:《提高运用法治思维和法治方式的能力》,载《光明日报》2019年7月17日。

[39] 参见尹奎杰:《权利思维方式论》,载《法制与社会发展》2004年第1期。

[40] 参见易军:《中国民法继受中的体系性瑕疵与协调》,载《法商研究》2009年第5期。

会现实所形塑的制度环境和既定约束条件,提出系统性解决方案。

(二)更新国土空间规划

1. 从城市偏向到农业农村优位

城市偏向是以非均衡增长理论为基础的,是指政府为实现特定目标而实施的一系列偏向于发展城市部门的政策。城市偏向理论是均衡发展理论的代表,是学术界对城市偏向政策的理论反思,是在反思城市—工业化发展模式的过程中而提出的,旨在倡导实现城乡协调发展,为分析城乡关系提供了有效的分析框架。[41] 在我国,城市偏向不仅体现在价格扭曲,还体现在公共服务领域,[42] 并扩展至各种规划特别是国土空间规划等领域。

农业农村优先发展总方针要求各种资源、要素优先向农业农村配置。国土空间规划对农业农村发展有重要影响,必然要求贯彻农业农村优先发展的总方针。这具体体现为规划理念、规划重点、规划编制和调整、民主决策和公众参与等各个环节和层次。农业农村优先发展的目标是城乡平等发展融合发展,城乡互动互助,因此也要求国土空间规划要摒弃城乡对立分割的旧观念,以城乡融合一体发展为追求目标:一是针对我国长期存在的城乡二元结构,从"城乡相互作用"等新视角审视规划理论和实践进而寻找突破口;二是针对我国过去城市规划与村镇规划分割或厚此薄彼带来的城乡规划不协调现状,综合考虑城乡要素,克服城乡规划分割,注重城乡区域协调发展角度创新区域规划方法;三是既要考虑到农村的发展离不开城市的辐射和支持,农村区域的规划建设不应脱离城市、区域发展背景也不能仅仅从城市角度自上而下的规划农村发展,而应结合农村实际、分类指导。[43]

2. 国土空间规划农业农村优位的贯彻

我国城乡土地利用的规划具有多类型、多部门管理的特点,伴随土地制度从建国初期的无偿划拨与计划分配,到改革开放后转向有偿使用制度,引入土地市场,逐步形成了国土规划、城乡规划、土地利用规划等多类型规划格局,再到十八

---

〔41〕 参见王国梁:《城市偏向问题及其解决路径:一个理论综述》,载《浙江社会科学》2011年第4期;王颂吉、白永秀:《城市偏向理论研究述评》,载《经济学家》2013年第7期。

〔42〕 参见楚成亚、刘祥军:《当代中国城市偏向政策的政治根源》,载《当代世界社会主义问题》2002年第4期。

〔43〕 王华、陈烈:《西方城乡发展理论研究进展》,载《经济地理》2006年第3期。

届三中全会以来,开展了构建统一空间规划体系的探索。[44]

党的十九大提出的乡村振兴战略,对国土空间规划提出新要求:转变国土空间用途规划的城市优位,全面有效贯彻农业农村优先发展理念。(1)改变传统国土空间重“物”轻“人”、重“建设”轻“生态”、重“村庄”轻“农业”、重“技术”轻“政策”的导向。(2)对涉农的政策进行汇集和共享,并构建面向乡村全域的“多规合一”体系。乡村规划涉及多个方面,既包括自然资源的利用、土地资源的使用、农业的发展,还涉及纵横向部门的事权,又涉及空间规划、城市总体规划、土地利用总体规划、生态保护规划等宏观规划与详细规划的协调。(3)全面拓展国土空间规划的内涵,以涵盖城乡生态保育、城乡空间重塑、城乡产业共荣、城乡设施对接和城乡文化融合等内容。[45] 各地区在编制国土空间规划时要统筹考虑乡村产业用地布局,在安排年度土地利用计划时,加大对乡村产业新增建设用地的支持力度。

3. 国土空间规划的编制、实施与监管

(1)国土空间规划编制的原则要求

国土空间规划编制的原则要求至少有以下方面:第一,体现战略性,落实国家安全战略、区域协调发展战略和主体功能区战略,明确空间发展目标,优化城镇化格局、农业生产格局、生态保护格局,确定空间发展策略,对乡村振兴的农业现代化和产业融合发展需求及时回应,优先安排。第二,提高科学性。一是坚持生态优先、绿色发展,尊重规律,因地制宜开展规划编制工作,强化乡村的生态宜居功能,充分发挥生态宜居在乡村产业发展中的基础作用;二是坚持节约优先,科学有序统筹布局生态、农业、城镇等功能空间,划定生态保护红线、永久基本农田、城镇开发边界等空间管控边界,强化底线约束,积极推进乡村土地全域整治;三是坚持区域协调、城乡融合,优化国土空间结构和布局,突出地域特色,注重通过产业用地供给引导乡村产业进行特色发展、错位发展。第三,加强协调性,强化国家发展规划的统领作用,强化国土空间规划的基础作用,统筹和综合平衡各相关专项领域的空间需求,对乡村振兴用地的规划注重与地区的交

---

[44] 土地利用规划的演变体现了国家治理体系现代化的过程中,从国家直接支配土地,到“两权分离”下的地方土地发展权管理,再到资源环境约束下中央—地方两级土地发展权分级管理,进而到当前生态文明建设背景下两级土地发展权归口管理的历程。林坚、赵冰、刘诗毅:《土地管理制度视角下现代中国城乡土地利用的规划演进》,载《国际城市规划》2019 年第 4 期。

[45] 参见邱杰华、何冬华、赵颖:《广州乡村地区发展的土地依赖与模式转型》,载《规划师》2018 年第 10 期。

通基础设施发展规划、产业发展规划等相协调。第四,注重可操作性,按照“谁组织编制,谁负责实施”的原则,明确各级各类国土空间规划编制和管理的要点,细化村庄建设规划,优化乡村产业布局;明确规划约束性指标和刚性管控要求,保障乡村产业有序发展。

(2)国土空间规划编制的主体及程序

在我国,不同部门掌握着不同的规划编制权,且相互关联。同时,受发展驱动影响,在实施规划时地方在与主管部门互动中有很强的动力逃脱空间规划的管制,由此形成多规并立或规划文本与实际偏离的格局。[46] 鉴于我国条块管理体制的现实,国土空间规划由自然资源部门主导,并且还因中央和地方而有不同。在中央层级,国土空间规划管理虽然统归于自然资源部,但是在具体职责上却又分属不同部门。[47] 与此同时,乡村振兴特别是产业发展及用地又划归农业农村部门主管。这就要求国土空间规划的编制必须高度重视农业农村部门的参与,充分听取农业农村部门的意见,建立健全农业农村部门的决策参与机制。在地方层面,国土空间规划管理因各地政府机构改革和本地实际以及上下级机构设置的不同而有不同。地方国土空间规划编制除了相关部门参与外,还应尊重地方农村的实际要求,听取尊重农业一二三产业界的意见。在规划编制中坚持上下结合、社会协同,从制度上保障农民和集体有效参与。在符合土地利用总体规划的前提下,允许县级政府通过村土地利用规划,调整优化村庄用地布局,有效利用农村存量建设用地发展工业、休闲旅游等产业,发展壮大集体经济,增加农民收入。在符合土地利用总体规划的前提下,利用存量建设用地进行新村建设,或用于造福工程整体搬迁的新村建设。[48]

国土空间规划的调整应严加控制,应根据乡村振兴产业用地实际需求适当

---

〔46〕 参见张惠强、连欣:《定义空间:空间规划如何制定和执行?——基于中央、部门、地方“三角互动”的视角》,载《社会发展研究》2019年第3期。

〔47〕 自然资源部国土空间用途管制司的职责为:拟订国土空间用途管制制度规范和技术标准。提出土地、海洋年度利用计划并组织实施。组织拟订耕地、林地、草地、湿地、海域、海岛等国土空间用途转用政策,指导建设项目用地预审工作。承担报国务院审批的各类土地用途转用的审核、报批工作。拟订开展城乡规划管理等用途管制政策并监督实施。自然资源部国土空间规划局的职责为:拟订国土空间规划相关政策,承担建立空间规划体系工作并监督实施。组织编制全国国土空间规划和相关专项规划并监督实施。承担报国务院审批的地方国土空间规划的审核、报批工作,指导和审核涉及国土空间开发利用的国家重大专项规划。开展国土空间开发适宜性评价,建立国土空间规划实施监测、评估和预警体系。

〔48〕 参见黄德辉:《国土资源管理与实施乡村振兴战略研究——以福建省为例》,载《国土资源情报》2018年第5期。

增加调整的事由、改进调整的条件。特别是要考虑乡村振兴产业用地企业的实际和特点,避免点状供地后可能形成的零碎化问题。

(3)国土空间规划的实施与监管

实施和监管的前提是强化规划权威,避免随意修改、违规变更。一是健全用途管制制度。在城镇开发边界外的建设,按照主导用途分区,因地制宜完善用途管制制度,为地方管理和创新活动留有空间。二是以"多规合一"为基础,统筹规划、建设、管理三大环节,改进规划审批,精简规划审批内容,推动"多审合一""多证合一"。分级建立国土空间规划审查备案制度,优化现行建设项目用地预审、规划选址以及建设用地规划许可、建设工程规划许可等审批流程。三是监督规划实施。制定实施规划的政策措施,将国土空间规划执行情况纳入自然资源执法督察内容。建立国土空间规划定期评估制度,对国土空间规划进行动态调整完善。

(三)改革农村土地制度

1. 集体建设用地入市改革

集体建设用地既包括进行公共设施和公共服务的建设用地,也包括服务农业,用于二、三产业的经营性建设用地。集体经营性建设用地将为兴旺产业提供不竭动力,促进农村一二三产业融合发展,推动农民就业创业,增加农民收入,为乡村振兴奠定基础甚至直接推进乡村振兴,因此必须实现集体经营性建设用地依法依规自由平等入市,构筑贯彻新理念、立足实践探索、符合法理逻辑的规则体系。经营性建设用地与公益性建设用地在助推乡村振兴战略实施上既有分工又有配合。作为以土地为纽带、农民生产生活所形成的共同体,村社的维系和正常运作必然离不开公益性建设用地。集体公益性建设用地对乡村振兴的基础性保障作用与政策法律制度供给不足和现实状况的低效、无序,形成明显落差,亟待改变。

对于集体建设用地,应明确集体建设用地使用权的确立和规划原则。一是应当确立集体建设用地须从下至上公开征求意见,优先考虑农业用地需要、确立集体建设用地应尊重本集体及本集体成员的意见和利益、利用"四荒"地和宅基地整理以增加集体建设用地、优先使用现有集体建设用地和对现有集体建设用地登记颁证确权等五大原则,特别是应要求对集体建设用地的登记颁证确权进行明确规定,以保证集体建设用地的运作与管理。二是对公益性与经营性集体建设用地区分规制,以明确因市场化程度或市场化运作不同而导致的权利取得和权利流转上的规则差异。三是对存量和新增集体建设用地分别规制,针对存量集体建设用地设立和规划过程中存在种种不规范现象,应当严格限制存量集体建设用地数量过多的村庄新增建设用地的条件与数量。四是合理分配集体建设用地使用权的流转收益,保证村集体对集体建设用地使用权流转的收益分配权。

2. 农村宅基地制度改革

宅基地制度改革以"稳定"与"放活"的矛盾最为突出。一方面,传统农村经济基础仍不坚实,农民抗风险能力不强,宅基地仍具有福利保障功能;另一方面,乡村旅游、休闲养老、设施农业等快速发展,客观上要求推动宅基地流转,盘活量大面广的闲置宅基地。实践证明,现行制度设计和权利构造既无法有效保证农民一户一宅,又是造成土地闲置等粗放低效利用现象的重要诱因,还影响农民流动和城乡融合发展。

适度放活宅基地使用权,有利于盘活农村闲置和低效宅基地,推动建立城乡统一建设用地市场,为城乡要素平等交换和优化配置奠定基础,特别是可以加快农村富余宅基地的退出,为承接资本、人力、技术等要素返乡下乡创造条件,还将为进城就业的农民在城市买房、租房安居等提供收入保障,从而加速新型城镇化进程;〔49〕有利于农民生存权和财产权的双重实现,鼓励各地结合发展乡村旅游、新产业新业态、先行先试下乡返乡创新创业等,增加农民财产性收入,为乡村振兴提供用地提供支撑。

作为解决上述"稳定"与"放活"矛盾的创新之举,宅基地"三权分置"改革应纯化财产属性,显化其财产价值,发挥市场机制在宅基地资源配置中的决定性作用,实现从资源到资产的跨越。具体的改革举措为:一是充实宅基地使用权的收益权能,提高利用效率,减少宅基地闲置。二是改变现行笼统的规定"宅基地使用权不得用作经营性用途"的做法,完善宅基地使用权的用途限制规则,减少限制,为满足多元的乡村振兴用地需求留下制度接口。三是细化与整合宅基地使用权取得、有限转让和收回制度,保护农村土地资源、贯彻"一户一宅"原则、维护集体经济组织成员间的公平、防止农村宅基地长期外流以及维护集体的土地处分权能。四是完善宅基地使用权的确权登记制度,以有力保护相关主体的权利,并规范各主体对农村集体土地的利用活动,更好地贯彻保护耕地等基本国策。

---

〔49〕 参见周其仁:《城乡中国》(修订版),中信出版社2017年版,第475~480页。

3. 集体土地征收制度改革

集体土地征收是"三块地"改革的重点和难点,经过试点改革,形成一批可复制可推广的经验,被纳入新《土地管理法》。新《土地管理法》在集体土地征收方面取得以下成就:一是强调突出"公共利益",从泛化征收回归真正的公益征收;二是征收程序进一步严密、规范,保护被征收人的参与权、异议权;三是更新征收补偿的理念,突出对被征收人的社会保障,平衡国家、集体和个人之间的利益。从乡村振兴战略实施的角度看,本次修法亦有可改进、细化的地方:一是把"由政府组织实施的扶贫搬迁、保障性安居工程建设"用地和"成片开发建设"用地纳入征收范围,既与征收所要求的公共利益不尽符合,又与仍在试点改革的集体土地上建租赁房政策有所冲突,在某种意义上可能会不利于乡村振兴;二是征收补偿方式单一化,并未对实践探索中的实物补偿方式如征地留用地、返还地予以回应,与乡村振兴用地来源多元化需求有所不合。为此,对于第一种情况,应借集体建设用地入市改革纳入法制轨道的东风,从落实公共利益出发限缩征收的适用领域,进一步规范集体土地上建租赁房行为,为乡村振兴提供助力;对于第二种情形,根据广东省实际,在法治框架下对征收补偿方式作出多元化规范,丰富乡村振兴用地来源。

乡村振兴的用地是多元的,既需要产业发展所需的集体经营性建设用地,还需要集体公益性建设用地。从新《土地管理法》第66条等的规定来看,集体公益性建设用地供应涉及的集体土地使用权收回就与集体土地征收有颇多类似之处。"为乡(镇)村公共设施和公益事业建设"需要使用土地的,农村集体经济组织报经原批准用地的人民政府批准,可以收回土地使用权。这种收回在目的、逻辑结构以及法律后果等方面与征收具有相同或相似之处。为保护被收回人的合法权益,应参照集体土地征收的规定实施对集体土地使用权的收回。因不按照批准的用途使用土地、闲置土地而产生的集体土地使用权收回,对被收回人具有因违法而受处罚的性质,因此并不受上述收回规定的约束;至于因土地使用权消灭而为的收回,则是集体土地所有权效力的当然体现,遵循权利变动的逻辑。后两类情形虽各有其特殊性,但均是集约节约土地的必然要求,有助于增加乡村振兴用地的供应,需要进一步细化。由于集体经营性建设用地使用权的成立是当事人平等协商的结果,因此自应依照双方签订的书面合同进行收回。

4. 土地制度改革协同联动

改革的系统性、整体性和协同性,要求改革政策联动;政策目标的一致性,要求必须联动考虑,发挥政策的加乘效应,避免政策之间的摩擦。以宅基地为例,我们可以看到其从用途和功能上也是建设用地,与集体经营性建设用地入市、城乡统一建设用地市场建立相关联;作为用益物权、他物权,必然与集体土地所有权具有不可割裂的关系,与农村集体经济产权改革相关;当其从农用地转换用途而来时又涉及与耕地保护政策的衔接协调。因此,建立各类用地之间的转换机制对破解各类用地之间转换使用难的问题尤为关键。

乡村振兴用地所涉及的各类土地之间的协同联动可以从以下方面着手:一是宅基地与集体建设用地之间的转换,主要是宅基地腾退整治后结余宅基地,转为集体经营性建设用地,改革试点在此方面的探索应给予足够重视。二是产业用地与耕地之间的转换。三是乡村振兴用地与国土空间规划和用途管制等制度改革的协同问题。乡村振兴用地的选址、面积和公共设施配套等必须在村庄规划、城乡规划、国土空间规划下科学确定。[50] "空心村"和闲置宅基地的整治、宅基地的分配以及宅基地的开发和转为其他产业用地都要符合国土规划和用途管制,而制定和调整各类规划的科学性和民主性,也需要相关主体特别是宅基地使用权人等权利人的有效参与。

此外,还应与现有改革政策协同,并用好用足。在广东省,乡村振兴用地难与"三旧"改造政策密不可分,两者具有政策目标的一致性。乡村振兴与"三旧改造",均有整治闲置宅基地、房屋、"空心村"以节约集约土地利用、发展集体经济和增加农民收入的目的。从改革政策实施来看,"三旧"改造实施多年具有丰富的实践和成熟的制度可供借鉴。不仅如此,用好用足政策不仅是必要的,也是可行的。"三旧"改造中规划管控、利益共享和优化审批助推历史遗留问题解决的经验做法不无启发和参考价值。

(四)节约集约利用土地

1. 全域土地整治

全域土地综合整治是对乡村生态、农业、建设空间进行全域优化布局,对田水路林村进行全要素综合整治,对高标准农田进行连片提质建设,对存量建设用地进行集中盘活挂钩,对新农村和产业融合发展用地进行精准保障,对乡村人居环境进行统一治理修复,是推进美丽乡村建设的重要举措,是实施乡村振兴战略推动城乡融合发展的有力抓手。

---

[50] 有学者从赋权和放松管制的角度,怀疑针对不同历史时期的特殊情况所做出的规划管控还切合当下的社会经济现实。参见高圣平:《农村宅基地制度:从管制、赋权到盘活》,载《农业经济问题》2019年第1期。

以全域土地综合整治为契机,结合乡村特色,着力解决好资源整合、平台建设、投入保障三个问题,融合多个产业,科学安排农民安居、村庄建设、基础配套、公共服务等各项用地,用好田园共同体建设模式,以全域土地综合整治项目为基础保障,通过创新土地制度供给和要素保障,优化农村生产、生活、生态用地空间布局,进而助推乡村振兴。具体而言,(1)推进"多规合一",合理划定农业生产、村庄建设、产业发展和生态保护等功能分区。(2)开展农用地综合整治,统筹推进高标准农田建设、旱地改水田、耕地质量提升、宜耕后备资源开发以及农田基础设施建设等工作。(3)推进农村零散、闲置、低效建设用地的整治和利用,优化用地的结构和布局,统筹农房建设、产业发展、公共服务、公益事业、基础设施、生态保护等各项用地。(4)统筹推进生态环境整治修复,整治村庄建设用地、各类违法建筑违法用地、废弃矿山和人居环境,加快农村治危拆违和基础设施改善,推动生产、生活、生态空间优化,改善农村生态宜居环境。(5)建立和完善村级组织自主管理、自主服务、自主教育、自主监督的农村土地民主管理机制。在有关村土地利用规划草案、整治项目方案、建设用地规划选址、新农村建设、整治工程实施、土地权属调整、土地指标调剂和收益分配等事项中依法保障农民的知情权、参与权、表达权和监督权。

2. 乡村振兴供地节约利用

总的原则就是严格耕地保护、守住绿水青山,对非农用地立足盘活存量,充分利用城乡建设用地增减挂钩政策,有计划开展农村宅基地、工矿废弃地以及其他存量建设用地复垦,合理安排新建区块,为农村一二三产业融合发展和城乡融合发展提供土地要素保障,努力优化增量。

(1)盘活存量。当前,农村建设用地低效利用和闲置浪费的情况不同程度的存在,包括空心房、危旧房等、村办企业旧厂房以及旧公共设施以及不具有保留价值的旧民居、旧商铺、旧街巷、旧市场、旧校舍等。盘活闲置存量建设用地,对于节约集约用地、发展农村产业具有重大意义,因此应积极推进旧村复垦,将复垦的土地用于发展乡村特色农业产业,并利用城乡建设用地增减挂钩政策,将挂钩指标收益用于美丽乡村建设。[51]

(2)优化增量。当前,农村新产业发展用地面临用地指标少、产业项目落地难的问题。为保障农村产业用地,应扭转城乡建设用地指标优先用于城市发展

---

〔51〕 黄德辉:《国土资源管理与实施乡村振兴战略研究——以福建省为例》,载《国土资源情报》2018 年第 5 期。

用地需求的倾向,改变乡村产业发展建设用地供应指标相对不足的现状。鉴于在土地利用管理中也存在同一地块受多个部门管辖的情况,不同部门对土地的性质划定也不同,而产业融合发展的用地审批往往会在多个管辖部门之间周旋,应强化部门之间的协调,简化用地审批程序。扩大设施农用地的用地范围以满足产业融合发展对设施农用地的实际需要。[52]

3. 乡村振兴用地节约集约利用

在新时代,经济增长方式从外延式向内涵式转变,经济发展从高速度转向高质量发展,乡村振兴必然是内涵式的高质量振兴,产业用地的节约集约利用是乡村振兴的必由之路。(1)规模用地。应对零星、碎片化产业用地进行整合、整治、置换,实现小块变大块,满足产业规模发展需求;实现生地变熟地,满足第三产业的发展需求;实现生态环境美化,满足高端农业产业的发展需求。(2)腾笼换鸟。建立引导机制,根据产业发展特点和趋势逐步改造、淘汰低效产业,提高利用强度。(3)立体化利用。结合高精尖农业及其产业的特点,选择部分试点,积极探索土地利用的立体化。

(五)完善支撑保障制度

1. 推进确权登记颁证

土地确权是按照法律规定的内容与程序,对土地上权利的主体、客体、内容予以确定,划定权利的边界。土地确权可以定纷止争,稳定权利人对土地利益的预期,从而提高土地利用效益。随着市场经济的发展日益成熟,土地作为生产要素的价值不断提高,土地及其上建筑物所包含的利益关系愈加复杂,土地的确权更是成为土地制度改革的核心问题。土地确权是乡村振兴用地的基础性前提性工作,只有通过对土地的确权,才能对土地的各种利用稳定有序,保障乡村振兴顺利推进。

2. 有效实施管理制度

(1)坚持依据国家关于土地法律制度执行农村土地整理和整治管理的标准。一是对农村土地整理和整治必须制度化、法治化,对农村土地整理和整治全面规划,执行农村土地整理和整治分步实施的标准。二是坚持按照农村土地利用总体规划,执行农村土地整理和整治调控的标准,完成永久农田水利基本建设的任务。三是坚持遵循国家资助、共同负担农村土地综合治理规则,引导动员广大农

[52] 参见蒋化雨、蒋仁开:《对乡村振兴背景下保障农村产业发展用地的思考》,载《南方国土资源》2018年第6期。

民自觉自愿参加农村土地综合治理行动，执行监督农村土地整理和整治标准。[53]

(2)面向建设用地动态监管工作内容，按照“批、供、用、补、查”的业务全流程、全覆盖监管要求，整合监管主体、监管环节和内容、监管技术手段和监管系统平台，采用空地协同的建设用地动态监管技术模式，在纵向上实现国家—省—市—县四级联动，在横向上实现建设用地全程动态管理，支撑建设用地管理全业务、全流程的信息化监测与监管。[54] 针对土地利用监管的硬指标遭遇“软执行”，要避免政府自身角色冲突，相对分离政府作为土地利用监管者与“以地招商”参与者的职责，引入公开、独立的“第三方”。

(3)在技术上可基于网格化精细管理和图则编制有法可依的优势，探索土地利用监管新方法包括网格划分原则、图则编制，形成详细的土地利用规划网格化管制图则(图形与对应法则)。[55]

3. 妥善处置违法用地

对于实践中存在的各类违法用地，我们应坚持尊重历史、实事求是、分步分类规范的原则，破解部分违章用地事后合法转化的难题。在认定违法占地时，不应以是否有建设规划许可证作为唯一标准，而应具体案件具体考虑，根据有关法律、法规的基本原则，结合各地实际，区分违法程度，分别予以处理：一类是可补正的，另一类是不可补正的，还有一类是既有可补正的部分，又有不可补正的部分。相应的，处理结果也大体可以分为三种：一是行为人补办手续、缴纳罚款，从而通过这些补正手段实现合法转化；二是行政机关依法恢复原状；三是行政机关依法予以行政没收。

六、结语

土地制度作为农业、农民和农村三者的共通连接点，使得三者在逻辑和实践上构成一个共同体。乡村振兴战略与土地制度改革在价值目标上具有内在一致性，在基本制度内容上具有同一性，在推进步骤上具有相似性。土地制度改革激

---

[53] 农村土地综合开发治理投资课题组：《关于探讨农村土地综合开发治理利用、征购储备、供应占用和财政筹融资监管体系完善的途径》(下)，载《经济研究参考》2017 年第 20 期。

[54] 参见王志杰、何立恒：《建设用地动态监管理论框架与技术模式》，载《资源开发与市场》2014 年第 11 期。

[55] 参见施玉麒、郭忠诚：《土地利用监管的新方法——土地网格化及图则编制》，载《同济大学学报》(社会科学版)2010 年第 2 期。

发了农民参与乡村振兴战略实施的积极性,强化了农民在乡村振兴战略中的主体性,拓宽了乡村振兴战略实施的路径。土地制度改革作为实施乡村振兴战略突破口的具体内容,应包括以下几点:一是适应农业转型的农地权利和经营体系重构,构建促进农村产业兴旺的政策体系;二是乡村振兴与宅基地制度改革,提升生态韧性的乡村宜居空间规划和建设政策体系;三是集体建设用地在乡村振兴中地位重要,集体经营性建设用地自由平等入市以兴业富农,将集体公益性建设用地纳入法治轨道以保障安农;四是促进城乡互动与融合的生产要素城乡配置制度,促进农民增收的保障机制与政策支持体系,构建农民城市化的公共服务体系和权利体系。

(责任编辑:李凤章　于凤瑞)

理论纵横

论农村集体成员资格的财产属性及其法治保障*

祝之舟**

| **摘　要** |

农村集体成员资格是第一代农村集体成员让渡私人土地所有权并放弃退出权而形成的,与农村集体土地所有制相伴而生。确立农村集体成员资格的认定标准其实就是确立农村集体新增成员的接纳标准,就是建立农村集体土地所有制的传承机制。农村集体是集体土地的所有权人,集体成员资格的本质系于集体成员对集体土地的利益诉求和所有权分享,具有鲜明的财产属性。按照集体所有制的财产逻辑,农村集体成员资格的认定标准应当采取家庭标准,劳动标准、户籍标准、生存保障标准或者生产生活标准都不适合于当前的农村社会和法治精神。为了维护农村集体成员的资格利益和不可剥夺性,未来立法应当尊重集体成员资格的经济价值,明确"集体成员的子女属于集体成员"的法定原则,建立集体成员登记制度,依法吸纳新增成员,严格限制集体成员的资格丧失事由。

| **关键词** |

农村集体　集体成员　成员资格　财产属性　法治保障

| **目　次** |

---

* 基金项目:本文系国家社科基金项目"三权分置背景下集体土地所有权实现的法律问题研究"(19XFX007)的阶段性成果。

** 祝之舟,内蒙古大学法学院副教授,法学博士,硕士研究生导师。

一、问题的提出及界定

农村集体土地所有制以及由此产生的农村集体、集体经济组织和集体土地所有权等制度是颇具中国特色的制度安排。如何将这一制度安排转化为科学严谨的法律规范，一直都是我国相关立法和学术研究的重要议题。其中，尤以农村集体成员资格的认定最具基础性和根本性。因为集体成员是农村集体和集体经济组织的人格要素，只有明确了人格要素，农村集体和集体经济组织的主体地位才能得以证成和实现，相关制度构建才具有精准而坚实的主体归属和逻辑起点，才不至于沦为虚置或模糊。

但一直以来，无论是立法、司法还是学术研究都没有取得令人满意的进展。立法上，自1982年宪法确认农村集体土地所有制以来，相关立法，如《民法通则》《农村土地承包法》《物权法》等，仅仅规定了集体经济组织和集体土地所有权制度，并没有明确规定集体成员资格及其认定标准问题。直到2018年新修订的《农村土地承包法》才规定了一个授权性条款，授权法律、法规规定“确认农村集体经济组织成员身份的原则、程序”。〔1〕 面对如此重大的立法漏洞，各个地方不得不发挥能动性，出台相应的地方性法规、规章或司法文件，以应对日益繁多的相关司法纠纷，然治丝益棼，农村集体成员资格“认定标准在农村社会实践中缺乏基本共识”的局面并未改观。〔2〕 从学术研究上看，现有研究成果不是纠结于农村集体成员是个人还是农户的问题，就是陷入户籍标准、生存保障标准抑或生产生活标准而不能自拔，甚至有的还在农村集体不等于农村集体经济组织、集体成员不等于集体经济组织成员这种常识性问题上出现逻辑错误。

根据2007年《物权法》第59条、第60条之规定，农村集体或农民集体，是农村集体土地的所有权人，而农村集体经济组织则是集体土地所有权的行使主体，和村民自治组织处于类似的法律地位，虽以集体成员为成员，但却不是集体土地的所有权人，其所行使的也“不是他自己的独立的所有权”。〔3〕 农村集体和集体土地所有权是历史形成的法律制度，但农村集体经济组织则需要经过法定程序予以设立并取得法人资格，此即2017年《民法总则》第99条所规定的“依法取得法人资格”。因此，从法理逻辑上看，先有农村集体及其成员，后有集体经济

〔1〕 参见2018年《农村土地承包法》第69条。

〔2〕 高飞：《农村集体经济组织成员资格认定的立法抉择》，载《苏州大学学报》(哲学社会科学版)2019年第2期。

〔3〕 韩松：《农民集体所有权主体的明确性探析》，载《政法论坛》2011年第1期。

组织;即使在没有设立集体经济组织的农村地区,农村集体及其成员也是存在的。所以,需要探讨的重要命题不是农村集体经济组织的成员资格,而是农村集体的成员资格。农村集体的成员就是可能设立的农村集体经济组织的成员,只要明确了农民集体的成员,农村集体经济组织的成员自然也就明确了,因而不存在一个独立的"农村集体经济组织成员资格"的认定问题。进而不难发现,无论是 2018 年《农村土地承包法》规定的"农村集体经济组织成员身份"还是现有研究成果中的"农村集体经济组织成员资格",其本质都是农村集体成员的资格问题,也就是《物权法》第 59 条规定的"集体成员"的资格问题。

在界定了需要探讨的真正问题之后,我们才有可能触及该问题的本源和实质,才能揭示出农村集体成员资格认定问题背后潜藏的利益诉求和利益冲突。"利益划分仿佛是一台法学显微镜","每一种较为深入的探讨都要求对利益进行划分","都要找出其决定性的利益冲突"。[4] 那么,农村集体成员资格的本质到底是什么?关于该资格的认定争议又反映了怎样的利益诉求以及哪些主体的利益冲突呢?为此,本文拟从考察农村集体成员资格的历史谱系入手,揭示集体成员资格的利益本质和财产属性,进而论证该资格的认定标准、传承机制及其不可剥夺性,以供未来立法借鉴。

二、农村集体成员资格的历史谱系

(一)合作化时期

从历史谱系的角度看,农村集体成员的资格问题与农村集体土地所有制的形成相伴而生,没有农村集体土地所有制的建立,就没有作为集体土地所有权人的农村集体和集体成员。根据相关历史文献和学术考察,一般认为,我国农村的集体土地所有制形成于社会主义改造运动中的农业生产合作社。合作社及其社员就是当时的农村集体经济组织及其成员。但合作社又有初级社和高级社之分,在不同的合作社里,社员资格和社员权益的法理内涵和具体内容是不同的。初级社的社员既可以按入社土地分取红利,又可以按照劳动投入获得劳动报酬,在分配制度上可谓是按资分配和按劳分配的结合;但高级社则逐步取消了土地分红,仅实行按劳分配。[5] 因此,按劳分配是两类合作社的共同之处,其不同之处在于:对于初级社社员而言,集体成员资格首先意味着对其土地财产价值的

---

〔4〕 [德]菲利普·黑克:《利益法学》,傅广宇译,商务印书馆 2016 年版,第 18~19 页。

〔5〕 参见 1955 年《农业生产合作社示范章程》第 3 条、第 5 条。

利益获取权;但高级社制度则从根本上取消了土地的财产价值,仅将其作为生产资料对待,秉持"农业生产合作社的收入是由社员的劳动创造出来的,不是由社员的土地所有权创造出来的"的社会主义理念。[6] 但尽管如此,高级社保留了社员的退出权,退社社员可以带走其当初入社的土地,恢复私人土地所有权。[7] 因此,高级社社员资格内含了潜在的土地所有权,入社和退社是私人土地所有权和集体土地所有权相互转化的法律机制。

(二)人民公社时期

高级社之后,广大农村建立了政社合一的人民公社体制,农村集体的组织形式从高级社转化为生产队、生产大队和人民公社等三级兼具政治管理职能和生产经营功能的社会组织。其中,国家意志和政治权力发挥着主导性的作用,甚至有学者认为"人民公社是高级社的正式国家化",[8] 全体农村居民无一例外地被纳入这一体制而不得退出,即高级社时期的退社权消失了,稳固的社会主义理念和集体土地所有制取得了绝对性的胜利。在经历了短暂的调整之后,1962年《人民公社工作条例修订草案》("农村六十条")正式确立了三级所有、队为基础的农村土地产权格局,即延续至今的集体土地所有权归属秩序。[9] 按照该文件的规定,人民公社的基本核算单位是生产队,实行独立核算,自负盈亏,生产队范围内的土地,都归生产队所有。[10] 作为人民公社的社员,同时也是生产队的集体成员,由全体成员组成的生产队是当时的集体土地的所有权人。退社权以及相关土地收回权的消失使生产队集体土地所有权成了一种稳定的集体所有权,是对高级社集体土地所有权的升级和固化。换言之,我国现行集体土地所有权是当时的集体成员让渡私人土地所有权并放弃退出权而形成的。此后,个体农民再也无法取得私人土地所有权,而只能作为集体成员充任集体土地所有权人的一分子,以生产队为代表的农村集体组织就成了联结集体成员与集体土地的组织机制。

广大农民让渡私人土地所有权以形成集体土地所有权,进而取得农村集体

---

[6] 参见1955年《农业生产合作社示范章程》第18条第2款。

[7] 参见1956年《高级农业生产合作社示范章程》第11条。

[8] 刘金海:《产权与政治——国家、集体与农民关系视角下的村庄经验》,中国社会科学出版社2006年版,第59页。

[9] 参见1989年国家土地管理局《关于确定土地权属问题的若干意见》第4条,1995年国家土地管理局《确定土地所有权和使用权的若干规定》第5条。

[10] 参见1962年《农村人民公社工作条例修正草案》第2条、第20条、第21条。

成员资格,这就是我国农村集体土地所有制建立的历史逻辑,同时也是农村集体成员资格取得的历史逻辑。在此之后的20多年的时间里,人民公社体制与计划经济体制互为表里,共同主导着那个时代的物质生产和交换,也控制着农村社会。通过计划经济体制,国家向三级人民公社组织下达生产任务,三级组织继而组织集体成员共同劳动,以完成国家任务。此时的农村集体及其成员都没有"按其自身意愿自主种植作物种类和数量的权利,而只有在国家下达的计划前提下来进行农业生产的权利",作为集体成员的农民,"其作为公社社员的身份使其有强制性和终身性","只有可供基本生活的资料,没有可供自由支配的生产资料","没有了劳动的自由"。[11] 未经许可进城务工就是"盲目流动人口",简称"盲流"。[12] 因此,人民公社时期的集体成员资格并没有明显体现为一种权利或利益,而主要表现为强制、束缚和义务,其本质是人民公社的社员,而人民公社"又是我国社会主义政权在农村中的基层单位"。[13] 所以,此时的集体成员不过是庞大的国家机器上的一颗小螺丝钉,几乎没有自主的意志和空间。人们的土地私有观念渐渐淡化,甚至形成稳固的土地国有观念,笔者参与的多次农村调查均发现,有相当一部分农民不知道农村土地属于农民集体所有,而坚称:"土地是国家的!"这可以说是那个时代国家攫取农村土地终极支配权的最好例证,农民集体的土地权益被暂时压制了。但在法理和立法的层面上,农村土地属于农民集体所有的制度一直没有改变,1982年《宪法》、1986年《民法通则》和《土地管理法》都对此给予了重新确认。

(三)体制改革时期

农村经济体制改革以后,随着家庭联产承包责任制的推行,人民公社三级组织相继解体,农民集体和集体成员随之解放出来,零星存在或重建的农村集体经济组织[14]不再被规定为农村土地的所有权人,而是农民集体的代表,代表农民集体经营、管理集体土地。[15] 农村集体及其成员与农村土地的产权关系得以重建,即由集体成员组成的农民集体是农村土地的所有权人,对此,2007年《物权

---

〔11〕 刘金海:《产权与政治——国家、集体与农民关系视角下的村庄经验》,中国社会科学出版社2006年版,第66~67页。

〔12〕 谯珊:《从劝止到制止:20世纪50年代的"盲流"政策》,载《兰州学刊》2017年第12期。

〔13〕 参见1962年《人民公社工作条例修正草案》第1条。

〔14〕 1984年中央一号文件将此时的农村集体经济组织界定为"以土地公有为基础的地区性合作经济组织"。参见1984年《中共中央关于一九八四年农村工作的通知》。

〔15〕 参见1986年《民法通则》第74条。

法》第59条进行了更加明确的规定,即“农民集体所有的不动产和动产,属于本集体成员集体所有”,进一步强化了集体成员在集体土地所有权中的主体地位。在此需要注意的是,农民集体并不是我国民法上的法人或非法人组织,而是由全体集体成员组成的未经组织化的抽象团体或集合体,是全体集体成员的简称,集体土地所有权也不是传统民法上的单独所有权或法人所有权,而是一种“特殊的共有”,〔16〕是“多数人的共同所有”或“集体共有”。〔17〕 在这种多数人的共同所有或集体所有中,本集体的全体集体成员直接享有集体土地所有权。从这个意义上看,农村集体成员资格就是直接享有农村集体土地所有者权益的主体资格。

简要的历史谱系学分析足以表明,农村集体成员资格与农村土地产权归属之间存在本源性的内在关联,取得农村集体成员资格就意味着取得了分享农村土地权益的资格,剥夺一个人的农村集体成员资格也就意味着对其农村土地财产权益的剥夺。换言之,农村集体成员资格的本质系于农村土地权益,即使在集体成员权受到严格限制的人民公社时期,生产队依然有义务照顾每一个“生活没有依靠的老、弱、孤、寡、残疾的社员”。〔18〕

三、农村集体成员资格的财产逻辑

农村土地权益是农村集体成员资格的内核,这是第一代农村集体成员以其私人土地所有权换来的最为重要的财产权益。及至农村土地集体所有制完全建立,广大农民的这一财产权益就需要遵循集体所有制或公有制的财产逻辑去运行和实现,而不能完全遵循私有财产的逻辑。同时,集体所有制的财产逻辑决定了农村集体成员资格取得和丧失的逻辑,此即农村集体成员资格的财产逻辑。换言之,为了保障农村集体和集体土地所有制的持续存在,除第一代农村集体成员之外,农村集体首先必须以适当的方式吸纳新的集体成员,为农村集体注入新鲜血液和青春活力;而这一适当的方式,亦即新增集体成员的认定标准,应当符合集体所有制的财产逻辑。那么,不同于私有财产的集体财产逻辑究竟是什么呢?除第一代农村集体成员外,又有哪些人可以成为新的集体成员并分享集体土地权益呢?

(一)劳动标准

前文分析业已表明,高级社和人民公社时期的基本分配原则是按劳分配,仅

---

〔16〕 王利明、周友军:《论我国农村土地权利制度的完善》,载《中国法学》2012年第1期。

〔17〕 韩松:《农民集体所有权主体的明确性探析》,载《政法论坛》2011年第1期。

〔18〕 参见1962年《人民公社工作条例修正草案》第36条。

将集体土地作为生产资料和劳动对象对待，认为其本身并不创造价值和收入。劳动能力是入社或成为社员的基本标准。如1956年《高级农业生产合作社示范章程》（以下简称“高级社章程”）第7条规定：“年满十六岁的男女劳动农民和能够参加社内劳动的其他劳动者，都可以入社做社员。”人民公社则出于行政管理的需要而将全体农村居民纳入社员体系，但同时要求：“生产队应该组织一切有劳动能力的人，参加劳动”，“不论男女老少，不论干部和社员，一律同工同酬”。[19] 参加集体劳动是集体成员获得土地收益的主要途径。1954年《宪法》、1982年《宪法》以及1986年《民法通则》和《土地管理法》对集体所有制的界定都是“劳动群众集体所有制”，其中便内含了农村集体主要是由农村劳动者组成的集体，不具有劳动能力或不参加集体劳动的人不具有集体成员资格的法理逻辑。当然，无论是“高级社章程”还是“农村六十条”，都没有明确取消非劳动者的集体成员资格，而只是实行“不劳动者不得食”的原则，不支付其劳动报酬。在劳动报酬是集体成员权益的主要表现形式的情况下，不支付劳动报酬实质上也就暂停了该集体成员的成员权益。

作为农村集体土地的所有者，集体成员必须通过参加集体劳动并获取劳动报酬的方式实现其所有者权益，这似乎混淆了所有者和劳动者的身份，但按劳分配而不按资分配、取消资本对劳动的剥削正是我国计划经济时代的分配原则和理念。在这种理念的支撑下，不参加劳动、不以双手创造财富是可耻的，是反社会主义的。因此，劳动不仅是农村集体成员的权利，更是其义务；农村集体成员不仅是农村土地的所有者，更是农村土地的劳动者。但问题的关键是：人多地少的基本国情决定了我国的农村土地或农业生产根本不可能提供足够的就业机会，以使全体农民或农村集体成员在集体内部实现充分就业。对此，无论是学术界还是主政者都不会有任何异议，不断壮大的农民工群体也足以表明这一客观事实。因此，以劳动因素作为判断集体成员资格的标准，注定不符合我国农村的基本国情，大批农民或农村集体成员无法从事农业生产，是客观现实；而且我们也没有理由取消或剥夺其集体成员资格。另外，在当代法治社会和市场经济体制下，就业自由是我国宪法明确规定的基本权利，其中就包括是否在集体内部从事农业生产，不在集体内部就业就剥夺其集体成员资格没有任何宪法和法理依据。

---

[19] 参见1962年《人民公社工作条例修正草案》第29条、第32条。

(二)家庭标准

随着人民公社体制和计划经济体制的解体,农村集体成员从集体劳动或农业生产的束缚中解放出来,获得了从事非农职业和进城务工的权利,劳动也就不再是认定集体成员资格和接受新增集体成员的实质标准,取而代之的是家庭标准。家庭标准是指与农村集体成员共同生活的新增家庭成员也是本集体成员,主要包括因出生而加入的成员子女。20世纪80年代左右的农村经济体制改革中,以家庭为单位承包集体土地并根据家庭人口增减而调整承包土地的家庭联产承包制就充分说明,人民公社解体之后的集体成员资格是以家庭为单位和标准确立的,"家庭成员是集体成员的主供给渠道","通过家庭关系之延续推动集体成员的新陈代谢"。[20] 甚至有人认为,"农户作为集体成员主体是我国农村立法惯例和社会习俗","将集体成员主体限定为农民个人,缺乏足够的事实依据和逻辑支撑",从而将家庭标准推向极致,否定农民个人的集体成员资格。[21] 笔者对此观点不敢苟同,但其中反映的家庭标准却不无道理。家庭是我国传统农村社会的基本生活单位和生产单位,具有极强的识别度,但随着我国城乡融合发展的推进,农村家庭成员就业日趋多元化,作为生产单位的家庭越来越少,越来越多的农村家庭仅具有共同生活的社会属性。而且,无论在传统民法还是当代民法上,家庭的主体地位都备受质疑,而"并未加以法制化",[22] 又怎能代替个人充任集体成员。因此,笔者同意农村集体成员资格认定和传承的家庭标准,而不认为农村家庭具有集体成员资格。

农村集体成员资格认定和传承的家庭标准的本质是血缘关系,其核心要义为本集体成员的子女也是本集体的成员,并作为集体成员享受集体土地权益。同时,该标准并不排斥原集体成员的配偶成为本集体成员的可能,而是赋予该配偶以选择权,即原集体成员的配偶可以选择加入该集体,也可以选择不加入,而保留其原来所在集体的成员资格。《农村土地承包法》关于妇女承包权益的规定也体现了这一精神。[23] 而且实践中,很多出嫁女都选择不迁户,将其户籍保留在原集体,以期保留其原集体成员资格和土地承包经营权。另外,笔者在内蒙古牧区调研时还发现,很多出嫁女虽然随夫一起生活,但却不仅不迁户,而且还继续经营其草牧场,或放牧,或打草。对此,无论是其原家庭成员(包括父母和兄

[20] 戴威:《农村集体经济组织成员资格制度研究》,载《法商研究》2016年第6期。

[21] 向勇:《中国农村集体成员主体资格新论》,载《河北法学》2016年第6期。

[22] 耿卓:《家户视角下的妇女土地权利保护》,载《法学》2016年第1期。

[23] 参见2002年《农村土地承包法》第30条、2018年《村土地承包法》第31条。

弟)还是嘎查集体[24]都没有异议。另外,从利益衡量的角度看,“增人不增地、减人不减地”的政策也促使外嫁女或入赘男选择保留原集体的成员资格。只有在原集体的经济状况明显落后于其配偶所在集体时,他(她)才会做出放弃原集体成员资格的选择。笔者在河南省南街村附近调研时发现,附近村庄的很多居民都很羡慕嫁到南街村的姑娘,因为南街村是远近闻名的发达村,集体经济和村民福利都远高于附近其他村庄。出嫁女集体成员资格选择的立法和实践说明,当代农村社会中,结婚作为集体成员资格取得和传承的标准并不具有充分的社会基础,其在法律上也仅仅意味着一种身份关系的缔结,至于财产方面的法律后果交由婚姻法上的夫妻财产制予以解决可能更加符合当代法治精神。

最后,从集体财产传承的角度看,赋予农村集体成员的子女以集体成员资格其实就是实现集体土地的代际传承,将上一代集体成员的土地传承给下一代。这种传承机制不同于私有财产的继承制度。继承以财产私有制为基础,[25]是个人私有财产的代际传承机制,以被继承人的死亡为条件,以被继承人的特定个人财产(遗产)为客体,是一种个体化的传承机制。但集体财产的传承却是一种集体化的传承,不以任何集体成员的死亡为条件,而仅以现有成员的子女出生为条件;也不以特定财产为客体,而是采取了赋予该子女以集体成员资格的方式,接纳其成为全部集体财产的所有权人之一。简言之,包括集体所有制的公有制在取消私有财产继承制的同时,也必然应当建立与之相适应的传承机制,以实现公有制财产的代际传承和持续性存在。赋予农村集体成员的子女以集体成员资格就是这样的传承机制。

四、农村集体成员资格的法治保障

农村集体土地属于本集体成员集体所有,是我国2007年《物权法》第59条正式确立的基本原则,其中突出了农村集体成员在集体土地所有权制度中的主体地位,因此明确集体成员资格就是明确农村集体土地的权利归属和权利传承,这是落实农村集体土地所有权的逻辑起点。为此,除农村集体的原始成员外,我们还有必要明确其新增成员或继受成员的资格取得方式和传承机制。但截至目前,我国现行法并没有对此问题进行明确规定,从而导致集体土地所有权主体虚置的制度漏洞。为了弥补这一制度漏洞,保障农村集体土地所有制的持

---

[24] 在内蒙古牧区,嘎查相当于我国现行法上的村,嘎查集体即村集体。

[25] 参见《马克思恩格斯文集》(第3卷),人民出版社2009年版,第88页。

续发展,未来立法应当尽快建立农村集体成员资格认定和传承的法律制度,为其提供坚实的法治保障。

(一)尊重农村集体成员资格的经济价值

根据集体土地属于本集体成员集体所有的基本原则,农村集体成员是农村集体土地的所有权人,共同享有集体土地的所有权,农村集体成员资格也就意味着取得集体土地所有者权益的资格,因而具有财产利益的本质和内核。维护集体土地所有制,落实集体土地所有权,也就是保障全体集体成员的土地权益。为此,我们不仅应当科学区分农民集体和集体经济组织、村民自治组织,还应当将农村集体成员与农村土地的承包经营权人和宅基地使用权人区分开来,进而尊重农村集体成员资格的经济价值。关于前者之区分,前文已有所述,在此仅对后者略加阐释。

家庭联产承包制实施之初,农村集体土地承包一般采取按人均分的模式,而且每逢人口增减,代表农民集体管理集体土地的集体组织便会相应地调整承包地。因此,当时的农村集体成员与承包经营权人几乎是一致的。但后来,国家推行了“增人不增地、减人不减地”的政策,[26]将承包地固定给承包农户,由农户成员在农户内部自行调整承包关系,从而导致同一集体的不同农户之间的人均占地失衡。这一失衡的本质在于,很多新增集体成员并没有获得承包地,不是承包经营权人,而另外一些已经去世的承包经营权人却依然保留着承包地。由此也就产生了集体成员与承包经营权人的不一致。对此,有学者提出了集体成员资格“固化”的命题,[27]其实是没有合理区分集体成员与土地承包经营权人,没有注意到集体成员资格与现实承包权之间的不一致。

与土地承包类似的情况也发生在宅基地的占有方面。我国农村的宅基地未经合作化的过程而被“农村六十条”直接宣布为集体所有。[28] 由此也就产生了农村集体为新婚集体成员分配宅基地的制度,如《山东省实施〈中华人民共和国土地管理法〉办法》第44条规定,因结婚等原因,确需建新房分户的农村居民,可以申请使用宅基地。但鉴于集体成员是否结婚以及农村集体是否保有闲置宅基地等不同情况,宅基地不可能在全体集体成员之间平均分配,没有取得独立宅基地的集体成员应该不在少数;相反的情况,即一户多宅,也“长久存在”。[29] 笔者

---

〔26〕 参见1993年中共中央、国务院《关于当前农业和农村经济发展的若干政策措施》。

〔27〕 孙宪忠:《推进农地三权分置经营模式的立法研究》,载《中国社会科学》2016年第7期。

〔28〕 韩清怀:《农村宅基地使用权研究》,中国政法大学出版社2015年版,第91页。

〔29〕 陈小君:《宅基地使用权的制度困局与破解之维》,载《法学研究》2019年第3期。

调研时还发现,越来越多的农村年轻人选择去附近的集镇或县城购买楼房居住,而不在本村兴建院落。甚至还有一些常年外出务工并有一定经济积蓄的年轻人,选择在大城市购房定居,而仅在逢年过节时返乡探亲。总之,随着农村人口的城镇化,越来越多的农村集体成员不再申请使用宅基地,集体成员资格与宅基地使用权人身份的不一致性日益明显和突出。

农村经济体制改革以后,越来越多的农村集体土地由集体成员占有、使用或经营,我国现行法也赋予其用益物权的法律地位。这种所有权与用益物权的分置既是集体土地所有权的实现机制,又是集体成员资格利益化的具体体现。但无论是土地承包经营权还是宅基地使用权都是一种长期而稳定的用益物权,不能随意调整或变更,而农村集体成员资格的取得和丧失,比如集体成员的出生和死亡,则属于纯粹的自然事件,不可预期,随机而不稳定。农村土地用益物权和农村集体成员资格之间的稳定性差异,决定了农村集体土地不可能在全体集体成员之间实现公平而又可持续的物权配置,从而也就决定了农村集体成员资格的财产属性不可能完全依靠农村土地用益物权的赋予而完全实现。因此,赋予集体成员以农地用益物权之后,农村集体成员资格依然具有独立的经济价值和制度功能,可以凸显并适时矫正集体土地在集体成员之间的不公平配置。比如在集体土地征收的情况下,除依法补偿用益物权人之外,还应当补偿那些没有实际取得承包地或宅基地的集体成员,尊重他们在征收中的"独立主体地位",[30]以实现集体土地权益在全体集体成员之间的公平分配。

综上所述,作为农村集体土地的所有权人,农村集体成员并没有在集体土地所有权与使用权分置的制度安排中均质化地转化为土地承包经营权人或宅基地使用权人,两者不应完全等同。明确全体集体成员的成员资格及其土地所有权主体地位依然具有现实意义和制度价值。

(二)明确农村集体成员资格的家庭标准

农村集体成员资格最初因土地合作、入社而取得,并由此产生了第一代农村集体成员,此即农村集体的原始成员。为了保障农村集体的持续存在和健康发展,国家立法必须明确其继受或新增成员的资格取得标准,建立集体土地的传承机制。人民公社由于政社合一的性质将全体农村居民纳入集体成员体系,但在经济利益的分配上却采取了按劳分配的实质标准。这一标准与当时的计划经济

---

〔30〕 陈小君、汪君:《农村集体土地征收补偿款分配纠纷民事司法困境及其进路》,载《学术研究》2018年第4期。

体制和土地经营模式相适应,但却不符合人多地少的基本国情以及此后的市场经济体制,按人均分的家庭承包经营模式事实上采取了"集体成员的子女是集体成员"的家庭标准,我国未来的立法也应当坚持这一标准。

坚持农村集体成员资格的家庭标准,并将其作为农村集体接受新增成员的一般原则和法定原则,自然就应当排斥其他标准,以保障家庭标准的权威性,其中就包括户籍标准、生存保障标准以及生产生活标准。因为这三个标准从本质上讲都是人民公社时期的标准,都是人民公社政社合一的体制所决定的国家主导农村集体之命运的结果。当时,国家为了将农村人口固定在农村人民公社从事集体劳动和生产,强制性地将全国人口区分为农业户口和非农业户口,以户为单位建立了城乡二元对立的户籍管理制度,严格限制农村人口进城务工。为此,中共中央、国务院于1957年12月出台了《关于制止农村人口盲目外流的指示》,全国人大常委会在1958年1月出台了至今有效的《户口登记条例》,该条例第10条第2款规定:"公民由农村迁往城市,必须持有城市劳动部门的录用证明,学校的录取证明,或者城市户口登记机关的准予迁入的证明,向常住地户口登记机关申请办理迁出手续。"此后,国家又陆续出台了一系列限制农村人口进城的政策性文件,早期的有国务院于1958年2月下发的《关于制止农村人口盲目外流的指示的补充通知》,晚期的有民政部、公安部于1989年4月下发的《关于进一步做好控制民工盲目外流的通知》。由此可见,区分农业人口和非农业人口并限制农村人口进城的政策并没有随着人民公社体制的解体而立即废除,而是保持了一种独特的制度惯性和路径依赖,并从理念上影响着人们的思维习惯。但近年来,随着国家户籍制度改革的推进,城乡统一的户籍制度开始在一些地方先行试点。届时,户籍将恢复其本来的住所管理功能,产业分工的经济功能将彻底消失,城乡自由迁徙落户的现实将使户籍难以担任区分农村集体成员与非集体成员的重任,户籍标准自然也就不可能成立了。

生存保障标准和生产生活标准也不能作为判断农村集体成员资格的法定标准。生存保障标准是指依赖集体土地生存、将集体土地作为生存保障的人为集体成员,生产生活标准是指在集体内部从事生产生活的人为集体成员。[31] 但是,何为"生存保障",又如何界定"生产生活",在当前农村是很难判断的。当前的农村社会不再像人民公社时期那样是一个静态的、封闭的小村落,人们足不出户、终生务农,而是早已变得流动而开放,其与城市之间的人、财、物的双向交流

---

〔31〕 参见天津市高级人民法院《关于农村集体经济组织成员资格确认问题的意见》第1条。

日益频繁而深入,并渐呈城乡融合之趋势。在这样的大背景下,很少有人再将集体土地或农业生产作为唯一的生活来源或生存保障,也很少有人一直生活在农村,老人村、空心村的大量出现便是最好的例证。在集体经济相对发达的农村,这两个标准更没有适用的空间和必要。另外,从法理上看,无论城市居民还是农村居民,国家都有责任为其建立公法性质的社会保障制度,不能将集体土地作为集体成员的社会保障或生存保障,更不能以此取代农村社会保障制度。人民公社时期的三级组织为其社员提供的生活保障可以说是其作为国家政权的基层组织所应当承担的政治责任,而非集体经济职能。在技术层面,无论是生存保障标准还是生产生活标准都是一个难以证明的标准,识别度太低,不具有成为某类标准的资格,不具有法律事实所要求的"具体性",〔32〕在实际操作中很可能沦为判断者恣意的借口。因此,综合农村社会现实以及相关法理和技术,我们不能将这种模棱两可、没有确定内涵和法律事实规格的不规范事实作为农村集体成员资格认定的标准。

相对于户籍标准、生存保障标准和生产生活标准,以子女的出生为核心内容和判断基准的家庭标准不仅具有较高的识别度和规范性,而且也体现了农村集体成员的自然增长和代际传承,具有生生不息的动态特质,可以为农村集体土地所有制的持续存在提供稳定的人格供给和主体支撑。因此,我国未来立法应当对此予以明文规定,赋予农村集体成员的子女以新增集体成员的法定资格。

(三)加强农村集体成员资格的制度建设

2018 年《农村土地承包法》第 24 条新增第 2 款规定"土地承包经营权证或者林权证等证书应当将具有土地承包经营权的全部家庭成员列入",其实就是采取了农村集体成员资格认定的家庭标准,即以农村家庭为单位认定集体成员,其中主要包括原集体成员的新生子女。另外,前述条款在某种意义上可以发挥农村集体成员登记的制度功能,即以土地承包经营权登记记载的土地承包经营权人作为农村集体成员。但诚如前文所言,土地承包经营权人与农村集体成员并非完全一致,由于政策或历史原因,并非所有的集体成员或农村家庭都有承包地,因此不能将土地承包经营权登记作为集体成员认定的唯一依据。换言之,在土地承包经营权登记之外,还应当建立独立的集体成员登记制度。在具体操作层面,可以要求农村集体组织、集体经济组织或自治组织,备置集体成员登记花名册或登记簿,将全体集体成员以户为单位予以登记。同时,严格区分农村集体

〔32〕 黄茂荣:《法学方法与现代民法》(第 5 版),法律出版社 2007 年版,第 241 页。

成员与农村常住人口,后者仅指户籍落在本村的常住居民或村民。一般情况下,两者是一致的,但随着户籍制度改革和农村人口的流动,不一致的情况可能会越来越多,如空挂户、外来户等就不是当然的集体成员。

建立农村集体成员登记制度,是加强农村集体成员制度建设的基础工作。完善的集体成员登记制度还应当及时反映集体成员的变更情况,对新增集体成员和丧失成员资格的成员进行变更登记。其中,新增集体成员主要包括原集体成员的新生子女以及愿意加入本集体的原集体成员的配偶。另外,实践中,也有一些农村集体组织制定了接受外来人口为本集体成员的自治章程,对此未来立法也应当尊重其自治选择。笔者在南街村调研时就发现,在南街村工作连续10年以上的外来人口可以申请加入南街村集体,成为其集体成员,加入之后可以享受南街村的成员待遇,包括分配住房。但与原集体成员不同的是,外来人口的加入并非集体成员资格的自动取得,而往往需要对该集体做出过特定的贡献,且经过申请和同意的程序,因而属于基于合意的资格取得方式。这符合传统民法上团体自治的法治精神,且不会冲击原有的法定家庭标准,因而应当给予合法性确认。在此需要探讨的问题是,农村集体接受外来成员的民主议定程序是否应当采取统一的标准,比如普通多数决还是绝大多数决。对此,本文认为,接收外来成员的加入意味着增加了本集体财产的受益主体,也就是稀释原有成员的受益程度,因而属于重大事项,应当采取绝大多数决的表决方式,即经过该集体的成员会议或成员代表会议2/3以上通过。

关于农村集体成员资格的丧失事由,本文认为,鉴于农村集体成员资格的财产属性,我国未来立法应当确立农村集体成员资格不可随意剥夺的基本原则,仅将原集体成员死亡和自愿放弃成员资格作为其成员资格丧失的事由。不仅进城务工和落户不导致农村集体成员资格的丧失,而且也不能将升学、考入公务员等个人事务的变动作为集体成员资格丧失的理由。对于前者,2018年《农村土地承包法》第27条业已修正原来的规则,承认了进城落户成员的土地承包经营权的不可剥夺性,其实也就确立了进城落户不丧失集体成员资格的规则。[33] 其实,无论是升学还是考入公务员,其均与农民工进城落户并没有本质的区别,都是个人发展的结果,于集体而言,不仅无损反而有利,他们可以为本集体的发展争取更多的资源和机会。特别是在城乡融合发展的当下,很多大学生响应国家

---

〔33〕 高圣平、王天雁、王昭军:《〈中华人民共和国农村土地承包法〉条文理解与适用》,人民法院出版社2019年版,第135页。

号召,〔34〕放弃城市就业机会,返乡创业,回报家乡。剥夺这一群体的集体成员资格,无疑是将优秀的集体成员拒之门外,打击其返乡创业的积极性。另外,拥有集体成员资格并据此享受集体土地权益,与升学就业、考入公务员并不存在法理上的冲突,是可以兼容的,国家立法不能因一个人的进步就剥夺其集体财产权益,这不符合最基本的自然正义。否则,那无疑是说,农村集体成员不能同时成为城市就业人员或国家工作人员,不能同时享受城市社会保障待遇。这是典型的人民公社体制造成的城乡二元对立的思维模式。乡村振兴战略实施和城乡融合发展的时代背景下,这一错误的思维模式应当彻底放弃和清除,从而允许并鼓励更多的农村集体成员取得更高学位和地位,以更好地服务于其所在的农村集体。最后,当下中国各行各业都经历着改革的阵痛,端起来就破不了的铁饭碗早已不存在了,进城务工、就业的农村集体成员随时都有返乡发展的可能,保留其集体成员资格就是保护其回家的路。总之,鉴于农村集体成员资格的财产属性,我国未来立法应当严格限制集体成员资格的剥夺行为和丧失事由,依法维护其不可侵犯性。

五、结语

我国农村的集体土地所有制是在否定私人土地所有制的基础上发展起来的,在土地方面实现了“消灭私有制”的社会主义理念。诚如私有财产的继承制度一样,集体土地所有权也应当建立科学的传承制度,以实现集体土地的代际传承。这是“坚持农村土地农民集体所有”以及“落实集体所有权”的应有之义。集体所有是一种不同于按份共有和共同共有的抽象共有,类似于传统民法上的“总有”,其中集体成员不仅没有“明确的份额”,也没有“潜在的份额”,而根本是“不存在份额”,〔35〕仅以集体成员的身份分享所有者权益,这就更加凸显了确定集体成员资格的重要性。

为此,“在土地集体公有制的条件下定居于特定社区的居民,在第一代通过合作化加入集体后,其后代随着出生当然地取得集体成员资格”,〔36〕应当成为我们的基本共识,这就是农民集体吸纳新增成员以维系其持续存在的家庭标准。从这个意义上看,坚持和落实集体土地所有制,就是确认并保护每一个集体成员

〔34〕 国务院办公厅于2015年、2016年连续出台两个政策性文件,鼓励和支持农民工、中高等院校毕业生、退役士兵和科技人员等返乡下乡人员到农村创业创新。

〔35〕 [日]加藤雅信:《“所有权”的诞生》,郑芙蓉译,法律出版社2012年版,第108页。

〔36〕 韩松:《农民集体所有权主体的明确性探析》,载《政法论坛》2011年第1期。

的成员资格和成员权利。而且，随着农村人口城镇化水平的提高以及城乡融合发展的深入，农村集体成员资格的认定标准也必须与时俱进，以适应新时代背景下的乡村振兴，塑造更加开放、包容和奋进的农村集体。

（责任编辑：许英）

以房养老模式下居住权制度探究

朱文菁*

|摘　要|

以居住权为基础的空虚所有权交易被广泛运用于欧洲大陆法系国家的以房养老实践,而居住权在我国于《物权法(草案)》前五稿提出后未被正式确立,民间广泛存在的事实"居住权"及老龄社会对"以房养老"的需求亟待构建我国居住权制度。《民法典》物权编(草案)对居住权又一次作出规定,将该项制度重新提上立法者视野,符合时代要求,但只有寥寥四个条文尚存在诸多立法不足。结合我国立法传统和社会需求,从比较法上借鉴欧洲大陆法系国家关于居住权的规定,为我国居住权制度的构建从居住权的客体、居住权的创设方式、居住权的受益主体、居住权的登记与注销、居住权的转让与继承、居住权人的义务、居住权的消灭几个方面提出完善建议。

|关键词|

居住权　空虚所有权　用益权　以房养老

|目　次|

* 朱文菁,广东财经大学法学院硕士研究生。

一、引言

老年人能否安稳、有尊严地生活在某处,是衡量其晚年生活幸福指数的重要标准之一。住,意味着安定,定居生存,自古以来就是人类生存发展的重要物质条件。居住权在我国是个陌生又熟悉的概念,人们在日常生活中常常提到"居住权"一词,但其法律概念在过去的多年一直模糊不清。事实上,在《物权法》编订过程中,居住权曾被写入草案,遗憾的是,在制定草案第五稿时被删除。有学者认为我国2007年制定《物权法》时未纳入该制度,实属立法政策上的失误。[1]

《民法典》物权编的制定又将该制度重新提上立法者的视野,于2019年4月26日发布的《民法典》物权编(草案二次审议稿)第159~162条规定了居住权,并将其界定为——居住权人为满足生活居住的需要,对他人的住宅享有占有、使用的一项用益物权。[2] 时至今日,关于居住权我国仍有存废之争,一般而言,赞成方认为该制度可以保障特殊群体的生活需要;而反对方则认为居住权的适用范围过于狭窄,其功能可以被其他制度代替。

法律,必须注重实际才能有生命力。评判居住权入典的必要性不仅仅要在现行法律框架内经过充分论证分析,更要立足于我国社会状况,考察现实需要,一项新制度的产生不总是基于充分的逻辑推演,还应是立法者对于日常生活中新现象的把握和分析。我国当今面临着高房价、人口结构老龄化等诸多压力。为解决老年群体的居住问题,同时减轻社会和家庭养老压力,我国从中央到地方已经做出了"以房养老"的积极探索,并且当前的住房政策也从"住有其屋"转变为"住有其居"。居住权入典,对我国解决我国养老住房问题,推动以房养老实践具有重要意义,也同国家目前方针政策相一致。居住权作为一项起源于罗马法的古老制度,在现代各国法典中得到了不同程度的发展,并广泛运用于欧洲大陆的以房养老实践,因此,在探究居住权制度在我国的设立与完善时,我们有必要考察居住权制度的域外立法与实践。

二、欧陆各国以房养老实践的私法基础

(一)居住权在欧洲大陆的立法源流

自罗马法始,居住权这项古老权利即是为了解决特定人的生活或养老问题

---

〔1〕 申卫星:《从"居住有其屋"到"住有所居"——我国民法典分则创设居住权制度的立法构想》,载《现代法学》2018年第3期。

〔2〕 《民法典》物权编(草案二次审议稿)第159条规定,居住权人有权按照合同约定,对人的住宅享有占有、使用的用益物权,以满足生活居住的需要。

而设立,[3] 优士丁尼《法学阶梯》I. 2,5,5. 将居住权确立为一项独立物权形态,使它区别于使用权与用益权。[4] 深受罗马法的影响,现代欧陆各国纷纷通过法典承袭了这一制度,在《法国民法典》《瑞士民法典》《德国民法典》《意大利民法典》中均可以寻其踪迹。

现代欧陆各国普遍借鉴了优士丁尼的做法,将居住权规定为一种独立的他物权,是物权的次层级概念。正如比较法学家艾伦·沃森(Alan Watson)所言,罗马法的传播是以规范群为移植单位,而非个别法律条文。[5] 纵观各国立法,往往是在物权之下划分地役权和人役权,以用益权、使用权和居住权的整体构成人役权体系。但我们也应该认识到,用益权的现代功能已经突破了传统人役权功能,因此,各国在设计这项制度时并非严格复制上述框架体系,如《法国民法典》为了回避使用那些可能让人联想到已经被大革命废除了的封建劳役并没有规定人役权;《意大利民法典》则抛开人役权直接确立了用益权、使用权和居住权制度,还有一些国家对使用权未作规定。在一定程度上看,用益权、使用权与居住权的权能具有包含与被包含关系。[6] 例如《德国民法典》在关于居住权的规定中,首先在第1093条第1款引用了用益权的相关规定。[7] 综合法国居住权的立法、学说和判例,在权利的设立与消灭方面,用益权的有关规则也对居住权具有准用性。[8] 应当认为,居住权的一些内容虽然可以类推适用用益权、使用权的有关规定,但仍有些特别内容是用益权、使用权所不能代替的。

(二)居住权运用在欧洲大陆的以房养老实践

居住权的创设原本是为解决罗马社会无夫权婚姻中的妻和被解放的奴隶的居住问题而在丈夫或家主的房屋上设置的供其居住的权利,使他们生有所靠,老有所养。[9] 这项制度经过漫长的演变与发展,在现代欧洲大陆法系国家的以房养老实践中发挥着更大作用。20世纪70年代的世界经济衰退催生了一种新的

---

[3] [意]彼德罗·彭梵得:《罗马法教科书》,中国政法大学出版社2005年版,第252页。

[4] 优士丁尼《法学阶梯》I. 2,5,5. 提到,但如果对某人遗赠或以某种方式设立了居住权,人们既不认为它是使用权,也不认为它是用益权,而是一种专门的权利。

[5] [美]艾伦·沃森:《民法法系的演变及形成》,李静冰、姚新华译,中国法制出版社2005年版,第21页。

[6] 陈信勇、蓝邓骏:《居住权的源流及其立法的理性思考》,载《法律科学》2003年第3期。

[7] 《德国民法典》第1093条规定,排除所有权人而将建筑物或者建筑物的一部分作为住房使用的权利,亦可以设定为限制人役权。对于此项权利,相应地适用第1031条、第1034条、第1036条、第1037条第1款和第1041条、第1042条、第1044条、第1049条、第1050条、第1057条、第1062条关于用益权的规定。参见《德国民法典》,陈卫佐译,法律出版社2010年版,第317页。

[8] Voir Francois Terre Et Phillippe Simler, *Droit Civil Les Biens*, Edition dalloz, 2002, p. 689.

[9] 周枏:《罗马法原论》,商务印书馆1994年版,第361~376页。

交易方式——空虚所有权交易,买家获得房屋的所有权,但是不能干涉卖方对于房屋的使用和居住;而卖方在移转所有权后,仍可以在原来的房屋中保持一贯的生活方式,无论房屋流转到谁的名下,都不会影响他的权利。[10] 在这种保留用益权的空虚所有权交易中,卖方一般会折价把房子卖出,但规定自己可以在房子里继续生活直至天年。

世界金融危机及人口结构老龄化加速了空虚所有权交易。2009 年,意大利一个不动产交易研究所的报道指出:空虚所有权交易占意大利整个不动产交易的 15%,比 2008 年增长了 6%~7%。究其原因,一方面,是因为老年人在经济危机的局势下,失去其收入来源,通过移转空虚所有权既可以获得一笔可观的收益以维持基本生活,又可以在房屋中继续居住安享晚年;另一方面,国家和私人的金融机构都开始投资这一领域。投资空虚所有权相比于投资完整所有权具有优势,能以较低的价格取得房屋所有权,并且在居住权人享有权利期间不必负担房屋的管理费用,随着房屋的自然增值其空虚所有权也在增值。待居住权消灭后,空虚所有权人将对房屋回复到一个完整的所有权状态,并且不用补交税费。

三、居住权在我国立法的阙如

《物权法》制定以来,我国用益物权种类匮乏,现有二元立法模式具有封闭性和僵化性。物权法上的不动产用益物权制度仅有土地使用权[11] 和地役权两种,这些属于"土地"上的用益物权,而建筑物作为不动产另一重要构成要素,关于建筑物用益物权的设立却被忽视。现行法关于房屋利用的方式只确定了"房屋所有权"以及"租赁权"两种形式,难以包容现实需求的复杂性。

由于立法上的缺失,居住权在我国并不是一项法定的物权形态,但在日常生活和法院判决中却被频频提及,它通常由当事人之间通过协议的方式设立,广泛存在于养老领域。在我国民间实践中不乏父母出资给子女买房,而后将房屋登记在子女名下但规定父母享有永久性居住的权利,或者大家庭分家析产后约定房屋由子女所有但老人有权居住直至天年,抑或子女出于养老目的在自有房屋中为父母设立居住权等类似的实践。这些体现了居住权制度在我国的社会需求性。居住权往往与所有权、房屋买卖相联系,如何平衡房屋所有权人、实际居住人及房屋受让人三方主体的权益,在我国司法实践中并没有统一的做法,以

---

〔10〕 肖俊:《空虚所有权交易与大陆法系的以房养老模式》,载《上海财经大学学报》2017 年第 1 期。

〔11〕 包含土地承包经营权、建设用地使用权、宅基地使用权。

表 1〔12〕所列举的四个案例予以分析。

表 1　案例分析

序号	判决书	居住权的设立方式	争议焦点	法院观点
1	浙杭民终字第 1618 号 潘某珠、王某萍等与张某海、王某梅等房屋买卖合同纠纷	协议约定	房屋所有人王某花与第三人张某海、王某梅明知所涉房屋上存在为潘某珠设立的居住权，仍签订房屋转让合同，这是否构成恶意串通，损害第三人利益的情形？	法院确认王某花对所涉房屋具有居住权； 因张某海、王某梅明确表示愿意保证潘某珠的居住权，承诺让潘某珠居住到其百年之后，王某花与张某海、王某梅就案涉房屋签订房屋转让合同并不损害潘某珠的利益。
2	东民一初字第 690 号 卢某和、柏某兰与王某平物权保护纠纷	协议约定	原告卢某和、柏某兰对所涉房屋是否享有终身居住权？	被告王某平对诉争房屋享有占有、使用、收益、处分的全部权利。 对于房屋这一特殊财产而言，占有、使用、收益等权利的体现集中在对房屋的居住权上，对房屋不具有居住权利，房屋所有权将形同虚设，两原告要求本院确认对房屋享有排他性的终身居住权，严重侵犯了被告对诉争房屋所有权的实现。
3	昌民初字第 02504 号 周某友与周某从用益物权确认纠纷	协议约定	协议约定在涉案房屋上为他人设立永久居住权是否违反了《物权法》中物权法定原则，应属无效？	根据《物权法》第 5 条之规定，物权的种类和内容，由法律规定。居住权不属于我国法律限定的物权权利的类型。 诉争房屋登记于被告名下，现原告以用益物权为依据，要求确认其对诉争房屋享有物权意义上的居住权，法律依据不足，法院不予支持。

〔12〕参见中国裁判文书网：http://wenshu.court.gov.cn/，2019 年 6 月 7 日最后访问。

续表

序号	判决书	居住权的设立方式	争议焦点	法院观点
4	枣民一终字第44号 张某丙与张某甲、张某乙分家析产纠纷	协议约定	张某丙是否有权无偿在该房屋居住直至去世,期间张某乙不得以任何理由干涉和反悔?	张某乙承诺临山公寓房屋由张某丙居住到去世,张某丙诉请实现居住权有事实和法律依据。

基于现实中的案例,可以看出在司法实践中法院对是否支持当事人所主张的居住权持不同态度,支持者通常是基于合同意思自治、公序良俗等制度,或通过法官对所有权、共同共有等现有制度的多元化解释;而不支持者通常是基于物权法定原则——由于我国并没有规定用益权制度,当事人主张物权意义上的居住权没有法律上的依据。随之而来的问题是,在支持居住权的情况下,所有权人与他人签订的房屋转让协议效力如何认定?所有权人与居住权人各自的权利义务范围如何?怎样实现房屋经济效益的最大化?此外,由于我国是成文法而非判例法国家,法官在法无明文规定的情况下支持一方当事人的居住权是否超越了其司法权限的范围?在不支持居住权的情况下,如何保障实际居住者的权益?尤其当实际居住者为处于社会弱势和生理机能弱者地位的老年人时。这些实践难题都在不同程度上反映了我国建立居住权制度、完善相关规则体系的需求。

《民法典》(物权编)的制定过程,居住权又重回立法者视野,我们很有必要审视该制度的社会需求,以站在当今时代背景重新考虑该制度的价值与功能。

四、居住权入典的必要性证成

(一)居住权制度具有独特的价值

无论是罗马法还是当代大陆法,对居住权的规范基本上是从"用于解决特定人养老和生活问题"作为出发点,[13]可以说这一制度从创设之初,就将秩序价值作为重要的追求目标,这体现在各国民法典中对法定居住权的规定。法定居住权具有浓厚的家庭伦理性,是基于家庭成员间的抚养、扶养和赡养关系享有,因而通常具有不可让与性,有利于保障老年人、妇女、未成年人居住他人住房的权利,体现了法对促进家庭和睦、社会稳定的传统价值追求。同时,居住权制度在发展过程中其人身色彩渐渐淡薄,越来越重视意定居住权,它强调以市场交易的

---

〔13〕 高富平:《土地使用权和用益物权——我国不动产物权体系研究》,法律出版社2001年版,第24页。

方式获得,不可转让性成了第二性的,使契约自由精神得到了淋漓尽致的发挥。就居住权的发展轨迹,它实际上也经历了一个"从身份到契约"的过程,[14]体现了近代以来各国立法对居住权制度效益价值的追求。[15] 并且,居住权制度的实质本就是将所有权权能在空虚所有权人和居住权人之间合理划分,从而实现有限房屋的最大化利用。

此外,意定居住权还体现了法对自由价值的追求。各国民法典对居住权的设立、变更、终止及内容方面已越来越持宽松态度,如在是否允许转让和继承问题上不是绝对的、规定以无偿设立为原则但设置了有偿设立的例外,[16]以最大限度地尊重居住权人与空虚所有权人的意思自治。正如博登海默(Edgar Bodenheimer)所提到的——整个法律和正义的哲学正是以自由为核心构建。[17]

因此,居住权制度在保护弱者的同时还具有商业价值,包含着兼顾家庭秩序、经济效益和当事人意思自治的多元化目标。

(二)居住权制度不能为其他制度所代替

我国反对居住权入典的声音之一就是认为养老的住房问题完全可以通过法定之债的抚养义务和社会保障等制度实现,居住权的功能完全可以被其他制度所代替。[18] 虽然《宪法》《婚姻法》《老年人权益保障法》等法律都明确规定了子女对父母的赡养扶助义务,此外附义务的遗嘱、赠与,附条件的房屋买卖、抵押贷款以及房屋租赁等制度似乎也能在某种程度上实现居住权的目的,但上述主张实质上是把分割财产的物权属性与其他制度相混淆。需注意的是,居住权的价值不仅仅在于保护弱者,更重要的是确立其物权属性。

无论是子女对父母的法定赡养义务还是附义务的遗嘱、遗赠,亦或附条件的房屋买卖、抵押贷款以及房屋租赁等其本质均是债的范畴,而居住权属于物权。事实上,用益权与债权可谓只有一步之隔,它们最重要的区别在于是否具有对抗第三人的效力,而这种对抗世人效力则是通过一定公示手段来实现的。《民法典》物权编(草案二次审议稿)第159条规定,"设立居住权的,应当向登记机构申

[14] [英]梅因:《古代法》,沈景一译,商务印书馆1959年版,第97页。

[15] 杨立新:《民商法理论争议问题——用益物权》,中国人民大学出版社2007年版,第410页。

[16] 王利明:《论民法典物权编中居住权的若干问题》,载《学术月刊》2019年第7期。

[17] [美]博登海默:《法理学:法律哲学与法律方法》,邓正来译,中国政法大学出版社2004年版,第298页。

[18] 参见全国人大常委会工委民法室编著:《物权法立法背景与观点全集》,法律出版社2007年版,第49页。

请居住权登记”,登记公示主义所产生的排他性效力是保障居住权稳定性必不可少的条件。这或许与买卖不破租赁的理论基础相一致,我国虽未规定用益权制度,却在《合同法》第229条规定了买卖不破租赁原则,使属于债的不动产租赁合同产生物权效力,之所以赋予债权性质的承租权一定的物权效力,其背后是公权力对经济弱者的保护。有学者这样认为,“市民社会生活中,若不在立法上对那些通过租赁他人房屋来维持生活或实现一定的经济目的承租人给予物权化对世效力之保护,其生存利益将受到严重威胁。此外,赋予租赁权以足以对抗第三人的对外效力有利于稳定社会经济关系”。〔19〕同样,如果不对居住权以物权的效力进行保护,老年人在转移房屋空虚所有权后处于社会和经济上的弱者地位,其生存利益容易受到严重威胁,不利于保障其终身安稳的居住。居住权的物权性即体现在使居住权人获得不依附于最初订约相对人之法律地位。〔20〕

英美法国家也存在类似于大陆法的居住权制度,《英国家庭法》在第四章依次规定了“婚姻住宅居住权”“居住令”“互不妨碍令”等问题,并且英国学者梅丽尔·托马斯(Meryl Thomas)在编撰法律汇编的时候将这些内容归于财产法中;〔21〕在美国,老人可以通过拟定契约将房屋所有权转让给子女并为自己保留居住终老的权利,以保障其晚年有房可住。〔22〕基于中国社会的传统习惯,广泛存在父母于生前将居住的房屋过户给子女的现象,但却没有一项可靠的制度设计能保障其居住终老的权利。我们可以看到社会上涉老侵权的现象时有发生,能够说明仅靠抚养义务、社会保障制度、附义务的遗嘱与赠与等并不足以保障老年人的住房问题。更重要的是,在物权法中没有统一的居住权制度,那么特别法中就无法设立这样的权利,即使设立也因缺失相应的物权制度,如登记制度,无法得到有效保障。另外,居住权制度设立后,无论是家庭或是社会养老应更加侧重对老年人精神上的关怀和慰藉。

(三)以居住权为基础的以房养老模式在我国有现实需求

预测未来30年,中国老年人口将进入持续高增长阶段,2030年以后,年均增长将超过1120万人。2050年,中国65岁以上老年人口预计超过4亿人,接近总

---

〔19〕祝建军:《房屋租赁权物权化研究——以不动产公示公信原则引入的必要性为视角》,载《法律适用》2006年第Z1期。

〔20〕[德]鲍尔·施蒂尔纳:《德国物权法》,张双根译,法律出版社2004年版,第655页。

〔21〕Meryl Thomas, *Blackstone's Statutes on Property Law*, Oxford, Oxford University Press, 2005, p. 343.

〔22〕Ralph E. Boyer, Herbert Hovenkamp, Sheldem F. Kurtz, *The Law of Property*, Minnesota, West Publishing Company, 1991, pp. 91-93.

人口比重的1/3。“空巢化”和“未富先老”日益加剧是我国老龄化社会的特点，随着家庭结构小型化和人口流动的加剧，空巢家庭不断增多，独居老人的数量预计将在2050年上升至5310万人，是2010年数量的3倍。[23] 在这种情况下，传统“养儿防老”的“家庭养老”模式必面临更加严峻的挑战，老年人将更具有独立性，更加依靠自己养老和社会养老。此外，我国的人口老龄化属于“未富先老”。到2025年人口老龄化程度将接近欧洲20世纪80年代初水平，当时欧洲大陆人均GDP已达10,025美元，而我国预计到2025年人均GDP为5000美元，[24] 这势必会对家庭及社会养老资金提出更高的要求。

受我国社会文化观念及经济发展水平的影响，“在家养老”为主要养老模式，90%以上的老年人都是在家度过晚年。1991年《联合国老年人原则》也强调：老年人应尽可能长期在家里居住，以得到家庭和社区根据每个社会的文化价值体系给予的照顾、服务和保障。基于我国老龄社会的特点，居住权制度不失为维护老年人基本权益的有力保障。由居住权衍生的“以房养老”模式，通过空虚所有权交易一方面能保障老年人在自有住房中终身安稳地居住，摆脱所有权转移带来的烦恼；另一方面老年人能因转移房屋空虚所有权而获取一笔可观收入，维持晚年体面生活，减轻家庭和社会养老负担。事实上，我国已经推行了“以房养老”实践，继2013年国务院印发《关于加快发展养老服务业的若干意见》后，首先在一线重要城市中展开了“以房养老”试点，如北京的“养老房屋银行”，[25] 南京的“租售换养”模式，[26] 上海的“售后租回养老”模式。[27] 然而，这些模式最终都没有取得成功，在当前我国法律体系和信用机制尚不完善的情况下，金融机构或组织和老年人的权益都无法得到有力保障。纵观这些模式的制度基础多为抵押、保险、买卖、租赁，依赖金融机构和组织却忽视了民间的自发交易，这些模式与大陆法系的空虚所有权交易不同，借鉴的更多是美国的“住房反向抵押”模式。

---

[23] 白晨、雷晓燕：《新时代中国老龄化趋势、挑战及应对思考》，载中国社会科学网：http://news.cssn.cn/zx/bwyc/201908/t20190809_4954653.shtml，2019年8月15日最后访问。

[24] 刘玲琪：《老龄化社会的后果及建构积极老龄化社会的途径》，载中国老龄科学研究中心网：http://www.crca.cn/llzl/2015-01-09/842.html，2019年6月10日最后访问。

[25] 2007年北京市寿山福海养老服务中心联合房地产公司推出“养老房屋银行”业务，通过民政部门相关政策鼓励老年人自己的房子交给“房屋银行”代理，用租金供自己住养老院。

[26] 2005年汤山“温泉留园公寓”提出，年龄在60岁及以上的孤寡老人，如自愿申请将其住房抵押给老年公寓，减免在养老公寓里的一切费用，去世时该房产归养老公寓所有。

[27] 2007年上海市公积金管理中心开展“以房自助养老”活动，在上海市拥有住房，年龄在65岁及以上的老年人，通过房屋产权交易市场将自己的住房出售给公积金管理中心，并取得全额房产销售款，然后该老年人再从公积金管理中心以市价返租。

美国的“住房反向抵押”模式侧重金融法的制度,而大陆法系实践中的空虚所有权交易的结构内在于主观权利的体系之中,可以通过基本的物权法原理进行建构,它的法律基础更多是由物权法而非金融法所决定,能更好实现所有权人意思自治。“以房养老”在我国已存在蓬勃的社会需求,但却缺乏立法上的居住权相关制度配套。

五、以房养老模式下我国居住权制度的构建

我国的现行法律规范、司法典型案例和民众现实财产利用方式,其实已经在不同程度上反映了对居住权的制度需求。居住权入典可以丰富房屋所有权多元化,对社会老年群体来说在一定程度上能缓解他们的住房和养老困境,站在法的价值和社会需求层面,居住权入典能弥补物权法定原则之不足使物权制度更加灵活,是立法的进步。但《民法典》物权编(草案)对居住权的规定目前只有寥寥四个条文尚存在一些立法不足,基于对现有规定的评析并从比较法上进行借鉴,进一步为完善我国居住权制度的立法设计提出建议。

(一)居住权的客体

1. 居住权的客体限于“他人房屋”

《民法典》物权编(草案二次审议稿)第159条对居住权的客体限定为“他人住宅”。一般来说,居住权的设立有两种方式,一种是直接设立;另一种是间接设立。如A在自有房屋上为B设立居住权,为C设立空虚有权,这是直接设立的方式;而间接设立的方式是指,A是房屋所有权人,他将所有权转移给B的同时为自己扣留居住权。如1865年《意大利民法典》第1074条规定:“无论是动产还是不动产,赠与人都可以为自己或者他人的利益,保留用益权或者使用权。”在这种“扣除”居住权的所有权转移方式,居住权所指向的客体似乎是“自有房屋”而非“他人房屋”,而“自己的物不能提供作为役权服务,[28]对自己所有的房屋行使所有权即可实现居住的功能。因此有学者认为间接设立的方式是和近代物权理论所不符的,与所有权整体性原则相冲突;并且,他物权与所有权是相互独立的,他物权只能在所有权转移后由新的所有权人创设,原所有权人不能为自己创设他物权。但实践中存在很多对房屋“保留居住权的所有权转移”,这些行为该如何定性?这也是通过转移空虚所有权的“以房养老”实践所必须考虑的问题。

---

〔28〕[德]马克斯·卡泽尔、罗尔夫·克努特尔:《罗马私法》,田士永译,法律出版社2018年版,第295页。

但事实上，所谓的"以间接方式设立居住权"，居住权的效力只有在将房屋的所有权转移给买受人后方可实现，居住权实际指向的已是"他人房屋"，因此居住权的设立者并非转移所有权人，而是所有权的受让人。

2. 居住权的客体及于房屋的附属设施

《民法典》物权编（草案）未对居住权人是否有权占有、使用房屋附属设施作出规定，为了保障居住权人正常生活的目的，居住权的客体应及于房屋的附属设施，如空调、洗衣机、冰箱。当事人也可通过合意的方式排除居住权人对某些附属设施的占有、使用，但这种排除不能影响居住权人在房屋内的正常生活。

（二）居住权的创设方式

《民法典》物权编（草案）第159条规定："设立居住权，当事人应当采用书面形式订立居住权合同。"第162条又规定了："以遗嘱方式设立居住权的，参照适用本章规定。"合意设立与遗嘱设立均属于意定设立居住权的方式，"以房养老"的空虚所有权交易也通常是基于意定方式设立居住权，但站在居住权制度的合理构建角度我们需要思考是否有必要对法定设立、依法院裁判设立居住权的方式作出规定。

从比较法看，很多国家都对法定居住权作了明确规定。《瑞士民法典》第219条第1款规定："双方原来居住的、属于死亡一方所有的住宅或套房，根据收入分享财产制，生存的夫妻一方，为了维持生活，可以请求取得该住宅或套房的用益物权或居住权，但婚姻协议另有约定的除外。"此外在《法国民法典》《瑞士民法典》上也有类似的规定。通过对法定居住权作出规定有利于特定人群基于婚姻、赡养等制度在他人住房实现居住权以维持基本生活需要，是弥补意定居住权不足的一种创设方式，能最大限度保障特定人群的居住利益。若法定居住权入典，司法机关在处理具体案件时就可考量特定群体的居住利益，依法裁判设定居住权，使其具有对抗包括房屋所有权人在内的第三人的效力。[29]

（三）居住权的受益主体

《民法典》物权编（草案）并未对居住权人的家庭成员是否有权在房屋中与居住权人一同居住作出规定，但基于家庭伦理及现实需要，应当认为居住权的受益

---

〔29〕 田韶华：《婚姻住宅上非产权方配偶利益的法律保护——兼评〈婚姻法司法解释三〉中的涉房条款》，载《法学》2011年第12期。

主体包括居住权人及其家庭成员。从比较立法例看,《法国民法典》第632条规定,[30]居住权的受益主体包括居住权人的家庭成员,即使居住权产生时居住权人与该家庭成员尚未缔结婚姻关系;《德国民法典》第1093条,[31]则将居住权的受益主体扩展至除家庭成员之外的服务、护理人员。

综观欧陆各国立法,普遍接受居住权人家庭成员同样是居住权的受益主体,并且对家庭成员的范围作了比较宽松的界定,包括居住权设立后才与之缔结婚姻的配偶;居住权生效后出生的子女,居住权生效后才形成法律关系的养子女、继子女;甚至包括为居住权人或其家族服务而与权利人名义人同居的人。[32]

(四)居住权的登记与注销

有学者认为《民法典》物权编(草案二次审议稿)第159条第3款确立了居住权以登记作为设权要件,但未规定注销登记属法律漏洞。居住权登记的必要性在前文已作详述,关于居住权注销是否同样需作规定,应认为既然居住权属于物权的范畴,应当可以准用关于物权变动的一般规定。《物权法》第9条规定了以登记作为不动产物权变动的条件,《民法典》物权编(草案)仍然在第二章作了同样的规定。因此,可以认为在有关居住权的条款中无须再将注销登记再作规定,之所以明确规定居住权以登记作为设立条件应属起强调作用。

(五)居住权的转让与继承

《民法典》物权编(草案二次审议稿)第160条规定不得转让与继承,但设立居住权的房屋是否可以出租存在当事人合意的例外。居住权通常是为保障居住权人的晚年生活的"终老财产",具有慈善与恩惠的特性,因此规定居住权的不可让与性具有合理性。而在出租问题上,《民法典》物权编(草案)持较为开放的态度。事实上这与现代各国民法典关于居住权的立法相一致,优士丁尼《法学阶梯》I.2,5,5.规定了居住权可出租,而《法国民法典》《智利民法典》虽规定了禁止居住权的出租和让与,如《法国民法典》第631条,[33]"居住权既不得转让,也不得出租"。但又在其他条款规定了当事人可以自由决定权利的广狭,充分发挥当事人意思自治突破了居住权的不可让与性。这体现了居住权制度渐渐褪去了人

---

[30] 《法国民法典》第632条规定,对房屋享有居住权的人,得偕同其家庭在该房屋内居住,即使在基于居住权利时其本人尚未结婚,亦同。

[31] 《德国民法典》第1093条规定,权利人有权将其家庭以及为进行与其身份相当的服务和为进行护理而有必要使用的人员,接纳进此住房。

[32] 《意大利民法典》,陈国柱译,中国人民大学出版社2010年版,第194页。

[33] 罗结珍:《法国民法典》,北京大学出版社2010年版,第188~189页。

身色彩，以当事人自由约定作为第一性，这是个从“身份”到契约的过程。能很好解决有些学者所担心的“居住权有碍于经济流通”顾虑。〔34〕

（六）居住权人的义务

一旦房屋上设立居住权，便存在两项相互独立的权利——居住权和空虚所有权，居住权人应遵循房屋的经济用途进行占有和使用，在权利存续期间对房屋只能“居住”，任何改造或重大变更，如将一个大型住宅改建成数个小型住宅、将房屋改造成旅馆或工作室以实现其他目的的行为都应当认为是禁止的，将构成侵害房屋空虚所有权人的利益。《民法典》物权编（草案二次审议稿）第159条中“以满足生活居住的需要”的规定体现了这一要求。《瑞士民法典》甚至赋予了虚有权人以监督权〔35〕和担保权〔36〕，以规范居住权人的使用行为，保障空虚所有权人权益。并且，居住权人应尽合理的谨慎义务对房屋及其附属设施进行管理、维护和修缮，《法国民法典》第627条明确规定了，享有居住权的人，应以善良管理人的态度享用其权利，《民法典》物权编也应对此参照作出明确规定。此外，由于空虚所有权人并不负担居住权行使期间对房屋的管理、维护和修缮义务，但当居住权人不能或不对房屋及其附属设施进行必要的修缮时，应当许可空虚所有权人进行修缮。

（七）居住权的消灭

《民法典》物权编（草案二次审议稿）第161条只规定了死亡导致居住权消灭这一事由，但却未考虑权利混同、物的消灭、权利滥用等其他可能导致居住权消灭的情形。一般来说，各国民法典对居住权的消灭都规定了可准入用益权的一般规定，但我国未规定用益权，因此有必要对可能导致居住权消灭的因素作更加详尽、具体的考虑，这种考虑需结合我国立法及社会现实，同样也可以借鉴其他大陆法系国家对用益权消灭事由作出的一般规定。

优士丁尼《法学阶梯》I. 2，4，3. 对用益权的消灭列举了五种方式：（1）用益权

---

〔34〕 曾大鹏：《建筑物用益物权制度研究——以权利体系的构建为中心》，法律出版社2009年版，第153～156页。

〔35〕 《瑞士民法典》第759条规定，虚有权人，有权监督任何非法使用标的物的行为，或者任何与标的物性质不符的使用行为。

〔36〕 《瑞士民法典》第760条规定，虚有权人，如能证明其权利受到危害，可以要求用益权人提供担保。

人死亡;(2)两种人格减等——最大的和中等的;(3)滥用用益权;[37](4)混同;[38](5)标的物灭失。[39] 第二种方式中所谓"人格减等"是指变成奴隶或外邦人,因用益权是平等的城邦成员之间彼此表示友爱的方式,因此将"人格减等"作为古罗马市民法上用益权消灭的事由之一,但已经不适用于现代社会。因此,除居住权人死亡外,当发生了居住权人滥用权利、权利混同、房屋灭失这几种情形时,是否也同样会导致居住权消灭的后果,是我国《民法典》物权编制定过程中,完善居住权相关规定时立法者应考虑的因素。

(责任编辑:张保红)

---

〔37〕 指"不以规定的方式在规定的期限内行使"。

〔38〕 用益权人把自己的用益权让与财产的所有人(事实上,让与家外人,不产生任何效力)以及用益权人获物的所有权。

〔39〕 房屋因火宅烧毁,因地震或因其瑕疵倒塌。

田野采风

农村土地法律制度运行状况的法治思考

——以广州市乡村调研为基础*

高　飞**

|摘　要|

通过对广州市农村地区进行实证调研,获取了有关农村土地制度运行中存在的主要问题及现实政策需求、承包地“三权分置”政策的认知及落实的现状、“三块地”改革状况等素材。其中,打通承包地融资渠道、分享农村集体经济发展的成果、促使农村集体经济组织成员资格认定标准的法定化、提高征地补偿标准、保障宅基地和集体经营性建设用地入市等问题尤其受到重视。在《农村土地承包法》《土地管理法》修法完成后,仍然遗留下一些实践难题未能解决,从而成为继续深化农村土地制度改革的新任务。

|关键词|

承包地“三权分置”　宅基地制度　集体经营性建设用地入市　土地征收

|目　次|

* 基金项目:广东省哲学社会科学“十三五”规划项目“广(州)深(圳)大都市土地增值收益分配法律问题研究”(GD17CFX08)。

** 高飞,广东外语外贸大学土地法制研究院教授,法学博士。

一、调研地点和调查方式说明

2013年11月12日,中国共产党十八届三中全会通过《关于全面深化改革若干重大问题的决定》,"对一些长期以来议论较多但始终没有触及的改革有了明确提法,对一些过去虽有涉及但意见并不明确又事关重大的问题有了突破性、开创性的改革意见,在理论和政策上取得了一系列新的重大突破,具有鲜明的时代特征",[1]其中有关涉农问题的决定关系到农村土地制度的变革之路,被视为新一轮农村制度改革的政治宣言。[2] 为落实该决定确立的政策精神,2014年中央一号文件(《关于全面深化农村改革加快推进农业现代化的若干意见》)确定深化农村土地制度改革的目标,主要内容包括"完善农村土地承包政策""引导和规范农村集体经营性建设用地入市""完善农村宅基地管理制度""加快推进征地制度改革"等。之后,承包地"三权分置"政策、"三块地"改革试点(土地征收、集体经营性建设用地入市和宅基地制度改革试点)和"两权"抵押贷款试点(农村承包土地的经营权抵押贷款和农民住房财产权抵押贷款)持续推进。为了解"珠三角"各市的农村土地制度运行状况与改革实践,我们对位处"珠三角"的八市进行了考察,其中2017年12月28日至29日对广州市的农村地区进行了实地调研。

广州市是广东省省会,广东省的政治、经济、科技、教育和文化中心。广州市地处中国大陆南方、广东省的中南部、珠江三角洲的北缘,接近珠江流域下游入海口,其东连惠州市博罗、龙门两县,西邻佛山市的三水、南海和顺德区,北靠清远市的市区和佛冈县及韶关市的新丰县,南接东莞市和中山市,隔海与香港、澳门特别行政区相望。广州市村域面积占全市的78.4%,行政村1144个,耕地面积8.39万公顷,林业用地面积25.43万公顷,全市农业人口(乡村人口)260万人,农业从业人员64万人,农业相关产业(包括农产品加工、流通业、休闲农业等)从业人员215万人。广州市土地类型多样,适宜性广,地形复杂,地势自北向南降低,最高峰为北部从化区与龙门县交界处的天堂顶,东北部为中低山区,中部为丘陵盆地,南部为沿海冲积平原,是珠江三角洲的组成部分。由于受各种自然因素的互相作用,形成多样的土地类型。广州市水资源丰富,生物种类繁多且生长迅速,对农作物种植极为有利。2017年,广州市拥有广东省名牌产品(农业

---

[1] 冯海发:《为全面解决"三农"问题夯实基础——对十八届三中全会〈决定〉有关农村改革几个重大问题的理解》,载《农民日报》2013年11月18日,第1版。

[2] 参见陈小君:《我国农村土地法律制度变革的思路与框架——十八届三中全会〈决定〉相关内容解读》,载《法学研究》2014年第4期。

类)142个,广东省"十大名牌"系列农产品4个,拥有无公害农产品产地207个,认证无公害农产品280个,绿色食品58个,有机农产品10个,居于全省前列,全年实现农业总产值431.2亿元,农业增加值256.5亿元,约占广州市生产总值的1.2%,与上年同期基本持平,其中农民人均可支配收入23,484元,同比增长9.5%,增速连续10年超过城镇居民人均可支配收入。[3]

在此次调研中,我们选择了广州市仍然保留有农地的增城区朱村街、中新镇和南沙区黄阁镇、榄核镇进行调研,每个镇街随机挑选一个村,每个村再随机选取6个村民进行问卷和访谈,最后共收回有效问卷24份。[4] 当前,《农村土地承包法》《土地管理法》均已经作出了相应的修改,致使调研获取的实证素材的制度背景发生了变化,但"没有无历史因袭的政治,也没有无传统沿革的制度",[5]因此,细致分析此次调研材料,对于理解新《农村土地承包法》和新《土地管理法》中的相关制度仍然极具参考价值。

二、农村土地制度运行状况考察

(一)农村土地制度运行中存在的主要问题及现实政策需求分析

我国农村土地问题复杂,且因各地社会时空环境不同而呈现一定的差异。在此次调研中,如表1所示,面对"您认为在当前农村土地法律制度运行中,存在的主要问题是什么(限选三项)"这一问题,分别有20.83%、20.83%、37.50%、41.67%、37.50%、41.67%、25.00%、8.33%和29.17%的受访农户表示主要问题是"发包方(村集体)对承包方有不当干预""承包地调整不及时或不能调整""土地规模经营不畅""承包经营地无法抵押贷款""土地流转后村民身份和利益丧失""宅基地流转不畅""土地征收补偿分配不合理""妇女土地权益保护不力""土地权利登记中权属争议较多",没有受访农户选择"村民股份配置不合理"。其中,承包地抵押融资渠道不畅和宅基地流转不畅被受访农户认为是最主要的问题,其次土地规模经营和土地流转对村民身份及其利益的影响也备受关注。

---

[3] 参见广州市人民政府网:http://www.gz.gov.cn/gzgov/s2769/sq_tt.shtml,2018年4月15日最后访问;参见郭艳华、江彩霞、邱志军:《2017年广州农村发展形势分析与2018年展望》,载朱名宏主编:《广州农村发展报告(2018)》,社会科学文献出版社2018年版,第2~3页。

[4] 如无特别说明,本文使用的素材均为此次实地调研的成果。

[5] 钱穆:《中国历代政治得失》,生活·读书·新知三联书店2001年版,第169页。

表1　当前农村土地法律制度运行中存在的主要问题

您认为在当前农村土地法律制度运行中,存在的主要问题是什么?(限选三项)	比例(%)
A. 发包方(村集体)对承包方有不当干预	20.83
B. 承包地调整不及时或不能调整	20.83
C. 土地规模经营不畅	37.50
D. 承包经营地无法抵押贷款	41.67
E. 土地流转后村民身份和利益丧失	37.50
F. 村民股份配置不合理	0.00
G. 宅基地流转不畅	41.67
H. 土地征收补偿分配不合理	25.00
I. 妇女土地权益保护不力	8.33
J. 土地权利登记中权属争议较多	29.17
K. 其他(请注明)	0.00

完善农村土地法律制度不是单纯追求制度设计的完美,而是以落实"千方百计增加农民收入"政策为依归。在调查中,如表2所示,面对"您认为在拓展农民收入增长渠道方面,提供下列哪些政策法律最重要(限选三项)"这一问题,受访农户对于政策法律的需求之迫切性依次为、"允许宅基地自由流转、抵押融资,增加财产性收入"(58.33%)、"允许经营性集体建设用地入市,分享发展收益"(54.17%)、"壮大集体经济,使集体成员共享集体经济发展成果,实现共同富裕"(50.00%)、"加快农业产业化,提高服务质量,获取农业完整收益"(45.83%)、"允许承包地自由流转、抵押融资,扩大生产"(41.67%)和"政策提供金融支持,放开合作金融管制,增加收入增长方式"(37.50%)。从调研数据来看,受访农户将为农村土地权利的市场化运行提供制度支持作为主要关注点,这与他们认为当前农村土地法律制度存在的问题是一致的。

表2　拓展农民收入增长渠道的制度建构需求

您认为在拓展农民收入增长渠道方面,提供下列哪些政策法律最重要?(限选三项)	比例(%)
A. 允许承包地自由流转、抵押融资,扩大生产	41.67
B. 允许宅基地自由流转、抵押融资,增加财产性收入	58.33
C. 允许经营性集体建设用地入市,分享发展收益	54.17

续表

您认为在拓展农民收入增长渠道方面,提供下列哪些政策法律最重要?(限选三项)	比例(%)
D. 壮大集体经济,使集体成员共享集体经济发展成果,实现共同富裕	50.00
E. 加快农业产业化,提高服务质量,获取农业完整收益	45.83
F. 政策提供金融支持,放开合作金融管制,增加收入增长方式	37.50
G. 其他(请注明)	0.00

(二)承包地"三权分置"政策的认知状况分析

承包地"三权分置"是在党的十八届三中全会后将农村土地制度改革推向纵深发展的重大安排,由 2014 年中央一号文件首次明确提出,其政策话语表达就是"在落实农村土地集体所有权的基础上,稳定农户承包权、放活土地经营权"。学术界对承包地"三权分置"政策的法律表达也表现出了浓厚的兴趣,纷纷对该政策进行解读,并为该政策的法律表达献计献策。[6] 然而,如表 3 所示,面对"您知道当前农村土地政策中'三权分置'中的'三权'是什么吗"这一问题,有高达 75.00%的受访农户回答"不知道"。可见,尽管承包地"三权分置"政策被政策决策者极力推动,但普通农民对之却没有深入的认知,甚至绝大多数受访农户都不能完整地说出"三权"的名称,对承包地"三权分置"政策的内容也就更不了解了。

表 3　承包地"三权分置"中"三权"的认知状况

您知道当前农村土地政策中"三权分置"中的"三权"是什么吗?(回答要明确,单选)	比例(%)
A. 知道	25.00
B. 不知道	75.00

(三)"落实集体所有权"的基本形式与功能需求分析

2013 年 12 月 23 日,习近平同志在中央农村土地工作会议上的讲话中指出:"农村基本经营制度是农村土地集体所有制的实现形式","坚持农村土地农民集

---

〔6〕 参见高海:《农用地"三权分置"研究》,法律出版社 2017 年版,第 96~103 页。

体所有。这是坚持农村基本经营制度的'魂'。"[7]集体土地所有制是一种经济制度,在我国的法律表现形式是集体土地所有权,承包地"三权分置"政策出台后,如何"落实集体所有权"在党和国家的政策文件中屡屡被强调,但其制度建构并没有得到各界的重视,"两权分离"制度背景下形成的"重利用、轻所有"的制度体系也看不到被修正的迹象。如表4所示,面对"您认为应当如何坚持集体土地所有权(可多选)"这一问题,分别有58.33%、33.33%、25.00%、20.83%、16.67%和12.50%的受访农户选择了"可以依法统一经营""自主决定土地利用方式""有权收取一定比例宅基地使用和转让费""有权收取一定比例土地承包经营费""有权收取一定比例建设用地使用权转让费"和"依法收回承包地"。可见,集体统一经营集体所有的土地被受访农户理解为"落实集体所有权"的最主要方式,而且他们对集体土地所有权的收益权能的回归也有一定的期待。

表4　对于坚持集体土地所有权之具体方式的认识

您认为应当如何坚持集体土地所有权?(可多选)	比例(%)
A. 可以依法统一经营	58.33
B. 有权收取一定比例土地承包经营费	20.83
C. 依法收回承包地	12.50
D. 自主决定土地利用方式	33.33
E. 有权收取一定比例宅基地使用和转让费	25.00
F. 有权收取一定比例建设用地使用权转让费	16.67
G. 其他(请注明)	4.17

受访农户不仅对"落实集体所有权"的方式有一定的清醒认识,而且对于农村集体经济发展壮大后应当发挥的功能也存在诸多期待,如表5所示,在面对"您认为农村集体经济组织的资产应该在本村发挥哪些作用(可多选)"这一问题时,表示农村集体经济组织的资产应当用于"加强道路、水利、饮用水等公益事业建设""改善村文化、环境卫生设施""保障农村社会稳定和减少社会治安纠纷""适当补贴失地、无地的村集体成员""投资村办企业""保障村集体干部和其他管理人员管理费发放"和"为成员(农民)提供社保经费补助"的受访农户分别有83.33%、54.17%、58.33%、20.83%、37.50%、16.67%和33.33%。由此可知,农

[7] 中共中央文献研究室编:《习近平关于社会主义经济建设论述摘编》,中央文献出版社2017年版,第173页。

村集体经济组织的存在对于农村社区而言并非可有可无,在农村社区公共事务方面,农村集体经济组织可以有更大且更积极的作为。

表5 对于农村集体资产发挥的作用之认识

您认为农村集体经济组织的资产应该在本村发挥哪些作用?(可多选)	比例(%)
A. 加强道路、水利、饮用水等公益事业建设	83.33
B. 改善村文化、环境卫生设施	54.17
C. 保障农村社会稳定和减少社会治安纠纷	58.33
D. 适当补贴失地、无地的村集体成员	20.83
E. 投资村办企业	37.50
F. 保障村集体干部和其他管理人员管理费发放	16.67
G. 为成员(农民)提供社保经费补助	33.33
H. 其他(请注明)	0.00

(四)"稳定农户承包权"的现实状况分析

如何精确解读"稳定农户承包权",这是承包地"三权分置"政策中的一大争议问题。有学者认为,在承包地"三权分置"语境下,作为政策术语的农户承包权不是新《农村土地承包法》第5条意义上的"土地承包权",其实际上是指现行法上所规定的"土地承包经营权"。[8] 不过,在承包地"三权分置"政策出台之前,有立法部门的专家主张我国新《农村土地承包法》第5条便是关于承包权的规定,其实质是农村集体经济组织成员承包土地的资格。[9] 笔者认为,从成员资格意义上来解读承包权更为合理。[10] 由于"稳定农户承包权"的核心在于农村集体经济组织成员权制度的构建,在实践中受访农户对于农村集体经济组织成员(村民)资格的立法也较为关注,如表6所示,面对"您认为法律是否应明确规定村集体成员(村民)资格取得、变更和丧失的条件"这一问题,有75.00%的受访农户选择了"应当",可见,通过立法确立农村集体经济组织成员权制度是对农村实践需求的积极回应。

---

〔8〕 参见高圣平:《农地三权分置视野下土地承包权的重构》,载《法学家》2017年第5期。

〔9〕 参见胡康生主编:《中华人民共和国农村土地承包法通俗读本》,法律出版社2002年版,第22页。

〔10〕 参见高飞:《土地承包权与土地经营权分设的法律反思及立法回应——兼评〈农村土地承包法修正案(草案)〉》,载《法商研究》2018年第3期。

表 6 关于规定村集体成员(村民)资格的需求

您认为法律是否应明确规定村集体成员(村民)资格取得、变更和丧失的条件?(单选)	比例(%)
A. 应当	75.00
B. 不应当	25.00

同时,承包地"三权分置"政策出台的一个重要目的是去除农民流转承包地后无法再次承包该土地的担心。为了印证在实践中是否存在此种担忧,我们向受访农户提出了"您认为,如把承包地转让后仍是本村村民的,在'三轮'延包时是否还应享有承包土地的权利"这一问题,如表 7 所示,有 87.50%的受访农户表示"应享有",可见,这种将承包地流转与村民承包资格丧失联系在一起的担忧并不普遍,受访农户对于"三轮"延包时基于村民资格能够继续承包土地的认知较为肯定,这种状况说明,在理论中将村民承包资格的丧失与承包地流转相挂钩,多少是一个想象出来的问题。根据表 1 所示,对于当前农村土地法律制度运行中存在的主要问题的理解,有 37.50%的受访农户认为是"土地流转后村民身份和利益丧失",结合他们对该问题的回答来看,可能更多担心的是"利益丧失",而不是"村民身份"的丧失。

表 7 对于承包地转让后村民享有"三轮"延包权的认识

您认为,如把承包地转让后仍是本村村民的,在"三轮"延包时是否还应享有承包土地的权利?(单选)	比例(%)
A. 应享有	87.50
B. 不应享有	12.50

(五)"放活土地经营权"的现实状况分析

土地承包经营权是我国《物权法》明确规定一种用益物权,该种用益物权自承包合同生效时起设立,而不以登记为生效要件,但登记机构应当向承包方颁发土地承包经营权证,以对土地承包经营权予以确认。由于不动产物权登记具有权利的正确性推定效力,[11] 故土地承包经营权的登记颁证对于承包地流转过程中辨识真正的土地承包经营权人具有重要意义。遗憾的是,在此次调研过程中,如表 8 所示,面对"你们村的承包经营权重新登记并颁发证书了吗"这一问

〔11〕 参见孙宪忠:《中国物权法总论》(第 4 版),法律出版社 2018 年版,第 341 页。

题，只有20.83%的受访农户表示“重新登记并颁发了新证书”，表示“重新登记还没有颁发新证书”“正在办理中”的受访农户分别为20.83%和54.17%，还有4.17%的受访农户因对该情况不清楚而选择了“其他”。由此可见，广州市在土地承包经营权确权颁证方面尽管已经有所作为，但工作进度还有待加速，以便为土地承包经营权流转给予更多助力。

表8　土地承包经营权登记与颁证状况

你们村的承包经营权重新登记并颁发证书了吗？（单选）	比例（%）
A. 重新登记并颁发了新证书	20.83
B. 重新登记还没有颁发新证书	20.83
C. 正在办理中	54.17
D. 没有重新登记	0.00
E. 其他（请注明）	4.17

一般认为，“放活土地经营权”是践行承包地“三权分置”政策的重点。[12] 从政策话语来看，土地经营权是土地承包经营权流转的产物，故对土地承包经营权流转制度运行现状的分析是构建土地经营权制度的前提。如表9所示，面对“您希望承包地流转采用哪些方式（可多选）”这一问题，除4.17%的受访农户表示“不希望承包地流转”外，分别有75.00%、33.33%、41.67%、29.17%和45.83%的受访农户表示希望“转包或出租”“抵押”“转让（买卖）”“互换”“入股”。受访农户在决定是否流转承包地时考虑的因素较多，如表10所示，表示在“种田收益不是主要收入来源”“流转收益比较高”“自己家里没人种”“土地太少，自己种不划算”“村集体要求流转”“政府要求流转”情形下会将承包地流转出去的受访农户分别有50.00%、58.33%、25.00%、41.67%、41.67%、20.83%。该调研结果反映出一些受访农户无力抵御来自村集体和政府的干预，他们在作出承包地流转的决定时并非出于自己的自由意志。而且，受访农户认为承包地流转在实践中也存在一定的障碍需要克服，如表11所示，表示障碍为“法定流转方式较少”“法律禁止抵押融资，流转受阻”“政府强行流转”“村集体强行流转”的受访农户分别有62.50%、37.50%、29.17%和29.17%，还有4.17%的受访农户表示承包地流转存在其他障碍，主要是“流转后没有配套用地”。

---

〔12〕 参见孔祥智：《“三权分置”的重点是强化经营权》，载《中国特色社会主义研究》2017年第3期。

表9 关于土地承包经营权流转方式的需求

希望承包地流转采用哪些方式?(可多选)	比例(%)
A. 转包或出租	75.00
B. 抵押	33.33
C. 转让(买卖)	41.67
D. 互换	29.17
E. 入股	45.83
F. 其他(请注明)	0.00
G. 不希望承包地流转	4.17

表10 土地承包经营权流转的影响因素

您会在什么情况下把承包地流转出去?(可多选)	比例(%)
A. 种田收益不是主要收入来源	50.00
B. 流转收益比较高	58.33
C. 自己家里没人种	25.00
D. 土地太少,自己种不划算	41.67
E. 村集体要求流转	41.67
F. 政府要求流转	20.83
G. 其他(请注明)	0.00

表11 对于土地承包经营权流转障碍的认识

您认为当前承包地流转存在什么障碍?(可多选)	比例(%)
A. 法定流转方式较少	62.50
B. 法律禁止抵押融资,流转受阻	37.50
C. 政府强行流转	29.17
D. 村集体强行流转	29.17
E. 其他(请注明)	4.17

为以承包地抵押融资提供便利条件,是承包地“三权分置”政策得以推行的重要动因。在关于以承包地担保融资权的享有主体方面,受访农户并没有区别耕种承包地人的身份而作出差别对待,如表12、表13所示,面对“您认为应否允

许土地承包权人以实际耕作的承包地进行抵押(贷款)”这一问题,有66.67%的受访农户认为“应当”;面对“您认为应否允许以转让取得的实际耕作的经营地进行抵押(贷款)”这一问题,有70.83%的受访农户认为“应当”。可见,无论是土地承包经营权人还是土地承包经营权的受让人,其以经营的承包地进行抵押融资,均得到了大多数受访农户的认可,这说明在广州市以承包地进行抵押融资具有相当的民意基础。

表12　对于土地承包权人担保融资权利的认识

您认为应否允许土地承包权人以实际耕作的承包地进行抵押(贷款)?(单选)	比例(%)
A. 应当	66.67
B. 不应当	33.33

表13　对于土地经营权人担保融资权利的认识

您认为应否允许以转让取得的实际耕作的经营地进行抵押(贷款)?(单选)	比例(%)
A. 应当	70.83
B. 不应当	29.17

(六)宅基地制度改革现状分析

宅基地使用权法律制度的建构在我国至今仍然较为薄弱,《物权法》对这一重要制度的规定仅有4个条文,而且关键性内容基本没有在条文中体现出来,故加强宅基地制度改革的呼声一直不绝于耳。由于宅基地制度在农村土地制度中是一个“硬骨头”,如何对该制度进行改革以及应当对哪些内容进行完善,是一个极具争议的问题。如表14所示,面对“你们村的宅基地使用中存在的突出问题是什么(限选二项)”这一问题,受访农户表示心目中的突出问题依次为“宅基地建房没有规划”(58.33%)、“新增人口无法分得宅基地”(33.33%)、“宅基地建房后改作商用、出租无序”(29.17%)、“宅基地不能自由买卖”(25.00%)、“‘一户多宅’较普遍”(16.67%)、“宅基地没有登记较普遍”(16.67%)、“房屋闲置较普遍”(16.67%)。由此可知,在广州市农村地区,宅基地制度实践存在两个显著的特点。

表14　宅基地使用中存在的突出问题

你们村的宅基地使用中存在的突出问题是什么?(限选二项)	比例(%)
A. 宅基地建房后改作商用、出租无序	29.17

续表

你们村的宅基地使用中存在的突出问题是什么?(限选二项)	比例(%)
B. 新增人口无法分得宅基地	33.33
C. 宅基地建房没有规划	58.33
D."一户多宅"较普遍	16.67
E. 房屋闲置较普遍	16.67
F. 宅基地没有登记较普遍	16.67
G. 宅基地不能自由买卖	25.00
H. 其他(请注明)	0.00

第一,宅基地市场化的需求极其旺盛,在宅基地上建房用于出租的现象非常普遍。如表15、表16所示,面对"您认为将宅基地上的房屋卖给村外人或本村宅基地超标的农户时,村集体应否收取一定的宅基地使用费"这一问题,表示"应当"的受访农户有66.67%;面对"您认为村集体收回宅基地时,应否就宅基地本身给农户补偿"这一问题,应当在"任何情况下都应补偿"的受访农户有70.83%,认为"只有农户违法占地、超标占地或长期闲置时才能无偿收回,其他情况则应有偿收回"的受访农户有29.17%。同时,如表17所示,面对"对于宅基地及其上面的房屋的流转如何处理较为合理"这一问题,表示"宅基地可单独转让、租赁、抵押""宅基地及其上面的房屋一并转让、租赁、抵押"和"禁止宅基地转让"的受访农户分别是54.17%、25.00%和20.83%。这些体现出大多数受访农户对宅基地使用权市场化具有迫切需求。

表15 对于宅基地转让中村集体收取使用费的认识

您认为将宅基地上的房屋卖给村外人或本村宅基地超标的农户时,村集体应否收取一定的宅基地使用费?(单选)	比例(%)
A. 应当	66.67
B. 不应当	33.33

表16 对于宅基地收回时的补偿问题之认识

您认为村集体收回宅基地时,应否就宅基地本身给农户补偿?(单选)	比例(%)
A. 任何情况下都应补偿	70.83
B. 任何情况下都不应补偿	0.00

续表

您认为村集体收回宅基地时，应否就宅基地本身给农户补偿？（单选）	比例（%）
C. 只有农户违法占地、超标占地或长期闲置时才能无偿收回，其他情况则应有偿收回	29.17
D. 其他（请注明）	0.00

表 17　对于宅基地流转问题的认识

对于宅基地及其上面的房屋的流转如何处理较为合理？（单选）	比例（%）
A. 宅基地可单独转让、租赁、抵押	54.17
B. 宅基地及其上面的房屋一并转让、租赁、抵押	25.00
C. 禁止宅基地转让	20.83
D. 其他（请注明）	0.00

第二，农村宅基地日益减少，但农村集体经济组织成员对于宅基地的需求仍然较大。如表 18 所示，在面对“你们村对于整理宅基地后收回的土地是如何处理的”这一问题时，有 45.83%的受访农户表示是“分配给需要宅基地的农户”，有 16.67%的受访农户表示是“出卖给需要宅基地的农户”，有 20.83%的受访农户表示是“村统一用作工商业经营”，有 12.50%的受访农户表示是“由政府根据城乡建设用地增减挂钩政策补贴后改作耕地”，还有 4.17%的受访农户因不清楚而选择了“其他”。其中，大多数受访农户的回答表露出所在农村集体经济组织的宅基地的供给较为紧张，而无偿分配仍然是农民最能够接受的一种分配方式，只是在分配资格方面需要作出一定的限制。

表 18　对于宅基地整理后处理方式之认识

你们村对于整理宅基地后收回的土地是如何处理的？（单选）	比例（%）
A. 分配给需要宅基地的农户	45.83
B. 出卖给需要宅基地的农户	16.67
C. 村统一用作工商业经营	20.83
D. 由政府根据城乡建设用地增减挂钩政策补贴后改作耕地	12.50
E. 其他（请注明）	4.17

（七）集体经营性建设用地入市改革分析

在我国城乡二元体制下，集体建设用地制度备受歧视，2007 年《物权法》第

151条将集体土地上的建设用地转介由《土地管理法》规范,而《土地管理法》对集体建设用地使用权作出了种种限制。而且,由于《物权法》将集体建设用地使用权排除在物权法规定的用益物权之外,以至于其是否属于用益物权在学界都存在争议。[13] 为了应对实践中出现的问题,自党的十七届三中全会开始,集体建设用地入市改革方向得以逐步确立。就广州市来看,由于其经济发展水平高,非农用地需求更大,故此次对广州市集体经营性建设用地入市改革的农情民意也进行了调查,而如表19所示,有45.83%的受访农户表示所在村有集体经营性建设用地,有54.17%的受访农户表示所在村没有集体经营性建设用地。由于在进行调研选点时,将承包地"三权分置"政策的执行情况作为一个重要主题,故要求被调研的村庄必须拥有农用地,故这个数据不能代表广州市的一些城中村。在面对"你们村近10年来(《物权法》施行以来)新增集体建设用地主要由哪种土地转变而来(可多选)"这一问题时,如表20所示,表示来自"'四荒'地"的受访农户有41.67%,表示来自"宅基地"的受访农户有37.50%,表示来自于"耕地(林地、草地等)"的受访农户有33.33%,还有20.83%的受访农户表示"没有新增集体建设用地"。可见,在调研的村庄主要是农业生产区域,非农产业不是特别发达,有超过一半的受访农户表示所在村没有集体经营性建设用地,这必将阻碍其非农产业的发展。

表19　村集体的存量集体经营性建设用地之现状

你们村有没有"经营性集体建设用地"?(单选)	比例(%)
A. 有	45.83
B. 没有	54.17

表20　近10年村集体的集体经营性建设用地增加之状况

你们村近10年来(物权法施行以来)新增集体建设用地主要由哪种土地转变而来?(可多选)	比例(%)
A. 耕地(林地、草地等)	33.33

[13] 如韩松主张应根据物权法定原则,以修改物权法的方式确立集体建设用地使用权的用益物权属性。参见韩松:《论农村集体经营性建设用地使用权》,载《苏州大学学报》(哲学社会科学版)2014年第3期。而房绍坤则认为《物权法》第151条已经确立了集体建设用地使用权的用益物权性质。参见房绍坤:《农村集体经营性建设用地入市的几个法律问题》,载《烟台大学学报》(哲学社会科学版)2015年第3期。

续表

你们村近10年来(物权法施行以来)新增集体建设用地主要由哪种土地转变而来?(可多选)	比例(%)
B. 宅基地	37.50
C. "四荒"地	41.67
D. 其他(请注明)	0.00
E. 没有新增集体建设用地	20.83

在访谈中,不少受访农户对于集体经营性建设用地缺少表达了不满,他们希望国家能够在政策上为增加集体经营性建设用地提供可行的通道。而且,如表21所示,面对"您认为编制集体建设用地利用规划应遵循以下哪些程序(可多选)"这一问题时,分别有62.50%、62.50%和29.17%的受访农户认为应当"征求本集体和集体土地使用权人意见""经本集体成员(代表)会议2/3以上同意""在当地依法公告并注明公告期限"。可见,受访农户的自治意识较强,参与编制本村发展的规划之制定的积极性很高。当然,当前集体经营性建设用地入市并非一帆风顺,如表22所示,面对"您认为经营性集体建设用地使用权入市存在哪些障碍(可多选)"这一问题时,分别有50.00%、45.83%、37.50%、37.50%和12.50%受访农户认为这个障碍是"监督制约不到位""决策主体不明确""没有增量建设用地""政策法规不细致"和"收入分配不合理"。对于受访农户来说,尽管这些障碍存在严重程度的区别,但就集体经营性建设用地入市改革而言,它们都是必须在实践中予以重视和需要加以克服的。

表21 对于编制集体建设用地利用规划的程序之认识

您认为编制集体建设用地利用规划应遵循以下哪些程序?(可多选)	比例(%)
A. 征求本集体和集体土地使用权人意见	62.50
B. 经本集体成员(代表)会议2/3以上同意	62.50
C. 在当地依法公告并注明公告期限	29.17
D. 其他(请注明)	0.00

表22 对于集体经营性建设用地入市障碍的认识

您认为经营性集体建设用地使用权入市存在哪些障碍?(可多选)	比例(%)
A. 决策主体不明确	45.83
B. 监督制约不到位	50.00
C. 收益分配不合理	12.50
D. 政策法规不细致	37.50
E. 没有增量建设用地指标	37.50
F. 其他(请注明)	0.00

(八)集体土地征收制度运行现状分析

在此次《土地管理法》修订过程中,集体土地征收制度也是拟解决的主要问题之一。为了明晰当时集体土地征收实践中存在的问题,我们提出了“您认为当前的农村土地征收主要存在哪些问题(可多选)”这一问题,如表23所示,受访农户中有87.50%认为主要问题是“征地补偿标准较低”,同时,分别有37.50%、20.83%、20.83%、16.67%和4.17%的受访农户认为主要问题是“征地以商业化为目标”“征地程序不合理”“征地纠纷救济渠道受限制”“征地补偿款分配不公平”和“征地补偿款难以到位”。可见,征地补偿标准问题最为享有土地权益的农民所关注,征地中公共利益问题、征地程序问题和征地纠纷救济问题同样为农民所关注。

表23 农村土地征收中存在的主要问题

您认为当前的农村土地征收主要存在哪些问题?(可多选)	比例(%)
A. 征地以商业化为目标	37.50
B. 征地程序不合理	20.83
C. 征地补偿标准较低	87.50
D. 征地补偿款难以到位	4.17
E. 征地补偿款分配不公平	16.67
F. 征地纠纷救济渠道受限制	20.83
G. 其他(请注明)	0.00

公共利益条款是集体土地征收权行使的正当性基础。长期以来,我国法律

中有关公共利益条款的规定粗疏且内涵模糊，但应当将商业性利益排除在外却是学界共识。在此次实地调研中，如表24所示，面对"你们村土地是因为下列哪些原因被征收的（可多选）"这一问题时，受访农户表示本村土地被征收的原因是"国防和外交的需要""由政府组织实施能源、交通、水利等基础设施建设的需要""由政府组织实施的科技、教育、文化、卫生等公共事业的需要""由政府组织实施的保障性安居工程建设的需要"和"开办工商业企业、建造商品房以及其他商业性建设的需要"的分别有8.33%、66.67%、25.00%、8.33%和33.33%，还有4.17%选择了"其他"，这里的"其他"之具体征地原因是建"南方电网"。由此可见，基于公共利益目的征地属于主流，但基于商业性开发而征地也占有一定比例。

表24　启动土地征收的原因

你们村土地是因为下列哪些原因被征收的？（可多选）	比例（%）
A. 国防和外交的需要	8.33
B. 由政府组织实施能源、交通、水利等基础设施建设的需要	66.67
C. 由政府组织实施的科技、教育、文化、卫生等公共事业的需要	25.00
D. 由政府组织实施的保障性安居工程建设的需要	8.33
E. 开办工商业企业、建造商品房以及其他商业性建设的需要	33.33
F. 其他（请注明）	4.17
G. 没有被征收过	0.00

受我国"重实体、轻程序"的传统之影响，征地程序在我国一直都为人所忽视，对于实体权利的关注远胜于对程序权利的关注，这在征地实践中也有所表现。[14]如表25所示，面对"你们村土地被征收时，村民参与的程序主要有哪些（可多选）"这一问题，表示参与"确定征收土地用途是否符合公共利益""确定征地补偿方案"和"确定征地安置方案"的受访农户分别有50.00%、70.83%和20.83%，还有4.17%选择了"其他"。就市场经济发达和权利意识较高的广州市来说，这个参与度并不是很理想，而且受访农户的选择反映了他们对征地补偿方案的确定最为重视，这正是将实体权利视为比程序权利重要的表现。

---

〔14〕 参见高飞：《集体土地征收法制改革研究：法理反思与制度重构》，中国政法大学出版社2019年版，第99~101页。

表25　关于村民参与征收程序的状况

你们村土地被征收时,村民参与的程序主要有哪些?(可多选)	比例(%)
A.确定征收土地用途是否符合公共利益	50.00
B.确定征地补偿方案	70.83
C.确定征地安置方案	20.83
D.其他(请注明)	4.17
E.没有被征收过	0.00

在集体土地征收法律制度运行实践中,征地补偿款问题也广受关注,从而使征地补偿款分配问题成为与集体土地征收法律制度具有紧密联系的相关问题,与私有制国家或地区的土地征收法律制度中征地补偿款分配(归属)问题极为单纯的特性不同,征地补偿款如何在农民集体内部进行分割是一个地地道道的充满本土特色的中国问题,是我国土地的社会主义公有制衍生出来的难题。[15] 受我国实行土地的社会主义公有制制约,集体土地所有权之上设定有较多的用益物权,其中土地承包经营权尤为重要。在此次调研中,如表26、表27所示,面对“在承包地被征收的情况下,您认为哪一种方式分配征地补偿款最合理”这一问题,受访农户认为最合理的分配方式依序为“全部留给集体使用”(33.33%)、“绝大部分归集体,其余归原承包人”(16.67%)、“全部归原承包人”(16.67%)、“绝大部分归原承包人,其余归集体”(12.50%)、“集体重新适当调整土地给原承包人后,归相关成员和集体”(12.50%)和“归集体、原承包人和其他成员”(8.33%);面对“在集体土地被征收后,您认为享有土地承包经营权的非本村村民是否应获得承包地被征收的补偿款”这一问题,有70.83%的受访农户认为“不应当”,只有29.17%的受访农户认为“应当”。由此可知,在征收实践中,受访农户对农民集体的利益较为认可,但对于非本村村民的合法土地权益的保护不太重视。由于在承包地“三权分置”政策入法后,非本村村民享有的土地承包经营权实质上就是土地经营权,故从受访农户对该问题的回答可预见,未来土地征收导致土地经营权人享有的土地经营权消灭,该土地经营权人如欲分享征地补偿款以弥补自身的损失,可能会面临不小的困难。

---

〔15〕 参见高飞:《集体土地征收法制改革研究:法理反思与制度重构》,中国政法大学出版社2019年版,第20~21页。

表 26 对于征地补偿款分配方式的认识

在承包地被征收的情况下,您认为哪一种方式分配征地补偿款最合理?(单选)	比例(%)
A. 全部留给集体使用	33.33
B. 绝大部分归集体,其余归原承包人	16.67
C. 绝大部分归原承包人,其余归集体	12.50
D. 全部归原承包人	16.67
E. 归集体、原承包人和其他成员	8.33
F. 集体重新适当调整土地给原承包人后,归相关成员和集体	12.50
G. 其他(请注明)	0.00

表 27 对于土地经营权人分享征地补偿款的认识

在集体土地被征收后,您认为享有土地承包经营权的非本村村民是否应获得承包地被征收的补偿款?(单选)	比例(%)
A. 应当	29.17
B. 不应当	70.83

三、对运行现状的法治思考及其启示

(一)广州市农村土地法律制度运行的主要问题

就调研收集的素材来看,受访农户最关心的问题是承包地抵押贷款、宅基地流转、土地流转后利益保护、土地规模经营问题等,这些问题均与土地资源的市场配置紧密相关。由于我国法律明文禁止承包地抵押,致使农业经营主体融资难的问题极为突出。[16] 因此,受访农户对于允许宅基地自由流转并开禁其抵押融资的问题极为关注。同时,从"三块地"改革的试点经验来看,在土地征收和集体经营性建设用地入市两种模式中,土地增值收益的总规模大体相当,但如将这两种情形下农民集体获得的土地增值收益在总土地增值收益分配规模中的占比进行对比可知,在集体经营性建设用地入市情况下农民集体能够分享总土地增值收益的64%~84%,而在土地征收情况下农民集体则仅能够分享总土地增值收益的23%,也就是说,农民集体在集体经营性建设用地入市后分享了更多份额的

〔16〕 参见高飞:《土地承包权与土地经营权分设的法律反思及立法回应——兼评〈农村土地承包法修正案(草案)〉》,载《法商研究》2018 年第 3 期。

土地增值收益。[17] 在广州市,以土地征收来保障工业化和城镇化的快速发展的用地需求,导致农民被动城镇化(相对于农民工进城的主动城镇化而言),他们不仅丧失了土地权利,而且也让渡了土地转用所产生的巨额土地增值收益,[18] 因此,受访农户更加关注是否允许集体经营性建设用地入市的政策和法律,他们希望加速与此相关的政策和法律出台,从而分享土地发展带来的收益。在《农村土地承包法》《土地管理法》修改后,承包地担保融资已经被解禁,[19] 集体经营性建设用地入市的法律障碍也被破除,[20] 可以预见这两项制度在实践中的顺利实施将受到民众的真心支持。

此外,受访农户对于农村集体经济组织的发展也比较认可,期盼能够在政策法律层面推动壮大集体经济,使集体成员共享集体经济发展成果,从而实现共同富裕。由于自20世纪80年代中期开始,广州市就启动了农村集体经济组织的产权制度改革,截至2017年年底,广州市的村、组两级农村集体经济组织有12,308个(不含从化3个林场联社),其中村级农村集体经济组织(联社)1296个,组级农村集体经济组织(经济社)11,012个,其中已累计完成519(占40%)村级农村集体经济组织的股份合作制改革,有392个实现股权固化到人(户);同时,颁发农村集体经济组织证明书12,130个,基本完成农村集体经济组织清产核资工作。[21] 这些举措均为广州市农村集体经济的发展壮大奠定了良好的基础。

(二)关于承包地"三权分置"政策入法的农情民意

承包地"三权分置"政策备受各界重视,该政策入法是启动《农村土地承包法》修正的最主要动因。绝大多数受访农户对不知道"三权"的内容,但提出当前承包地流转的主要障碍集中在两个方面:其一,法定流转方式太少,抵押融资受禁;其二,强制流转在一定范围存在,既包括来自政府的强制,也包括来自村集体的强制。在新《农村土地承包法》施行后,承包地担保融资的实践需求之满足有了法律依据,而承包地流转必须遵循自愿原则是一个一以贯之的法律制度,这个问题只能通过法治宣传,使政府和村组集体尊重土地承包经营权人或土地经营

---

[17] 参见朱道林:《土地增值收益分配悖论:理论、实践与改革》,科学出版社2017年版,第150页。

[18] 参见广州市土地管理研究编委会编著:《广州市土地管理研究》,新世纪出版社2016年版,第201页。

[19] 参见新《农村土地承包法》第47条。

[20] 参见新《土地管理法》第63条。

[21] 参见周兆钿:《广州市农村集体经济管理的成效与建议》,载朱名宏主编:《广州农村发展报告(2018)》社会科学文献出版社2018年版,第162~164页。

权人的权利,并敦促他们在法律允许的范围内从事活动,否则,将承担相应的法律责任。

具体来看,在"落实集体所有权"方面,受访农户对于依法统一经营给予最高期待,他们对利用集体资产从事村级公共事务和公益事业也非常认可。在"稳定农户承包权"方面,受访农户希望能够以法律明确农民集体成员资格认定标准,这与当前有关农民集体成员享有利益存在诸多纷争具有较大关联,但就土地承包资格问题而言,受访农户基本不担心承包地转让会影响到其"三轮"延包的资格。在"放活土地经营权"方面,对于通过承包地抵押融资有迫切的需求,无论是土地承包经营权人还是土地经营权人抵押融资都得到绝大多数受访农户的支持。由于广州市农村集体经济组织的清产核资工作已经完成,加之承包地抵押融资的法律渠道现已畅通,故承包地"三权分置"政策赋予的制度功能在广州市基本能够得到顺利实现。不过,需要注意的是,当前我国法律没有对农村集体经济组织成员资格的认定标准作出统一规定,很多地方只能根据自身地域特色确立了各不相同的认定标准。由于对集体资产的功能定位不清、社区自治的组织性质混淆、利益分配的公平观念不彰,这些具有地方特色的认定标准具有诸多缺陷,因此,国家应当平衡强制与自治理念,并以此完善农村集体经济组织立法,从而加强成员资格认定的规范化和统一化。[22] 广州市在农村集体经济组织成员资格认定方面已经有所作为,但在认定标准方面存在的问题也需要加以修正。当然,这个问题的解决需要在国家相关立法出台后才能完成。

(三)关于"三块地"改革问题

此次调研反映出宅基地使用中最突出的问题有三,即宅基地建房没有规划、新增人口无法分得宅基地、宅基地建房后改商用及出租无序,这基本上是全国经济发达地区宅基地制度运作中存在的普遍问题。而且,受访农户对于宅基地的财产性较为重视,对于推动宅基地进入市场具有较为强烈的愿望。在此次《土地管理法》修法时,宅基地制度中的诸多问题没有解决,在一些看得清、可规范的方面也采稳慎态度而裹足不前,[23] 从而留下了诸多遗憾。

在集体经营性建设用地入市方面,具有存量集体经营性建设用地的村集体不到一半,而且近10年来新增建设用地主要来自"四荒"地。集体经营性建设用

---

〔22〕 参见高飞:《农村集体经济组织成员资格认定的立法抉择》,载《苏州大学学报》(哲学社会科学版)2019年第2期。

〔23〕 参见陈小君:《〈土地管理法〉修法与新一轮土地改革》,载《中国法律评论》2019年第5期。

地入市主要障碍在于没有增量建设用地指标,这可以说是一个全国性问题,新《土地管理法》对此开了一个解决问题的“口子”,但在城镇发展的用地指标都极为稀缺的情形下,这个规定能否得到认真执行,还需要拭目以待。此外,决策主体不明确和监督制约不到位也是阻滞集体经营性建设用地入市的重要因素,故受访农户对于参与相关规划的积极性很高,这也是他们明确可用于改变不利局面的关键举措。

在土地征收补偿实践中,尽管与传统的“产值倍数法”相比,新《土地管理法》确定的“区片综合地价”补偿标准似乎更接近市场价值,但有学者在对“区片综合地价”进行实证检验后却发现,“区片综合地价”本质上是不同于“市场价值”的“政府指导价”,其仅占土地出让价格的10%左右,故与土地出让时的“市场价值”之间有巨大差异。[24] 因此,征地补偿标准较低是当前应正视的主要问题,尽管基于商业性目的的征地和征地程序存在缺失等问题也被受访农户认识到,但他们更关心如何参与征地补偿标准的确定程序。征地补偿过程中,受访农户比较倾向于确保集体利益得到实现,这可能与村民在清产核资且股份固化后能够直接从农村集体经济组织分享利益有密切关系。不过,在土地承包经营权人流转承包地后,享有土地经营权的非本村村民,他们的合法土地权益能否在该土地征收后获得保护,似乎没有得到村民的关心。新《农村土地承包法》修法完成后,此处的非本村村民享有的权利便是土地经营权,该权利是一种财产权利,具有经济价值。新《农村土地承包法》第40条第2款将“土地被依法征收、征用、占用时有关补偿费的归属”作为土地经营权流转合同的条款之一,从而将土地经营权人因征收丧失土地经营权时的补偿问题交由合同双方当事人协商解决,这种方式是合同自由原则的体现。但是,应当强调的是,即便双方当事人对此没有协商或协商不能达成一致,并不能以此为由而不给予土地经营权相应的补偿。

(责任编辑:张保红)

---

〔24〕 参见方涧:《我国土地征收补偿标准实证差异与完善进路》,载《中国法律评论》2019年第5期。

论“三权分置”改革中经营权流转模式的错位与归位

——以上海松江、贵州塘约、湖南鹊山的流转模式为研究视角*

许中缘**

|摘　要|

“落实所有权、稳定承包权、放活经营权”是“三权分置”改革的整体内容。合理理清经营权流转模式,是“三权分置”改革中经营权、承包权性质认定的基础。基于上海松江、贵州塘约、湖南鹊山模式的成功经验,农户将土地承包经营权上交给集体经济组织,由集体经济组织与相应经营主体设定经营权属于“三权分置”改革的本质与发展的方向。农户与经营主体直接签订经营权流转合同只能作为农村土地流转的补充形式。由集体经济组织代表行使集体所有权,集体经济组织设定经营权的模式,经营权属于用益物权、承包权属于集体经济组织的成员权;由农户与经营主体直接流转的承包权,实质属于原来土地承包经营权,而经营权则属于债权,但法律可以准许该种权利进行登记从而使其具有类似物权的效力。《农村土地承包法》正视了“三权分置”改革中经营权流转的成功模式,属于对草案经营权流转模式的错位的归位,不过立法需要进行目的性扩张解释,并应该细化相关的法律规则。

---

* 基金项目:本文系“农村集体产权制度改革的法治保障研究”(19ZDA156)与“法治湖南建设与区域社会治理协同创新中心”资助的阶段性成果。该成果的取得,要感谢中南大学土地法制研究中心与怀化市委、市政府2017年组织的“怀化市农村土地‘三权分置’改革”组织的课题组。感谢课题组调研人员贺巍、刘崇义、刘健、滕树国、彭云山、唐霞、崔雪炜、范朝霞、夏沁、高振凯等对调研报告的贡献。感谢怀化市委、市政府以及调研单位、经营主体等对课题组在调研过程中给予的大力支持。本文的资料除非特别注明,均来自调研中与管理机构、经营主体、农户的访谈。作者对文章内容、资料完整性及真实性承担责任。

** 许中缘,中南大学法学院副院长,教授,博士生导师。

| 关键词 |

集体经济组织　承包权　经营权　三权分置　《农村土地承包法》

| 目　次 |

"三权分置"改革中承包权、经营权如何配置,是三权分置改革中争议最为重大的问题。自2016年中央委员会办公厅、国务院办公厅印发《关于完善农村土地所有权承包权经营权分置办法的意见》(以下简称《三权分置办法的意见》)以来,学者对作为政策的农地"三权分置"改革如何实现法律化存在较大理论争议,无法就相关理论达成共识。该种争论事实上已经严重影响到《农村土地承包法》的修改甚至民法典物权编的编纂。因为学者所持理论立场不同、路径有异,观点分歧较大,共识达成基本无望。"三权分置"改革作为制度创新,既可以从相应的政策文本推导出相应的结论,也可以根据实践的需求阐释相应的理论,正可谓"不能从概念本身去构建,而应从再分离的功能目的去入手"。[1] 遗憾的是,就现有"三权分置"改革的研究成果与法律制定而言,几乎把"土地经营权承租"等同于"三权分置"改革的全部。在本文中,笔者拟对上海松江、贵州塘约、湖南鹊山农地"三权分置"经营权流转实践进行分析,以求教于方家。

一、何种形式的经营权流转才符合"三权分置"改革

(一)集体经济组织统筹经营权流转具有实践优势

就课题组对土地三权分置改革的实践调查而言,经营权流转方式多样:

1. 承包经营户将土地经营权上交给集体经济组织,由集体经济组织对承包地进行管理、平整或者进行相应的基础设施建设,然后由集体经济组织统一进行农地流转,俗称返租倒包。上海松江、贵州塘约、湖南鹊山主要采用这种模式:

上海松江区的农地制度改革始于2009年,其通过清产核资,明晰产权,建立

---

[1] 张力、郑志峰:《推进农村土地承包权与经营权再分离的法制构造研究》,载《农业经济问题》2015年第1期。

新型农村集体经济组织,完成了农村产权制度改革。在坚持农村集体土地所有性质不变和农村土地承包经营权益不受侵害的前提下,依据确权、确股、不确地的情形,增设土地份额,将集体经济从抽象的“集体所有”具体化为“按份额所有”,每位社员的个人份额由土地份额和农龄份额按6∶4比例组成。镇、村、队三级集体资产均由镇一级实施经营管理。在此基础上,坚持“自耕农”和“经营者自耕”的原则发展家庭农场以对土地进行招标经营。在家庭农场发展中坚持引导培育农民专业化,建立家庭农场准入和考核淘汰机制。

贵州省安顺塘约村的农地改革始于2014年,村支两委多次召开村民大会,研究将土地流转到集体,由集体规模化经营,最终成立了由村民成员集体入股的“金土地合作社”,以此拉开改革的序幕。“金土地合作社”是全村村民以土地入股的形式成立的唯一合作社,实行“村社合一”。“金土地合作社”的收益分配形式为30%作为合作社公积金、40%用于股东利润分配、30%由村集体享有。在对外经营中,采取“合同联营、风险共担”的发展模式,由合作社提供土地、劳务、化肥,公司提供资金、技术、设施,合作社享有65%股权、公司享有35%股权。合作社绝对的股权优势在实现资金、技术引进的同时,有效保障了集体经济的实现和农民的收益权。[2]

湖南宁乡的鹊山模式是由村集体组织对全村土地进行摸底,按照“确权、确股、确地”的方式对农民承包权、经营权进行确权,作为土地合作社成立的基础。在土地合作社集中土地的基础上,对全村土地进行统一规划,由村集体共同筹集基础设施建设基金,大力开展土地整理、农田水利和机耕道等基础设施建设。土地合作社收益分配采取“基本分红+二次分红”的方式,“基本分红”按人口分配,其中有田有人的按照300元/亩/年,“有田无人”与“有人无田”的按150元/亩/年;在基本分红之外,再按土地承包经营权入股进行第二次分红。到2016年年底,全村1168户村民,只剩11户没有签订土地流转协议。[3] 鹊山村建立了“土地合作社+粮食专业合作社+新型职业农民+生态农业服务体系”的新型农业生产经营体系,为新型农业的发展提供社会化服务。鹊山所有的土地划分成60

---

〔2〕 塘约在2014年还是国家二类贫困村,当时的人均纯收入不足4000元,到2017年,成为贵州省级“小康示范村”,人均10,300元。人民网专门对塘约村的模式进行了报道。李瑞桥、王钦、孙远桃:《贵州安顺塘约村:村民为股民,青山变金山》,载人民网:http://gz.people.com.cn/n2/2017/0705/c222152-30427542.html,2018年9月2日最后访问。

〔3〕 “宁乡县‘鹊山模式’入选2016中国改革年度案例”,载http://hn.rednet.cn/c/2016/12/19/4167417.htm,2019年9月28日最后访问。

个50亩~100亩的生产片区,采取竞价方式租赁给新型职业农民耕种,新型职业农民每年的收入一般是在外务工纯收入的两倍。

笔者认为,上海松江区已然形成了新型的农村集体经济组织形态,贵州安顺塘约村成立的“金土地合作社”与宁乡鹊山的土地合作社,也应当是农村集体经济组织的现实形态。实践中鲜少存在农村集体经济组织的实体形态,学界对于如何认定“农村集体经济组织”也缺乏统一的、明确的标准,[4]农村集体经济组织一直处于虚位状态。然而,《民法总则》已然赋予农村集体经济组织以特别法人的身份属性,其规定必然具有现实规范意义。同时,三权分置主张的巩固集体所有权的目标就是应对“虚置的集体土地所有权、空壳的集体经济根本无力支撑农村的公共产品和公共服务供给,无力提供农民普遍持续增收的动力”[5]的现实困境,“农村土地农民集体所有作为农村基本经营制度的根本,必须得到充分体现和保障,不能虚置”,[6]三权分置改革针对的是农村集体经济组织的功能价值之实现。因此,《民法总则》与“三权分置”改革对于农村集体经济组织的关注实质是对“统”层功能实现的期冀,“金土地合作社”和鹊山模式下的土地合作社实质上发挥着农村集体经济组织承担的“统筹、协调、组织、监督”的应然功能,本质上其组建也是基于农业合作化运动时期的人民公社之原型,理应视为农村集体经济组织的现实形态。[7]

2.农户与经营者个人签订合同的流转模式。[8] 基于农户个人的谈判能力

---

〔4〕 参见沈德咏主编:《〈中华人民共和国民法总则〉条文解释与适用》,人民法院出版社2017年版,第687~688页。

〔5〕 许中缘、崔雪炜:《“三权分置”视域下的农村集体经济组织法人》,载《当代法学》2018年第1期。

〔6〕 中共中央办公厅、国务院办公厅《关于完善农村土地所有权承包权经营权分置办法的意见》。

〔7〕 此种观点可以在下述观点中得到印证:理论界对其概念内涵、边界范围存在认识上的多元化,有学者将其界定为范围很宽的概念,具体包括公社型集体经济组织、社区合作型集体经济组织和社区股份合作型集体经济组织,也有主张其范围应同时包含农村社区集体经济组织、供销合作社、信用合作社以及乡镇集体企业。笔者认为,认定何种组织形态属于农村集体经济组织,并非通过确定农村集体经济组织的多样化组织形式予以实现,而是从现实中该组织是否担任了农村集体经济组织负责的“统”层功能的发挥角度。参见李适时主编:《中华人民共和国民法总则释义》,法律出版社2017年版,第311页。

〔8〕 调研中,湖南沅陵枫林村也采取该种模式。枫林村先成立土地流转合作社,土地合作社与农户签订土地流转合同,明确土地流转年限、流转费用、土地用途、土地保护等,为土地集中流转牵线搭桥,减少了土地流转矛盾,保障了土地流转中农户与种植大户等的利益。合作社负责土地流转中一切事务的协调,以产业促流转,以大户促流转,增强流转效率。不过,与集体经济组织进行经营权流转模式不同的是,枫林村成立的土地合作社与土地承包经营户签订的合同是附条件生效的合同,且合作社的所有收益归属于原承包经营户,土地合作社没有对集体资产配置相应股权。可以说,枫林村的土地流转介于两种模式之间。

与引进经营权人能力的有限，有些地方政府建立了土地流转中介平台，公布经营权流转信息，吸引外来投资者。比如湖南省沅江草尾模式就是该种模式的典型代表。〔9〕草尾镇是沅江市最大的农业型乡镇，土地流转已经接近十年。土地流转渐成规模的一个主要原因，便是政府平台的建设。草尾镇政府出资设立“香园农村土地承包经营权信托有限公司”等四家国有独资信托公司，由信托公司作为第三方组织农户和经营大户直接签订合同。信托平台收取经营大户的担保金、土地修复金以及服务费。政府出资建立土地流转中心，制定了农村资源流转三年规划与产业发展规划，建设建立多个特色产业生产基地、特色产业村、生态村等，着力形成“一乡一业、一村一品”的格局。另外，为便宜土地流转，建立镇、乡两级农村土地资源交易中心，成立了农村资源流转交易网站，采用“互联网+农村资源流转交易平台”发展模式，整合过去林权交易、农村集体土地承包经营权流转交易、村级集体类资源交易等分散、单一平台，打造“一站式”服务的公益性综合平台。现在该地区土地流转已经接近80%。政府流转平台的建设，为300多家单位进入农村提供了便利，提高了农民的收入，促进了农村经济发展与民生改善。

实践中，由经营权主体与原农村土地经营权人签订租赁合同，并不符合农村“三权分置”改革方向，实践中引发诸多问题。〔10〕（1）农户的合同签订能力弱于经营主体，农民的合法权益无法通过合同予以保障；而经营主体需要与更多的农户进行谈判，成本高，效率低。事实上，农户反悔的情形时有发生，即使签订合同，经营权主体的利益也难以得到有效保障。（2）合同的可持续性差，稳定性不强。比如农户与经营者签订合同，合同对土地储备金、风险防范金以及土地流转租金的支付等相关事项的约定存在问题，一旦经营不善，最后受到影响的必然是农户。（3）如果政府过度介入经营权流转，可能导致公权力对市场的过度干预。公权力介入难以有效保障市场的自由运转，可能出现与民争利的现象，而一旦经营权人经营出现问题，政府便可能需要承担兜底责任，这与政府职能相悖。调研中，湖南沅江草尾模式中政府出资设立的信托公司存在政府过度介入市场的问题，虽然政府希望能够逐步退出信托公司，但一直难以找到相应的公益机构。

〔9〕参见杨建海：《“三权分置”背景下土地养老的信托模式研究》，载《中国软科学》2018年第2期。

〔10〕这些是课题组在上海松江、贵州塘约、湖南鹊山调研反映出的共通问题。这也是为什么处于现代化城市边缘的上海松江极力抵制工商资本进入农村的原因。塘约土地流转之初，工商资本并不愿意进入交通不便的偏僻塘约，但在形成一定规模效应时，塘约也对工商资本具有清醒的认识。鹊山距离宁乡、长沙市区均具一小时车程，交通处于便利与不便利之间，成功地实现了以农养农。

(4)更为严重的是,课题组在全国的调研中发现,大部分农户将经营权流转给经营者后,仅能获得土地租金收入,而经营者取得土地规模化经营收益。部分经营者成立的合作社允许农民以土地经营权入股,却严格限定农民占股比例。还有合作社不允许农民出资占股或者以土地经营权形式入股,导致土地规模经营与农民收入增长缺乏紧密联系。土地一次性转出的方式,让分散的农户失去了对土地的主导权,既难以参与生产经营,又无法享受生产经营的溢出收益。特别是当经营者无力继续经营时,最后受损的仍是农民。〔11〕

根据各地开展"三权分置"改革的实践来看,集体经济组织发展程度越高的地方,农村集体经济便具有愈加强大的经济活力,农民的利益也能得到最大程度的保护,这正是三权分置改革期冀实现的愿景——落实集体所有权,必须实现集体经济,必须由集体经济发挥统筹、协调、组织、监督功能。尽管实践中存在农户与经营权主体签订合同获得收益的情形,但这种模式并未形成明显的区位优势。据农业部统计,2012年全国流转到工商企业的土地已经达到2800万亩,现行土地承包经营权流转制度完全能满足工商资本进入农业生产领域的需求,〔12〕完全没有必要通过制度创新来满足此要求。所以,农户与经营主体签订经营权流转合同,单独进行土地流转的模式只能是补充,而农户将经营权流转给集体经济组织,由集体经济组织统一流转给相应经营主体的模式才应是"三权分置"改革的主流。

(二)集体经济组织集中进行经营权流转具有重大意义

集体所有权实现是"三权分置"改革的关键环节。事实证明,农民的利益增加与权利扩展需要集体提供助力。现实问题是,"原本应由农民集体作为所有者享有的土地收益通过承包制由全体土地承包经营权人分享,故土地承包经营权人名义上行使的是土地承包经营权,实际上不仅获得了基于土地承包经营权产生的全部收益,而且还获取了作为农民集体的成员应分享的基于土地所有权产生的收益",〔13〕农民与集体经济组织之间除了承包经营权之外再无关联。根据我国相关法律的规定,集体经济组织一般分为三级:乡镇级农村集体经济组织、

〔11〕 我们在湖南某地的调研中发现,某县的经营大户承包了农民的上千亩地种植葛根,然而随着葛根粉的市场需求降低,经营主体跑路,影响到几百农户的利益,成为当地政府的一大难题。

〔12〕 高飞:《土地承包权与土地经营权分设的法律反思及立法回应——兼评〈农村土地承包法修正案(草案)〉》,载《法商研究》2018年第3期。

〔13〕 高飞:《农村土地"三权分置"的法理阐释与制度意蕴》,载《法学研究》2016年第3期。

村级农村集体经济组织和村民小组级农村集体经济组织。[14] 农村集体经济组织具有区域性特征,区域边界清晰。如村级农村集体经济组织一般是以行政村为区域范围。农村集体经济组织成员与其集体除土地承包外,缺乏其他利益关联,缺乏对所在农村集体经济组织的基本身份认同,往往在集体土地所有权不规范运行时置身事外,导致“形式上人人有份,实质上人人无份”的局面,[15] 而且“法律在明确农民集体的集体土地所有权之主体地位时,又并未具体规定集体土地所有权主体行使土地所有权的组织和程序,从而造成了集体所有权行使主体的缺位”。[16] 导致实践中存在诸多问题:首先,集体经济组织薄弱,难以发挥统筹管理作用。一方面,从管理体制上看,农村集体经济组织处于事实上缺位状态。1994 年国务院《关于加强集体资产管理工作的通知》规定:“集体经济组织是集体资产管理的主体”,但现实是村委会“一支独大”,事实上掌握了集体资产的所有权,[17] 代行村集体经济组织对集体土地、资产的直接支配权,出租土地与经营者签订流转合同,“政经不分”现象严重。另一方面,集体所有权虚置,在土地流转中未发挥统筹、协调作用,导致某些地区出现农户有地难以流转、经营者却流转不到规模化土地的现象。最后,集体经济缺乏有效实现的形式保障,集体资产缺乏有效规范,集体所有权收益权能欠缺,集体所有权流失严重。城镇化以来,土地级差效应显现。实践中缺乏对集体资产运营管理的有效监督,权属不清、管理不规范,农民利益受到侵害。[18] “三权分置”改革中,集体经济组织作为集体所有权行使主体的代表应该获得收益,这也是农村进一步发展的重要源泉与有力保障,但在农村承包经营户直接与经营者签订经营权流转合同模式中,不仅国家对农村的基础设施投资完全由经营者(工商资本)占有,甚至在一些地方,工商资本进入农村土地流转的目的就是骗取政府给农民的相应补贴。尽管有些地方考虑到了集体经济组织在农地规模经营中所做的贡献,给予集体经济组织一定比例的股份,但这种情形少之又少。而且,由于集体经济组织缺位,经营者(工商资本)的做大做强与集体经济组织的收益实际上并无多大关联。

集体经济组织的做大做强是农地“三权分置”改革的重要内容。《三权分置办法的意见》明确指出:“农村土地农民集体所有,是农村基本经营制度的根

〔14〕 李国强:《论农地流转中“三权分置”的法律关系》,载《法律科学》2015 年第 6 期。
〔15〕 参见刘守英:《直面中国土地问题》,中国发展出版社 2014 年版,第 5 页。
〔16〕 李国强:《论农地流转中“三权分置”的法律关系》,载《法律科学》2015 年第 6 期。
〔17〕 冯卓、詹琳:《城镇化进程中农村集体资产管理问题探究》,载《经济体制改革》2014 年第 2 期。
〔18〕 方志权:《农村集体经济组织产权制度改革若干问题》,载《中国农村经济》2014 年第 7 期。

本,必须得到充分体现和保障,不能虚置……在完善‘三权分置’办法过程中,要充分维护农民集体对承包地发包、调整、监督、收回等各项权能,发挥土地集体所有的优势和作用。”因此,要落实集体所有权,需要集体经济组织充分发挥在土地流转中的统筹、协调作用。集体财产是农村经济发展和社会稳定的基础,激活集体财产是实现好、维护好、发展好广大农民根本利益的落脚点。代表集体所有制度的集体经济是“三权分置”改革的“魂”。中共中央、国务院《关于稳步推进农村集体产权制度改革的意见》指出,“不能把集体经济改弱了、改小了、改垮了,防止集体资产流失;坚持农民权利不受损,不能把农民的财产权利改虚了、改少了、改没了,防止内部少数人控制和外部资本侵占”。“三权分置改革实现,尤其需要强化集体所有之制度优势,改变传统农户‘分田单干’模式下的‘弱所有权、强经营权’之权利构造,如何‘重塑村社层次的集体统筹经营’、‘落实集体所有权’,应是改革极力解决的问题。”〔19〕

1. 集体经济组织是“三权分置”改革顺利进行的基础与保障。第一,农户土地流转需要在农民自愿的基础上进行,对土地的天生依赖以及长期形成的思维定式,使得土地流转会遇到各种各样的阻力与风险,而集体经济组织具有较强的化解阻力、降低风险的能力。只有集体经济组织才能组织集体内部土地集中,并实现集中流转,为农地规模化经营奠定基础。第二,只有集体经济组织在组织土地合作社的基础上,才能对所有流转土地进行统一规划,共同筹集基础设施建设基金,大力发展土地整理、农田水利建设和机耕道等基础建设,这样不仅提高经营权流转价格,也能够更好地全面开发利用土地资源。第三,集体经济组织为培育新型农业经营主体提供可能。农村“三权分置”改革,其实就是逐步形成以家庭承包经营为基础,专业大户、家庭农场、农民合作社、农业产业化龙头企业为骨干,其他组织形式为补充的新型农业经营体系。在土地经营权流转中,农户也可以规模流转经营土地,而且相较其他主体,本集体经济组织成员具有同等条件下的优先权,如此助益化解传统农户经营困境,巩固家庭联产承包责任制基础上的农业创新,从而实现本集体经济组织新型农业经营主体的培养,增强集体的经济实力进而惠及作为集体成员的农民,扩展农民的财产权利。〔20〕 第四,集体经济组织能够防范工商资本长时间、大面积租赁农地造成耕地“非粮化”“非农化”,降低农民交易风险。原农业部、中央农办、原国土资源部、原国家工商总局等四部

〔19〕 许中缘、崔雪炜:《“三权分置”视域下的农村集体经济组织法人》,载《当代法学》2018年第1期。

〔20〕 耿卓:《农民土地财产权保护的观念转变及其立法回应——以农村集体经济有效实现为视角》,载《法学研究》2014年第5期。

委发布了《关于加强对工商资本租赁农地监管和风险防范的意见》对工商资本租赁农地监管和风险防范作了规定,既肯定了工商资本进入农业带来的资金、技术活力,又避免了工商资本过度侵占农民的获利空间,鼓励和引导城市工商资本到农村发展适合企业化经营的种养业,鼓励和支持工商企业从事产前、产中和产后服务以及开发农村闲置、农村集体经济组织和农民自身没有能力开发的自然资源,同时防止工商资本长时间、大面积租赁农地造成耕地"非粮化""非农化"。发挥工商资本对现代农业的促进作用,既要积极引进工商资本、发挥其带动作用,又要规避改变农业用途和与民争利的风险。集体经济组织(专业合作社)基于专业、谈判能力等技术、信息的优势,能够更好地选择经营主体,尤其是挑选足够资质的工商资本进入土地规模化经营,同时也能够对经营主体进行有效制约,通过要求经营主体缴纳保证金、限定付款方式等形式,防止经营主体因经营不善后的"跑路"行为,从而降低农户利益受损的风险。

2. 集体经济组织只有在"三权分置"改革中才能得以壮大。根据中共中央、国务院《关于落实发展新理念加快农业现代化实现全面小康目标的若干意见》中共中央、国务院《关于深入推进农业供给侧结构性改革加快培育农业农村发展新动能的若干意见》以及中共中央、国务院《关于稳步推进农村集体产权制度改革的意见》等文件精神,盘活农村集体资产、探索农村集体经济运行新机制,对于增强集体经济发展活力,引领农民逐步实现共同富裕,具有深远历史意义。"三权分置"改革全面清产核资,以土地权利股份化为主导进行集体产权制度改革,重构并创新集体经济组织形态,合理量化股权分配收益,将是保障集体经济有效实现、集体成员受益权能完善的关键一环。集体经济组织的存在明确了集体成员收益权,通过有效的利益分配机制充分保障集体经济的实现。

3. 集体经济组织发展壮大才能有效保障农民利益。就目前的改革而言,农民未能成为土地改革的真正受益者。实践中多采用一次性转出的土地流转方式,使分散的农户失去了对土地的主导权,既难以参与生产经营,又无法享受生产经营的溢出效应,农民权益难以保障,甚至在有些地方的土地流转中,农民只是沦为农村的新一代"农民工"。农民未能真正参与改革得利的根本原因在于新型职业农民供给不足,规模化生产经营的经营者需要有农业生产技术和经营管理能力的人才,而传统小农经济的农民难以满足要求。所以,当下应当加强对新型农民的培育,尽量将改革受益范围缩小在本集体经济组织内部,培育一批有技术、会管理的新型农民,同时鼓励承包农户自愿联合发展多种形式联户经营,发展适度规模经营,让有能力、有意愿从事农业生产的本集体经济组织的农民实现增收。

根据调研可知,尽管农户与经营权主体签订经营权合同,从规模经营能够在一定程度上实现集体所有权,但并不会因之壮大集体所有权。〔21〕事实上,调研中"三权分置"改革比较成功的松江模式、塘约模式以及鹊山模式,都是农民自愿以土地承包经营权入股组建土地合作社,〔22〕在合作经营过程中,农民既是土地合作社的股东,也可以参与到具体生产经营,确保土地的承包权和经营权始终在农民的主导之下。在流转过程中,集体产权制度改革可以有效实现集体经济组织运作,既保障农民长久享受集体资产收益权,也保障了农村基础设施、公益活动的经费支持。有效保障了集体所有权的保值增值。当然,《民法典》及《民法总则》对集体经济组织特别法人的规定,为"三权分置"改革的集体经济发展提供了助力。

二、经营权流转模式对相关权利认定的差异

(一)集体经济组织设定之经营权属于用益物权

关于农户将土地承包经营权转移至集体经济组织的行为性质,法律上具有以下几种解释:(1)入股说。〔23〕承包经营户可以将承包土地折合成股份的形式,形成土地承包经营权入股,形成土地股份合作组织,承包人让渡承包土地经营权,从而取得股权。〔24〕(2)信托说。〔25〕农户将土地承包经营权委托给集体经济组织(土地专业合作社)经营,集体经济组织既可以自我经营也可以移转给其他主体经营。(3)收回说。农户将承包地上交给集体经济组织(土地专业合作社),其实是集体经济组织作为集体所有权的代表收回承包地,农村集体经济组织是村集体的代表。〔26〕(4)转让说。农户将承包地转让给集体经济组织,从而

〔21〕遗憾的是,理论上存在一个误区,即认为只要经营权形成规模就等同于集体所有权实现的全部。

〔22〕当然,这与这些地方的基层党组织的有力引导密不可分。

〔23〕土地经营权入股,是指在确保农村土地集体所有的基础上,在承包期内,承包方将土地承包经营权量化为股份,投资入股到由有经济实力的大户、集体经营组织或投资于农业的工商企业发起设立的农业企业,按股取得收益。参见吴义茂:《土地承包经营权入股与农民专业合作社的法律兼容性》,载《中国土地科学》2011年第7期。

〔24〕参见朱继胜:《农地"三权分置"的意旨和路径——以土地承包经营权嬗变为视角》,载《广西社会科学》2018年第5期。

〔25〕参见杨建海:《"三权分置"背景下土地养老的信托模式研究》,载《中国软科学》2018年第2期。土地信托是信托公司在接受农村土地承包经营者的委托之后,在不改变农村土地所有权原有归属、保持土地经营权稳定的条件下,按照依法、有偿转让的原则,将一定期限内的农村土地经营权转让给其他单位或个人,并将开发、经营农村土地的经济利润作为信托收益分配给受益人。

〔26〕凌斌:《土地流转的中国模式:组织基础与运行机制》,载《法学研究》2014年第6期。

获得对价。笔者认为,这几种学说均不能很好地解释农户将土地承包经营权转移至集体经济组织的行为性质。入股说形象地描述了土地承包经营权折算成股份的权利,但问题是,入股并不能简单地等同于承包地的对价,比如:上海松江模式中,农龄〔27〕也可折算成股份;在宁乡鹊山模式中,不仅承包地可以折算成股份,未取得承包地的村民也可以取得股份;贵州的塘约模式也是如此。更为主要的是,相应的专业合作社并不组织具体的生产经营,比如松江与鹊山,只是与具体的经营权主体签订流转合同,由具体的专业经营主体或者农户进行经营。转让说与入股说一样,也存在理论缺陷。信托说似乎解决了集体经济组织设定经营权的权限问题,却回避了入股、转让学说所带来的不足。而且,集体经济组织(土地专业合作社)对所取得的土地事实上已经平整,无法复原,且以股权的折价取得相应收益。笔者认为,基于《三权分置办法的意见》实现"统分"结合的考虑,农户将承包地转让给集体经济组织,其行为之性质属于承包经营权人的权能交付行为。换句话讲,就是集体所有权的补全行为。农户通过将经营权交付于农村集体经济组织,实质上是将分散于农户手中的"集体土地所有权"的权能交回集体经济组织,以实现集体经济组织的所有权的补全,使其回复所有权的完全状态。基于此,集体经济组织可以基于其完整的所有权设定用益物权属性的经营权,分配到经营者手中。不过,该种收回并不是无偿的,也不是仅仅将承包地折算成股权,而是承包户将原来的土地经营权自愿交回集体经济组织,由集体经济组织保障其承包权。

诸多学者认为:"家庭联产承包责任制是从土地所有权中分离出土地承包经营权,从而实现土地的所有权主体与承包经营主体的分开;'三权分置'则是再次从土地承包经营权中分离出土地经营权,从而实现土地的承包主体与经营主体的分开。"〔28〕有学者甚至认为:"土地承包经营权是土地所有权之上的权利负担,土地经营权是土地承包经营权之上的权利负担,土地所有权和土地承包经营

---

〔27〕 所谓农龄,就是在农村出生以后工作、生活在农村的"年龄"。松江区为进一步界定社员数量,解决集体资产属于谁、各占多少份额的问题,破解了两大难题:一是实行"两股一改",合理确定了量化比例。即在坚持农村集体土地所有性质不变和农村土地承包经营权益不受侵害的前提下,每位社员的份额分土地份额和农龄份额,按 6∶4 比例组成。二是确定了资格界定的关键时间点,以此确定农龄与土地份额。农龄以 1956 年和 1984 年为两个关键时间点。计算范围为 1956 年合作社成立到 1984 年基准日为止,有多少农龄算多少份额。农龄份额按一年设一个份额。土地份额以基准日为准,以 1984 年核定的纳税耕地面积为基数,以队为基础,按人均土地面积测算。

〔28〕 宋志红:《三权分置下农地流转权利体系重构研究》,载《中国法学》2018 年第 4 期。

权均不因其上设定了权利负担而改变其权利名称和性质。”[29]“农户承包权与土地经营权的设立并非将土地承包经营权肢解为两种权利,而是土地承包经营权派生出土地经营权。”[30]《农村土地承包法修正案草案二次审议稿》(以下简称《修正案草案二审稿》)第6条第1款也如此规定:“以家庭承包方式取得的土地承包经营权在流转中分为土地承包权和土地经营权。”

笔者对此不敢苟同。确实,经营权作为“三权分置”改革的关键环节,其实质是要改变农村土地资源配置效率低下的事实,引进和培育新型农业经营主体实现土地规模经营。但是,土地承包经营权属于用益物权,是基于集体所有权而产生,是集体所有权将具有身份性的权利加载于该权利之上。换言之,法律在集体所有权实现时预设了身份性质的土地承包经营权。或许有学者认为,土地承包经营权本身属于无身份属性的权利。假若承包经营权本身无身份性,那么,承包经营权基于流转分离土地经营权之后所剩承包权便只能剩余收益权能,如此,方能表现承包经营权的无身份性。但这样设定承包权的意义似乎被泯灭,承包经营权之设定以及该权利流转功能的设定实际上是要赋予农户在流转之后依然能够实现集体经济组织成员身份的回归,此作用的发挥必须依赖承包经营权的身份性,而非仅仅将其作为一种物权。集体所有权也可以预设不具有身份性质的用益物权如土地经营权。即使土地承包经营权具有身份性质,但土地承包经营权人与经营权人签订经营权流转合同仅仅是经营权流转模式的部分内容。

“放活经营权”是“三权分置”改革的关键内容。如果不对经营权进行权利性质的改革,就不能适应三权分置改革的初衷。法律上首先需要明确“放活经营权”中“经营权”的类型。实践中出现的经营权有:(1)土地承包经营户对承包经营的土地的经营权;(2)土地承包经营户对通过转租等方式所取得土地的经营权;(3)非土地承包经营户对通过合同从不同的农户租赁土地而取得的农地的经营权;(4)非土地承包经营户对通过合同从集体经济组织所取得的农地的经营权。《三权分置办法的意见》“只承认‘受让方’的主体地位,而将所有农户都排除在土地经营权的主体之外,即便是亲自经营承包地的农户,亦不能成为土地经营权的主体”,[31]这其实是“‘放活土地经营权’的规定与实践相抵触”。[32]事

[29] 高圣平:《论农村土地权利结构的重构——以〈农村土地承包法〉的修改为中心》,载《法学》2018年第2期。

[30] 蔡立东、姜楠:《农地三权分置的法实现》,载《中国社会科学》2017年第5期。

[31] 参见孙宪忠:《推进农地三权分置经营模式的立法研究》,载《中国社会科学》2016年第7期。

[32] 丁文:《论“三权分置”中的土地经营权》,载《清华法学》2018年第1期。

实上,上述松江模式、塘约模式与鹊山模式,在很大程度上均是坚持"自耕农"和"经营者自耕"的原则发展家庭农场。培育农村新型经营主体,正是《三权分置办法的意见》所坚持的方向。我们不能将"放活经营权"作为"三权分置"改革的全部,而应该结合"三权分置"的目的"探索农村土地集体所有制的有效实现形式,落实集体所有权,稳定农户承包权,放活土地经营权,充分发挥'三权'的各自功能和整体效用,形成层次分明、结构合理、平等保护的格局"。上述实践(1)中所出现的经营权,当属于土地承包经营权,非《三权分置办法的意见》中所涉及的经营权;实践(2)(3)所指称的经营权,尽管符合"放活经营权"的要求,也不是"三权分置"改革中的经营权。

根据《物权法》第60条的规定,由集体经济组织代表集体行使集体土地所有权,故实现经营权用益物权化需要遵循的一个前提就是:经营权是由集体经济组织作为监督、调控主体设立、变更或消灭的用益物权。因此,经营权的用益物权设定,需要由集体经济组织作为发包人和经营权人之间签订"土地经营权流转合同",而经营主体与土地承包经营权人签订的合同,并不当然认为是设定用益物权性质的经营权,而往往是产生租赁权,属于《农村土地承包法》《合同法》调整的对象。

(二)非集体经济组织流转的债权性经营权的权利保护

新《农村土地承包法》《物权法》明确规定,土地承包经营权作为一种用益物权,在承包期内农户可以按照自愿有偿原则采取转包、出租、转让、互换等形式流转,也可以将土地承包经营权入股从事农业合作生产。这已经在一定程度上指明经营权的财产权利性质。法律上似乎没有必要通过制度创新的方式对这些经营权人的利益进行特别保护。"即使创造出所谓的经营权,在法律性质和权利内涵方面也无法与原有的土地承包经营权进行实质上的区分;同时,该种经营权的制度功能完全可以通过现行土地承包经营权来实现,试图从土地承包经营权分解出经营权作为流转的客体欠缺法律上的必要性。"〔33〕现行《农村土地承包法》规定的"转包、出租、转让、互换"只能是债权性质的流转。

那么,是否可以通过学者所主张的"土地经营权在促进土地流转和保护新型农业经营主体利益方面,应有权利的续造",因此,实践(2)(3)经营权的类型也可以被认定为不动产性质的用益物权。〔34〕 笔者对此不敢苟同。首先,我们需要

〔33〕 高飞:《农村土地"三权分置"的法理阐释与制度意蕴》,载《法学研究》2016年第3期。

〔34〕 丁文:《论"三权分置"中的土地经营权》,载《清华法学》2018年第1期。

考虑到实践(2)(3)中承包权的性质。笔者认为,基于“一物一权”的基本法理,一种权利进行出租、转让只能发生权利的移转,不可能改变原有权利的性质。因此,如果将实践(2)(3)作为“三权分置”改革的形式,那么,实践(2)(3)情形中所出现的土地承包权,其实就是“农村土地承包经营权”的另一种表述。在此种情形,政策预设承包权也就失去存在基础。

其次,退一步而言,如果实践(2)(3)情形属于“三权分置”改革的制度创新。那么实践(2)(3)种情形对经营权进行物权化改造是否属于“三权分置”改革的制度创新呢?对此问题应当强调三点:第一,论者需要阐释实践(2)(3)法律上具有回应制度创新的理由。如果将经营权流转作为一种制度创新,在《物权法》第128条已经允许土地承包经营权进行转让的背景下,法律仅需删除《农村土地承包法》禁止土地承包经营权流转条款即可。第二,论者也需要论证,在实践(2)(3)土地流转情形,如何回应“严格保护承包权”的政策关切。“严格保护农户承包权”成为《三权分置办法的意见》基础。但在承包地流转给经营权人之后,原来的承包权人只需按照土地流转合同享受流转合同权益即可,在流转合同到期,原来的土地承包权人作为土地承包关系的初始主体,流转的经营户并不享受承包关系的保护。在此种情况下,现有法律可以规定,土地承包经营权人可为经营权人设置属地性质的役权。论者也是从这个角度出发,土地经营权人所享有的是用益物权,从而解决经营主体的融资需求。第三,论者需要论证《三权分置办法的意见》对“落实集体所有权”的关切。“落实集体所有权”是《三权分置办法的意见》的根本,通过“三权分置”改革,充分改变原来集体所有权虚置情况,通过集体所有权的壮大而实现集体经济组织的兴盛,从而实现新农村建设要求。但在实践(2)(3)经营权流转中,我们看到的只是土地承包方与经营方之间的法律关系,并没有看到如何能够达到“落实集体所有权”的制度需求。“要发展壮大农村集体经济、真正将统分结合的双层经营体制落到实处,必须重视集体土地所有权制度。”[35]在这些土地流转中,集体所有权发挥的作用充其量只能起到相应监督、协调、备案功能,“落实集体所有权”只是一句空话。

“三权分置”改革作为一种制度创新,不仅要实现“稳定承包权”“放活经营权”“落实集体所有权”的要求,还要解决“稳定承包关系”与“增人不增地、减人不减地”所造成的日渐突出的“人多地少”“人少地多”的矛盾。在“两权分离”的制度框架下,农村土地承包经营权已经成为农户最具财产性却无交换价值的“鸡

---

〔35〕　高飞:《农村土地“三权分置”的法理阐释与制度意蕴》,载《法学研究》2016年第3期。

肋”，而且，保持长久不变的土地承包经营权，却成为一部分农户的急需。因为出生所导致的不公平将在不变的农村逐渐蓄积终究会成为新时期农村发展不稳定根源。实践(2)(3)中经营权流转却无力化解此种矛盾，相反，土地承包经营权的价值彰显反而会激化该种矛盾，“人少地多”的土地经营户可以通过土地经营权流转获取更多利益，而“人多地少”的农户却只能“望地兴叹”。[36] 或许有人说，实践(2)(3)中经营权流转，可以使那些“人多地少”的农户通过经营权流转方式获得收益，但该种观点仅仅是回避“代际不公平”的矛盾根源，并没有从根本上解决问题。

因此，“我国实施‘三权分置’就必须着力解决不同利益主体之间的激励相容问题，只有土地相关利益主体均能因制度变革得到福利改进，特别是，作为土地所有者(以集体方式)和承包者(以个体方式)的农民不能出现利益损失，则‘三权分置’的土地产权制度演变才能得到顺利推进”。[37] 因此，笔者认为，实践(2)(3)中土地流转方式并不是“三权分置”改革的制度创新。农户与经营主体达成的经营权流转合同所产生的土地经营权属于“债权型利用权”，[38] 土地经营权人对此享有占有、使用与收益权。对于经营主体的融资问题，通过对债权性经营权进行登记赋予其物权效力，进而使其具备抵押之可能性而解决经营者融资困境。[39]

三、不同流转模式下土地承包权的性质

(一)集体经济组织流转模式下的承包权只能属于成员权

1. 承包权的成员权属性是三权分置的必然逻辑

成员权是团体法运行的基础。在不能对成员权进行统一抽象的情况下，需要在集体所有权中对成员权进行规定。通过成员权条款的设置，使成员通过某种规则行使参与集体财产的管理、收益及处分等，亦是集体所有权制度规范完善的重点。[40] “作为社员权(成员权)的承包权是农村集体土地所有权主体制度的

[36] 根据学者的调查，实践中集体成员资格已经“固化”或“相对固化”，并不会因为居住地而改变。参见孙宪忠：《推进农地三权分置经营模式的立法研究》，载《中国社会科学》2016年第7期。

[37] 高帆：《中国农地“三权分置”的形成逻辑与实施政策》，载《经济学家》2018年第4期。

[38] 温世阳、吴昊：《集体土地“三权分置”的法律意蕴与制度供给》，载《华东政法大学学报》2017年第3期。

[39] 参见高圣平：《承包地三权分置的法律表达》，载《中国法学》2018年第4期。

[40] 参见陈小君：《我国农村土地法律制度变革的思路与框架——十八届三中全会〈决定〉相关内容解读》，载《法学研究》2014年第4期。

内容之一,不属于土地承包经营权制度的组成部分。”[41]

(1)承包权是落实集体所有权的必然逻辑。根据现有法律规定,集体土地所有权是各个集体的成员对属于本集体所有的土地的所有权,由本集体成员共同所有。[42] 因为对成员认定缺乏具体标准,集体资产处于全体集体成员共同共有的模糊状态,难以有效保障农民收益权。尽管《物权法》第 59 条第 2 款规定了由集体成员决定的一些事项,并且对土地补偿费的使用分配进行规定,但集体土地所有权作为私权的财产性收益功能却未予明确,制约了集体经济组织保障功能的发挥,使集体资产运营管理缺乏有效监督,权属不清,管理不规范,导致所谓土地集体所有实际上成为乡村干部小团体所有,甚至成为个别乡、村干部个人所有。“三权分置”改革目的就是以土地承包权确股为主线,促进农业产权结构化。“在土地股份制下,每个农户拥有一定的集体土地的股份,但此股并不具体对应某一相应的地块。”[43] 以承包地确股到户为基础,农户经营权入股组建合作社,集体土地入股享受相应集体股份,经营权人经营。

从“两权分离”开始,土地承包经营权承载着土地所有权所运载的权能。在“三权分置”中,农户将土地承包经营权转让给集体经济组织,从而不仅将承包地转移给集体经济组织,最为主要的是,将原本由土地承包经营权蕴含的集体所有权所应该具有的权能也一并让与,实现了集体所有权的财产权利回归。农户此时享有的权利,在法律上以土地承包权予以称谓。承包地让与集体经济组织之后,土地承包经营权消灭,农户作为集体经济组织的成员是集体所有权的行使主体,在集体所有权实现弹性回归后,享有对集体土地占有、使用、收益与处分的权利。此外,农户让渡承包地给集体经济组织之后,作为所有权主体也实现了成员权的回归。事实上,“三权分置”改革的目的,就是改变农村土地承包经营以来农户自主经营无力的事实,将经营权进行流转,实现承包权改造。“土地承包经营权是计划经济向市场经济转型中的概念,已经不符合农村土地改革的实际情况。因此,在赋予农民更多财产权利政策的指引下,农民对集体土地的份额权日益强化,用成员权的概念更符合改革的精神。”[44] 正如有学者所言:“由于所谓的承包权是农村集体经济组织的成员初始取得承包地的资格,其属于集体土地所有权

---

〔41〕 高飞:《农村土地“三权分置”的法理阐释与制度意蕴》,载《法学研究》2016 年第 3 期。

〔42〕 韩松:《农民集体土地所有权的权能》,载《法学研究》2014 年第 6 期。

〔43〕 姚洋:《中国农地制度:一个分析框架》,载《中国社会科学》2000 年第 2 期。

〔44〕 张旭鹏、卢新海、韩璟:《农地“三权分置”改革的制度背景、政策解读、理论争鸣与体系构建:一个文献评述》,载《中国土地科学》2017 年第 8 期。

主体制度的组成部分,而作为用益物权的土地承包经营权不包含该种所谓的承包权的内容。"〔45〕这也是松江以"农龄+土地份额"实现土地承包权的利益构造、鹊山以"基本分红+二次分红"确定承包权的分配方式、塘约以村民成员入股分红的方式确定承包权的内容的原因。"三权分置"改革确定承包权,"就是要界定集体成员资格、锁定集体成员范围,在起点公平的基础上落实'长久不变',并对承包权的权能边界进行清晰界定。"〔46〕

(2)承包权是经营权用益物权化的基础。就观念而言,赋予农户承包权,经营者享有经营权,是农户接受农村"三权分置"改革的情感基础。稳定土地承包关系长久不变的功能载体就体现为土地承包权,或是设立土地经营权后的土地承包经营权。〔47〕基于土地在中国农民心中的重要地位,实践中常常出现农户抛荒也不愿意转让经营权的情形,〔48〕而经营权转让之后毁约的情况也屡见不鲜。上述问题产生的根源在于农户对中央提出的"稳定现有土地承包关系并保持长久不变"缺乏准确把握,缺乏承包权长期稳定的确信,故政策规定承包权是"稳定现有土地承包关系"的关键所在。设置承包权是"三权分置"的制度创新,使得原有土地承包经营权在承载了集体所有权生产经营功能的同时又蕴含了集体所有权的社会保障功能。"三权分置"目的是放活经营权,以经营权实现集体所有权的经营功能,以承包权保障农户的收益,以集体所有权的实现落实土地社会保障功能。"三权分置"将承包权从集体所有权中分离是对历史传统的校正,并不否定成员权派生于所有权的法律逻辑,相反分离后的承包权定位为成员权有利于将承包经营权还原为用益物权(经营权),实现财产权利的本质回归。

根据《三权分置办法的意见》的规定,土地承包权具有以下特点:其一,主体特定性。《三权分置办法的意见》明确指出:"农村集体土地由作为本集体经济组织成员的农民家庭承包,不论经营权如何流转,集体土地承包权都属于农民家庭。任何组织和个人都不能取代农民家庭的土地承包地位,都不能非法剥夺和限制农户的土地承包权。"其二,不可分离性。《三权分置办法的意见》指出:"农户享有土地承包权是农村基本经营制度的基础,要稳定现有土地承包关系并保

---

〔45〕 高飞:《农村土地"三权分置"的法理阐释与制度意蕴》,载《法学研究》2016年第3期。

〔46〕 叶兴庆:《从"两权分离"到"三权分离"——我国农地产权制度的过去与未来》,载《中国党政干部论坛》2014年第6期。

〔47〕 申惠文、杜志勇:《稳定土地承包关系长久不变法律构建》,载《东南法学》2016年第2期。

〔48〕 参见张力、郑志风:《推进农村土地承包权与经营权再分离的法制构造研究》,载《农业经济问题》2015年第1期。

持长久不变。”“不得违法调整农户承包地,不得以退出土地承包权作为农民进城落户的条件。”基于主体特定性、权利不可分性,该种权利属于身份权当属无疑,不过,因承包权作为集体经济组织成员权,具有一定的财产性特征,属于身份性财产权,故不能单纯作为财产权对待。

《农村土地承包法》确定的“增人不增地、减人不减地”的农户主体制度正是对“稳定承包关系”政策的延续。承包权为成员权的法律定位可以充分实现以承包权置换集体股权的制度改革,同时,以新增人口的成员权置换集体股权的方式可以解决“增人不增地、减人不减地”的现实困境。实行“三权分置”改革的目的除了放开经营主体,充分发挥土地资源的流转效应,也应实现承包权人的持续性发展。原来的土地承包经营权主体变为承包权主体,意义在于改变传统“一次性出局”方式,实现农民、经营权主体、集体所有权三者权利的最佳保障:一是农民仍然是原来的农民,通过“离地不离村”的方式既保障了土地经营权的出让收益,也使其在取消身份限制的同时,可以成为新型经营主体取得规模化经营收益,使农民真正参与到改革收益中来;二是集体所有权人的利益得到保护。集体所有权的实现是“三权分置”改革中最为重要的问题,原有的集体土地所有权与土地承包经营权二元分离,加之农村土地承包关系长久不变的方针事实上架空了集体所有权人的利益。虚化的集体所有权不能为农村发展提供相应的公益服务,又进一步抑制了农村经济发展与基础设施的建设。落实集体所有权、稳定承包权与放活经营权的“三权分置”模式使三者达到最佳程度的结合。

2. 集体经济组织流转模式下土地承包经营权不可替代土地承包权

“稳定承包权”为《三权分置办法的意见》的重要内容,但因为承包权与农村土地承包经营权存在差异,许多学者认为“土地承包权只是已经派生出土地经营权的土地承包经营权的便宜称谓和通俗提法”,[49]不应该保留承包权的说法。确实,中央提出的“稳定承包关系”就是以现有土地承包台账、合同、证书为依据确认承包地归属,坚持原土地承包关系不变、承包户承包地块和面积相对不变、二轮土地承包合同的起止年限不变,健全承包合同取得权利、登记记载权利、证书证明权利的土地承包经营权登记制度,从而实现现有农村土地承包关系的稳定。但土地承包经营权与土地承包权在权利性质、内容以及功能上的差异,为两者在法律上的并存留足了空间:

---

〔49〕 高圣平:《论农村土地权利结构的重构——以〈农村土地承包法〉的修改为中心》,载《法学》2018年第2期。

(1)二者权利性质不同。农村土地承包经营权是经营权没有发生流转所用的概念。承包权则特指“三权分置”改革中,经营权发生流转时的情形。尽管在农村土地三权分置改革中,发生土地承包经营权与承包权并行存在的现象,但二者性质不同,前者属于用益物权,后者属于身份权,并不会造成混用。

(2)二者权利内容不同。基于《物权法》第128条的规定,农村土地承包经营权是对既有承包地享有占有、使用、收益的权利,[50]性质为在土地所有权上设置的用益物权。土地承包经营权人将土地出让给集体经济组织后,取得承包权。一是承包权首先是一种资格权,只有集体经济组织的成员才具有成员的资格;[51]二是承包权是一种管理权。承包权人参加到集体经济组织的管理,对集体经济组织进行相应权利的处分;三是承包权是一种收益权。承包权基于集体成员的身份,享受集体经济组织经营土地所带来的收益。

(3)二者在集体经济组织中的地位与作用不同。根据《物权法》第124条的规定,农村集体经济组织实行家庭承包经营为基础、统分结合的双层经营体制。农村土地承包经营,事实上实现了农村集体经济组织的“分”,从上海松江、贵州塘约、宁乡鹊山等模式而言,承包权的存在实现了集体经济组织的“统”。

(二)土地承包经营权人与经营权人签订流转合同后权利性质并未变化

《三权分置办法的意见》明确指出:“土地承包权人对承包土地依法享有占有、使用和收益的权利。”“承包农户有权占有、使用承包地,依法依规建设必要的农业生产、附属、配套设施,自主组织生产经营和处置产品并获得收益;有权通过转让、互换、出租(转包)、入股或其他方式流转承包地并获得收益,任何组织和个人不得强迫或限制其流转土地;有权依法依规就承包土地经营权设定抵押、自愿有偿退出承包地,具备条件的可以因保护承包地获得相关补贴。”学者据此认为,意见中所指土地承包权“属于集体土地所有权派生之用益物权,其实质内涵是权利人对承包土地的使用和支配,而并非具有身份权性质的集体成员取得承包土地的某种资格”。[52] 根据原农业部部长韩长赋就《三权分置办法的意见》有关情况答记者问时指出,“农户流转土地给经营主体,把经营权转让出去,现在实行合同管理,就是承包农户和流入土地的新经营主体要签订合同。签订合同要按照农村土地承包法的规定来规范运行,农民集体以及政府的农业经营管理部

[50] 参见丁文:《论土地承包权与土地承包经营权的分离》,载《中国法学》2015年第3期。

[51] 丁文:《论土地承包权与土地承包经营权的分离》,载《中国法学》2015年第3期。

[52] 蔡立东、姜楠:《农地三权分置的法实现》,载《中国社会科学》2017年第5期。

门可以加以指导”,因此,“农户的承包权属于用益物权”。[53]

就农村土地承包经营权人与经营权人签订合同而言,让渡的只是土地的占有、使用、收益权利,这不是严格法律意义上的规范表述。[54]《三权分置办法的意见》在规定承包权的占有权能时,又对经营权的占有权能进行规定:“土地经营权人对流转土地依法享有在一定期限内占有、耕作并取得相应收益的权利。”根据物权的一般规则,承包权人与经营权人不可能同时对承包地具有相同的占有、使用、收益权利。由此可知,承包权人与土地经营权人二者权利不可能等同。基于“放活经营权”作为农村土地“三权分置”改革的关键,[55]只有将经营权配置为可以进行抵押融资、可以流转的用益物权才符合“三权分置”改革的原理。对于承包权性质的理解,需要按照《三权分置办法的意见》“严格保护农户承包权”中所涉及占有、使用、收益客体的“承包地”进行理解,而《三权分置办法的意见》中多处规定“承包土地”“承包地”。但在“三权分置”改革中,经营权发生流转的,承包权人当然无权对“承包地”“承包土地”进行占有、使用。在“承包地”发生征收时,承包人是否有权要求征收补偿应该考虑具体情况,如果只是债权性的租用,征收补偿当然可行。不过,基于“三权分置”改革的制度创新,新《农村土地承包法》《物权法》已经对债权性承包地流转进行了规定,“三权分置”改革的经营权流转采物权性流转为宜。在经营权属于用益物权属性,承包权人作为集体成员享有成员权,不享有具体的权利内容,是否可以进行征收补偿,则存有疑问。当然,在土地征收时承包权人也可能获得利益,但只是基于征收分配权而获得。因此,基于承包地只有为土地承包经营权占有的事实,笔者赞同学者的观点,《三权分置办法的意见》中所涉及“严格保护农户承包权”的承包地,仍然属于未进行经营性流转的农村土地承包经营权的内容,[56]根据《物权法》“一物一权”的相关原理,该权利性质并不因为合同的签订而发生变化。

---

[53]　《农业部部长韩长赋:就〈三权分置办法的意见〉有关情况答记者问》,载 https://www.tuliu.com/read-45323.html,2018 年 9 月 17 日最后访问。

[54]　笔者赞同这样的观点:对《三权分置办法的意见》“不能仅以政策中的描述的内容为依据,而必须考虑政策话语的法律构造是否能够保持法律制度的逻辑自洽。”高飞:《土地承包权与土地经营权分设的法律反思及立法回应——兼评〈农村土地承包法修正案(草案)〉》,载《法商研究》2018 年第 3 期。

[55]　《三权分置办法的意见》明确指出:“赋予经营主体更有保障的土地经营权,是完善农村基本经营制度的关键。”

[56]　参见高圣平:《承包地三权分置的法律表达》,载《中国法学》2018 年第 4 期。

四、经营权流转模式与《农村土地承包法》的回应

(一)《农村土地承包法》(修正案草案)〔57〕对"三权分置"改革的回应

"三权分置"改革作为继农村土地承包经营权改革之后的"又一重大制度创新",远非修改几个条文就能完成的,其既涉及对相关理念的颠覆,也涉及相关制度的完善乃至权利的重新配置。其中的关键,就是需要"稳定承包权""落实集体所有权""放活经营权",这构成了"三权分置"改革的体系。对任何一方面的偏废都是对"三权分置"改革目标的偏离。比如,尽管"放活经营权"是"三权分置"改革的中心,但经营权流转只是对土地的资源配置,一定程度上实现了规模经营,但对于新型农业经营主体的培育、农村基本经营制度的进一步巩固以及社会主义新农村建设并没有多大贡献。何况,土地承包经营权已经完全满足工商资本进入农村的需要,所以改革的意义不仅在于此。作为一种土地革命,其实就是对农民集体所有权及其支撑的集体经济组织实现方式的重构,而不仅仅是经营权与承包权的分离。〔58〕

《三权分置办法的意见》作为政策性文件有其固有的局限。这是政策与法律的天然差异,不可过于苛责。法律对此的回应,切记不可单纯照搬政策而忽视"三权分置"改革的初心,亦不可以改革之名,轻易地突破既有法律的强制性规定。"土地法学应当有自己的贡献,应当通过立法引领改革方向。"〔59〕颇为遗憾的是,草案均没有回应此种关切,特别是在"三权分置"改革所采用的经营权流转模式中,并没有对"三权分置"的成功实践进行回应。〔60〕 草案采取的是现行《农村土地承包法》并不鼓励的自愿交回政策,阻断了农户上交土地给集体经济组织、再由集体经济组织进行经营权流转的路径。可见,草案采取的是调研中所出现的湖南沅陵草尾模式与枫林模式。该种模式尽管有助于农民收益在一定程度上提高,但对于集体经济组织的发展、新型农业经营主体的培育却无助益。

1. 草案区分"土地承包经营权转让"与经营权流转。尽管法律术语用词上采用了"转让"与"流转"予以区分,但"转让"与"流转"语义模糊,实践会发生诸多

〔57〕 本次修法有两次审议稿,2017 年 10 月 31 日通过第一次审议稿,2018 年 10 月 31 日通过第二次审议稿。除非特别指明,本文指的是所有草案。

〔58〕 参见高富平:《农地"三权分置"改革的法理解析及制度意义》,载《社会科学辑刊》2016 年第 5 期。

〔59〕 申惠文:《法学视角中的农村土地三权分离改革》,载《中国土地科学》2015 年第 3 期。

〔60〕 学者因此认为,没有必要将统一的土地承包经营权分置为土地承包权和土地经营权,承包经营权的流转发生的承租经营权适用租赁制度,没有必要规定为用益物权。参见韩松:《论民法典物权编对土地承包经营权的规定——基于"三权分置"的政策背景》,载《清华法学》2018 年第 5 期。

纠纷。该种规定还会导致下列问题:其一,违背了平等保护承包权与经营权的法理。基于农户与外来经营权主体差异,签订经营权流转合同产生不同的性质与后果,前者将丧失全部或者部分土地承包经营权,后者仍然享有承包权,是典型"薄农户厚外来经营者",违背了平等保护的基本法理。其二,不利于培育新型经营主体。承包户之间发生承包地流转使原承包人丧失承包权的后果,事实上阻碍了土地承包户之间的流转,与中央提出的《三权分置办法的意见》培育新型职业农民与新型农业经营主体的方针相悖。其三,不利于鼓励承包权的退出。草案规定向集体经济组织成员流转退出承包权,在农户不具有城市人口社会保障的情况下,会导致失地农民的存在。

2. 无助于集体经济组织的发展。"落实集体所有权"是《三权分置办法的意见》的重要内容,但草案对集体经济组织成员权的忽视,使集体经济的发展失去了基础。"《农村土地承包法》(修正案草案)第5条、第6条、第27条和第64条都提到农地'三权分置'设计的基础即成员权问题,但条文始终对成员权制度无配套、未设计,不提示与物权法接应问题,更无时间表,难以期待。"〔61〕其仅规定农户与经营权主体直接签订合同的形式,并未规定期满后承包地直接归农户还是集体;仅规定集体经济组织收取少量管理费用的权利,无益于集体所有权的实现。

3. 立法技术的不成熟阻碍农地"三权分置"改革的落地贯彻。首当其冲的是法律概念的混淆表达。"准确性是立法语言的灵魂和生命,也是立法政策和立法意志记载、表达和传递的第一要义。立法政策记载得不准确,表达得不精确,必然会使传递的信息具有先天的缺陷。"〔62〕草案对土地经营权与土地承包经营权存在概念内涵上的重叠,与立法概念的区隔性要求相悖。立法上的不周延性与非科学性在客观上不利于农地"三权分置"改革的落地实践,从而对农村集体经济组织的壮大、新型经营主体等的发展以及农民利益的保障都造成了巨大的消极性阻碍。

值得欣喜的是,《农村土地承包法》第36条对此内容进行了回应,该条规定:"承包方可以自主决定依法采取出租(转包)、入股或者其他方式向他人流转土地经营权,并向发包方备案。"就文义解释而言,该条是经营权入股其他经营主

---

〔61〕 陈小君:《〈农村土地承包法修正案(草案)〉要义评析》,载《中国土地科学》2018年第5期。

〔62〕 孙潮:《立法技术学》,浙江人民出版社1993年版,第65页。转引自高飞:《土地承包权与土地经营权分设的法律反思及立法回应——兼评〈农村土地承包法修正案(草案)〉》,载《法商研究》2018年第3期。

体,并不是本文所涉及的经营权流转情形,但立法可以作目的性扩张解释。

(二)农民自愿选择流转模式与《农村土地承包法》的回应

《三权分置办法的意见》明确指出尊重农民意愿是农村土地改革的基本前提。农村稳定是农村土地改革的基础,也是国家长治久安的基本条件。因此,土地经营权流转应在充分尊重农民意愿的前提下,由农民自主选择土地经营权的流转模式,法律与政策均不能对此进行强制。但是,农民自愿并不是放任自流与自生自灭。制度的引导与实践成功经验的引领才能进一步深化改革。无论上海松江、贵州塘约还是湖南鹊山模式的成功,都是农民自愿选择的结果。这些改革的进一步成功,也与政策引领密不可分。因此,需要建立一套长效保障机制,推进“三权分置”改革,解除脱离土地经营的农民的后顾之忧。

1. 确定与保护农民的承包权是“稳定承包关系”的根本。对于农户将经营权流转到农户之外的主体或者是集体经济组织内部的主体之情形,原有农户的承包权并不因此而改变,农户享有的依然是土地承包经营权,其转让的仅是债权性质的土地经营权。农户作为集体经济组织成员,并不因为经营权流出而丧失集体经济组织成员资格;对于农户将土地承包权流转给集体经济组织的情形,农户丧失了土地的经营权,而取得了土地承包权。这应当是三权分置改革下的“三权关系”的正确厘清,法律应按照此逻辑作出用语规范性的调整。确立农户承包权可以消除“增人不增地、减人不减地”所致的代际不公平现象,延续农地的社会保障功能。[63] 集体经济组织成员按照既定的规则与程序参与集体经济组织的管理、运行并取得相应收益。最后,探索承包权自愿有偿退出机制。承包权为身份性财产权的属性决定了其具有一定的社会保障功能,但如果承包权人并不需要该种保障,则可以退出集体经济组织。不过,基于该种权利的财产性质,为鼓励承包权人退出,应对退出主体给予补偿。

2. 不同流转模式下的经营权性质不同。由集体经济组织设定的经营权,性质属于用益物权,法律必须强力保障经营权人对土地的占有权、使用权、收益权能;[64] 而从农户手中直接流转取得的经营权,属于债权,但可经由集体经济组织同意办理登记手续,赋予其物权效力而准予其进行担保融资。经营权人经营期满后,无论经营主体是农户还是本集体之外的人,[65] 流转的农地自动转为集

〔63〕 参见张力、郑志峰:《推进农村土地承包权与经营权再分离的法制构造研究》,载《农业经济问题》2015 年第 1 期。

〔64〕 参见丁文:《论“三权分置”中的土地经营权》,载《清华法学》2018 年第 1 期。

〔65〕 参见陈小君:《“三权分置”与中国农地法制改革》,载《甘肃政法学院学报》2018 年第 1 期。

体,实现集体经济组织所有权的补全,充实集体所有权是三权分置改革“落实集体所有权”的关键一步;无论承包经营户将经营权交回集体经济组织还是其单独自由流转,最终都应实现经营权能回归集体经济组织、补全集体所有权的愿景。因此,无论何种经营权流转,均需对“土地经营权流转合同”进行完善,为经营权人颁发经营权证,为开展土地流转、调处土地纠纷和抵押担保工作等提供重要依据。

3. 立法需要积极发挥农村党组织和集体经济组织在“统”的层面作用。建立引导农民集体完善集体经济组织成员(代表)会议和重大事项公开等民主议事制度,明确土地发包、土地征占用及补偿分配等涉及集体土地重大事项的民主决策程序和内容,用制度保障集体成员的知情权、参与权、表达权、监督权,确保农民集体有效行使集体土地的所有权。稳步开展农村集体产权制度改革,建立健全农村集体经济组织,制定组织章程,构建内部治理机制。鼓励农民集体依法行使监督权,防控土地流转风险。发展股份合作经济和规模化服务,提高其为集体成员服务的能力,增强自身的凝聚力。

《农村土地承包法》(草案第二次审议稿)第64条规定了集体经济组织在土地经营权人违约情形,具有履约监督权与解除合同的权利,比第一次审议稿有了一定进步。[66] 但这还远远不够,应该赋予集体经济组织对土地经营权流转的同意权。其一,赋予集体经济组织的同意权,能够有效解决纠纷。为了保护双方的权益,保障合同的顺利进行,赋予集体经济组织的同意权,能够避免双方扯皮情况发生。其二,“三权分置”改革实践中,经营主体在经营权流转合同中常常要求集体经济组织在流转合同中进行签字盖章予以确认。其三,赋予集体经济组织的同意权,更有利于经营权流转安全。在草案确立经营权流转生效主义物权变动模式下,集体经济组织的同意权,为经营权多重流转确立一道防护墙。

五、结语

党的十九大报告强调:“农业农村农民问题是关系国计民生的根本性问题,必须始终把解决好‘三农’问题作为全党工作重中之重。”作为当下及未来一定时期内解决“三农”问题的重要战略谋断,“三权分置”改革是农村土地改革的又一制度创新,其本质是回应农村如何发展、乡村如何振兴、农民如何富裕等新时期建设的系列严峻问题,而这些问题涉及诸多方面,比如集体产权改革、乡村

---

〔66〕 这也是笔者在全国人大常委会对草案进行第二次审议稿之前通过相关部门提交的意见。

治理、工商资本介入农村的管理、集体建设用地使用权改革、粮食安全风险的防范、新型农业经营主体培育等一系列重大问题。作为农村土地改革的第二次革命,“三权分置”改革的尝试使处于改革开放前沿的上海松江、偏僻贫穷的贵州塘约、较具发展的湖南鹊山模式在三权分置改革前后的强烈对比,[67]充分显示出制度创新带来农村经济发达、农民生活富裕、农村现代化发展的巨大活力,也在实践中印证了只要是符合“三权分置”改革的实践,农村生产力发展、经济富强、兴旺发达就不是一句空话。如果对农村改革中的法律制定与相关理论研究给予关注,就理应对“三权分置”改革的成功实践予以回应,以实现农村经济发展的“统分结合”。《农村土地承包法》(修正案草案)所透露出来的问题,表现出立法者试图通过低成本的方式修改现行《农村土地承包法》,而《农村土地承包法》第36条也对此作出了有限度的回应,但是,立法需要对此进行目的性扩张解释;同时,相关行政法规应该对此进行细化,确保经营权入股能够实现家庭统分经营的需要。

(责任编辑:高飞)

---

〔67〕 松江与鹊山在“三权分置”改革之前都是闻名的“空心村”,农村的主要劳动力都流失,塘约作为贵州省倒数第二的贫困村更不用说,但在“三权分置”改革后,打工的农民愿意回来成为新型职业农民。这些农村现在已经进入现代化农村之路,“农业强、农村美、农民富”早已全面实现。

外国法译评

德国巴伐利亚州征收法*

袁治杰** 译

第一部分　一般规定

第一条　征收目的

1. 依据本法，只有为了实现服务于公共利益的计划才可以实施征收。在此前提下，特别为了实现下述计划可以实施征收：

(1)建造或者改造服务于健康、福利事业或者健身的设施；

(2)建造或者改造服务于中小学校、大学或者其他文化、科学或研究目的的设施；

(3)建造或改造服务于公共供应或废物处理的设施；

(4)建造或改造交通设施；

(5)建造或改造维护公共安全的设施；

(6)为了履行区域、县、镇的职任或者法律所明确规定的联邦、州或其他公法人的任务。

2. 依据本法还可以为了下述目的实施征收：

(1)其他法律明文规定可以实施征收的计划；

(2)为了获得用于征收补偿的安置地；

(3)为了补偿被征收的权利而获得新的权利。

3. 对所有权的内容和限制作出规定的法律条文不受本法影响。

第二条　征收客体

1. 通过征收可以

(1)剥夺土地所有权或在土地上设定负担；

---

* 基金项目：本文系陈小君教授主持的国家哲学社会科学基金重大项目“新时代中国特色土地管理法律制度完善研究”(18ZDA151)阶段性成果。

** 袁治杰，北京师范大学法学院副教授、博士生导师，德国法兰克福大学法学博士。

(2)剥夺或改变土地上的其他物权性权利,或者在这些权利上设定负担(物权);

(3)剥夺那些使得权利人有权取得、占有或者使用土地,或者限制义务人对于土地的使用的权利(对人权);

(4)在本法有规定的情况下,确立相应的法律关系以赋予特定的对人权;

(5)改造或者拆除现存的建筑设施和围栏。

2. 对于土地的从物,以及仅仅基于临时的目的而与土地结合或者被嵌入房屋之内的物,只有依据第6条第4款的规定才可以将征收扩及它们。

3. 为了临时的使用土地可以确立相应的法律关系以赋予特定的对人权。

4. 适用于一宗土地的法律规定同样依照其意义适用于一宗土地的一部分。

5. 适用于土地所有权的规定,只要本法没有特别规定,依照其意义同样适用于等同于土地的权利[1]和依据《住宅所有权法》[2]所规定的权利。

6. 适用于剥夺土地所有权或对土地设定负担的规定依照其意义同样适用于剥夺、改变、建立第1款第2项至第4项所规定的权利,或在这些权利上设定负担。

第三条　征收的许可性

1. 只有基于公共利益的考虑有必要,且该征收目的无法通过可预期的方式达到,特别是无法通过征收申请人自己的土地达成该征收目的时,一项具体的征收才是许可的。

2. 基于第1条第1款和第2款第1项目的的征收以下面两点为前提,即征收申请人:

(1)有证据表明严肃认真地进行了尝试,以合理的条件以自由交易的方式获得该土地,以及

(2)令人信服地表明,该土地在合理的期限内将被用于所规定的目的。

第四条　安置地征收的许可性

1. 为了补偿被征收人而征收安置地只有在如下条件下是许可的,即

(1)依据第14条规定明确对被征收的土地所有权人以安置地进行补偿,且

(2)对于征收受益人不可能或者不可预期其从自有土地提供合适的安置地或者在合理条件下以自由交易的方式获得合适的安置地。

---

〔1〕 等同于土地的权利在法律上被如同土地所有权一样对待,在土地登记簿中也单独登记在第二部分,实践中主要指地上权和房屋所有权,参见 Tilch/Arloth (Hrsg.), Deutsches Rechts-Lexikon, Bd. 2, 3. Aufl., Grundstücksgleiche Rechte 词条。

〔2〕 本译文中凡没有标明系巴伐利亚州法律的,皆为联邦法律。

2. 符合下列条件时土地不得用于安置地补偿：

(1)所有权人，以及针对农、林或其他营业用地享有使用权的人其职业和营业活动有赖于该土地并且出于维持其营业的经济性的利益考虑放弃其土地是不可忍受的；

(2)该土地或者其收益直接服务于公共目的或者第1条第1款和第2款第1项所列举的目的或者被确定服务于上述目的，或者

3. 该土地上建有自用的住宅[3]或小民居[4]之时。

4. 在外部区域[5]的土地，只有当其被以农业或林业经营的方式使用之时，或者服务于《建筑法典》第35条第1款所许可的目的时，才可以被征收用作安置地。

如果原所有权人的土地被征收用作安置地，则不得为了补偿他而进一步征收土地。

第五条　补偿被征收权利而进行的征收的许可性

为了补偿被征收的权利而征收新的权利，只有当第二部分明确规定这种补偿之时才是许可的。如果依据第12条第2款第3句不属于征收受益人的土地被纳入补偿客体，则相应地适用第4条第1款和第2款。

第六条　征收的范围、限制与扩张

1. 一宗土地只有在为了实现征收目的所必要的范围内才可以被征收。如果仅仅在土地上设定负担即可以实现征收目的，则征收应当限于此范围。

2. 如果土地上需要设定地上权时，此时所有权人有权请求代替地上权的设定而剥夺其所有权。如果土地上应该设定地上权之外的其他权利时，当通过该项物权性权利的设定使得该宗土地无法继续按照原有方式或者其他许可的方式被使用，则所有权人有权请求剥夺其土地所有权。

---

〔3〕 依据《第二住房建设法》(Zweites Wohnungsbaugesetz)第9条的规定，自有住宅指一个自然人所拥有的，在其所拥有土地上建筑的不超过两栋住宅的房屋，其中一栋确定由所有权人或者其亲属居住。

〔4〕 小民居在德国法律上指附带小花园和可供农村副业使用的建筑的民居。

〔5〕 内部区域是德国建筑法上的一个特定概念，与外部区域(Außenbereich)相区别，而内部区域和外部区域又与建筑规划区域相区别。在建筑规划区域范围内镇通过制定建筑规划就整个区域内是否可以进行建筑做了明确规定，而内部区域是指那些与已经被建筑的区域有所关联的区域，该区域尚未被一项正式的建筑规划(qualifizierter Bebauungsplan)所规划，但原则上可以进行建筑。外部区域通常被以排除的方式定义，指既非建筑规划所覆盖，亦非内部区域的区域，在该区域原则上不可以建筑，故此常常被称之为远离城市的区域。可参见 Tilch/Arloth (Hrsg.), Deutsches Rechts-Lexikon, Bd. 1, 2, 3. Aufl., Innenbereich 和 Außenbereich 词条。

3. 如果一宗土地或者一片在空间上或者经济上紧密关联的土地的一部分被征收,[6]当剩余的部分土地无法继续按照原有方式或者其他许可的方式被使用,则所有权人有权请求将征收扩大至该宗土地或该片土地的剩余部分。

4. 所有权人有权请求将征收扩大至第2条第2款所规定的客体之上,只要它们因为征收而导致在经济上无法被使用或者无法以其他方式合理变卖。

5. 如果为了临时的使用土地而依据第2条第3款确立了一项法律关系,从而导致无法重新回复到原来的状况或者难以以其他可预期的方式使用土地,因为为此所支付的代价与土地的价值严重不相称,此时所有权人有权请求接收其土地。其他方面则适用本法的相应规定。

6. 依据第2款到第4款所提出的请求应当以书面形式或者在征收机关笔录在案的形式最迟在言辞辩论结束之前提出,或者因为参加人放弃而不举行言辞辩论之时,与放弃声明一起提出。依据第5款提出的请求应当以书面形式或者在征收机关笔录在案的形式,在征收受益人以书面形式告知所有权人其对土地的使用结束之后3个月内提出。

第七条　土地上的准备工作

1. 征收机关的受托人有权在征收申请提交前就进入拟征收之土地,对其进行测量并实施其他必要的准备工作,以评判拟被征收的土地是否合乎目的。基于征收机关的授权项目实施主体及其受托人拥有同样的权能。该授权应该附加期限,可以附加负担和条件,并可以以提供与第3款所规定的预期的补偿等额的担保为条件。所有权人和占有人应当容忍第1句和第2句所规定的措施。房屋只有在房屋所有权人(Wohnungsinhaber)同意时才可以进入。第5句不适用于在工作、业务和停留时间的工作、营业和业务空间。

2. 应当在进入土地前及时书面通知所有权人和占有人。如果所有权人和占有人不明或者查找遇到困难,则可以以在当地通行的公示方式进行通知,但是在第1款第2句的情形下应当获得征收机关的同意。

3. 因此采取第1款所规定的措施导致所有权人或者占有人直接的财产损失,则应由项目实施主体支付补偿金;第8条到第13条相应地适用。如果无法就

---

[6] “一宗土地”在法律用语中有特殊的含义,仅仅指在土地登记簿中具有独立编号的一块土地。参见Tilch/Arloth (Hrsg.), Deutsches Rechts-Lexikon, Bd. 2, 3. Aufl., Grundstück 词条。一片土地,在实践中可能有多种情况,比如几块土地,比如一块土地加另一块土地的一部分,比如一块土地的一部分和另一块土地的一部分等,其关键特点不在于土地登记簿中的编号,而在于其空间上和经济上的一体性。

补偿额达成一致,则由征收机关确定补偿额;在作出决定前应当听取参加人的意见。

第二部分 补偿、回复征收与困难补助

第一节 补 偿

第八条 补偿基本原则

1. 对征收应当给与补偿。

2. 对下列损失应当给与补偿:

(1)因为征收而产生的权利损失;

(2)其他因为征收而产生的财产损失。

3. 补偿权利人(第9条)因为征收而获得的财产利益,在确定补偿额之时应考虑除去。如果对于财产损失的产生补偿权利人与有过失,则相应地适用《民法典》第254条。

4. 对于确定补偿额所依据的土地状况,以征收机关对征收申请作出决定的时间点的土地状况为准。对于提前的占有指定或者提前的占有移交(Besitzüberlassung)则以其生效之时的土地状况为准。

第九条 补偿权利人与补偿义务人

1. 因为征收而导致其权利受到损害并因此种损害而产生财产损失的人,有权请求获得补偿。

2. 征收受益人有义务作出补偿。如果是安置地被征收,则应当由依照第14条第1款第1项或第2项为拟征收土地提供安置地的人作出补偿,只要依据这些条文的前提条件满足之时。

第十条 权利损失之补偿

1. 对因为征收而导致的权利损失之补偿,依据被征收土地或其他客体的交易价值进行。交易价值由调查时点的价格决定,该价格应当是依据土地的属性、其他特性和位置在通常的交易中能够得出的价格决定,不寻常的或者个人的情况不被考虑。

2. 决定性的时点是征收机关就征收补偿作出决定之时。如果补偿在该时间点之前已经作出,则以履行补偿的时间点为准。

3. 在确定补偿额时下述情形不被考虑:

(1)因为即将出现的征收而导致的价值变化。

(2)在将来因为被许可的使用形式发生变化而产生的土地升值,只要这种变

化在可以预见的时间里不能被期待。

(3)在所有权人为了避免征收而本来可以在合理的条件下(第3条第2款第1项)接受申请人提出的购买或者置换要约的时间点之后所产生的升值,除非所有权人对于升值付出了资本和劳动。

(4)在存在建筑变更冻结令(Veränderungssperre)的情况下,未经官方命令或者未经相应主管机关批准而实施的导致升值的变更行为。

(5)如下协议同样不被考虑,当这些协议明显偏离通常的协议,并且相关事实能够令人合理假定,这些协议之所以被作出其目的仅仅在于为了获得更高的补偿。

4. 对于补偿额的确定特别依据下述标准:

(1)在保留适用第3项的前提下,对于一项权利的补偿依据其对于权利人而言直到该权利合法终止之时所具有的价值,该权利使得权利人有权占有或者使用土地或者从土地上获得定期金或者对义务人使用土地构成限制;

(2)对于因为征收而导致无法行使的优先购买权,依据其对于权利人所具有的价值;

(3)对于与另一块土地紧密关联的权利,其价值依据权利人的土地因为该权利丧失或者受到限制而降低的额度为准;〔7〕

(4)对于一块土地或权利所设定的物权性负担,〔8〕依据补偿权人因为其土地或权利设定负担导致的价值减损;这也适用于依据第2条第1款第4项所规定的方式而确立的法律关系。

5. 当土地所有权因为第三人的权利而导致价值减损,该权利被继续维持,或者在另外一宗土地上重新建立或者被单独给予了补偿,则在确定权利损失的补偿额时应当考虑这一点。

6. 对于那些基于公法条款随时可以要求无偿予以拆除的建筑,只有基于公平的考量而有必要的情况下,才予以补偿。如果只有在一定期限之后才可以请求无偿拆除该建筑,则补偿应当依照剩余的时间与全部时间之比来衡量。

第十一条　对于其他财产损失的补偿

1. 对于因征收而产生的其他财产损失,只有当这些财产损失在确定对于权利

---

〔7〕 这里指的主要是地役权,即需役地因为供役地上设定的地役权丧失或受到限制而导致的价值降低,此时该地役权的补偿即依据降低的价值为准,此处依据差额法进行补偿,参见 Molodovsky/Bernstorff, EnteignungsR Bay, Art. 10, Rn. 5.4。

〔8〕 这里主要指的就是在土地上设定地役权导致土地价值减损,尤其服务于能源企业的管道铺设行为,参见 Molodovsky/Bernstorff, EnteignungsR Bay, Art. 10, Rn. 5.5。

丧失的补偿中没有被考量的情况下,才予以补偿。该补偿应该在公正地衡量公众与参加人的利益的基础上作出,特别是

(1)对于原所有权人在履行其职业活动、营业活动或者完成对于他而言具有本质意义的任务时所遭受的暂时或者持续的损失,然而补偿额度以按照相同方式使用其他地块的费用为限;

(2)对于因征收一块土地的一部分,或者一片空间上或者经济上相互关联的土地的一部分从而导致其他部分产生价值减损,或者通过征收一块土地上的权利而导致其他地块产生的价值减损,只要这种价值减损在依据第 1 项确定的补偿中没有被顾及的话;

(3)对于因为征收而导致的必要的搬迁费用。

2. 在第 1 款第 2 句第 2 项的情况下第 10 条第 3 款第 3 项相应地适用。

第十二条 从权利人的权利

1. 物权和对人权[9],依据这些权利可以占有或者使用该土地,或者限制义务人对于土地的使用,只要其与征收目的不相冲突,即可以被继续维持。

2. 当依据第 1 款所标明的物权不会被继续维持之时,应权利人的申请,可以在安置地或者征收受益人的其他地块上设定同样的权利作为原权利的替代。当依据第 1 款所标明的对人权不会被继续维持之时,应权利人的申请,可以在安置地或者征收受益人的其他地块上设定同样的权利作为原权利的替代。当公有交通企业,或者公共电、气、暖、水供应承担者,或者污水利用或清除的承担人,在履行其根本性职能之时依赖于其享有的物权或者对人权,则应其申请应当确立同样种类的权利作为替代;当征收受益人的土地不适于此目的时,可以请求出于此一目的使用其它地块。申请必须在言辞辩论开始之前书面提出,或者在征收机关笔录在案,或者当参加人放弃言辞辩论之时,与放弃言辞辩论的声明一同提出。

3. 只要权利没有被继续维持或者通过新的权利替代,则其应当在土地征收时被单独补偿。

(1)地上权人,养老份额权人(Altenteilsberechtigte)以及地役权人以及对土地的取得享有一定权利的人;

(2)使得权利人有权占有和使用土地的对人权的权利人,但以权利人占有土地为限;

---

〔9〕 所谓的对人权(Persönliche Rechte),实践中最主要指的是承租人的租赁权。

(3)使得权利人有权获得该土地或者限制义务人对土地使用的对人权的权利人。

4.其权利既没有被继续维持,也没有被新权利替代或者单独予以补偿的权利人,在土地征收时有权请求从对于土地所有权给与的补偿款中对其权利的价值给与补偿,只要其权利延伸至该土地所有权。这一点同样适用于其他情形下对因为征收而产生的权利损失或者依据第11条第1款第2句第2项所确定的补偿。

第十三条　金钱补偿

1.除本法另有规定外,补偿以一次性支付补偿金的方式履行。

2.一次性补偿金从被征收所影响的主体对土地的使用受到剥夺或者限制之日起计算利息,以《民法典》第247条所规定的基准利息上浮2个百分点计算年息。

3.对于以地上权的方式对土地设定负担的补偿以地上权孳息(Erbbauzins)的方式履行。

4.应所有权人的申请可以以定期金的方式确定补偿,只要这样进行补偿对于其他参加人是可以忍受的并且一次性支付补偿款对所有权人会产生不可忍受的困难。

第十四条　安置地补偿

1.应所有权人的申请,补偿应以适当的安置地作出,只要他在其职业、营业保障或者为了履行对他而言本质性的使命方面依赖于安置地,并且

(1)征收受益人有合适的安置地供支配,而自身在其职业、营业保障或者为了履行对其而言本质性的使命方面并不依赖于该土地,或者

(2)依照征收机关合乎义务的裁量征收受益人可以以合理的条件自由获得合适的安置地,或者

(3)合适的安置地可以通过第4条所规定的征收被取得。

2.在第1款第1项到第3项所规定的前提条件下,当一块应当被征收的土地上建有自用的自有住宅或者自用的小民居时,应所有权人的申请,补偿应以适当的安置地作出。但如果依据公法上的规范该建筑可以被随时无偿请求拆除时除外。

3.应被征收人或者征收受益人的请求,补偿可以完全或者部分以安置地形式作出,当这种补偿方式依照征收机关合乎义务的裁量,并公正衡量公共利益与相关人的利益的情况下是正当的,并且对于征收受益人而言第1款第1项或者第2项所规定的前提条件存在。

4.对安置地的估值适用第10条的规定。对此,受征收影响的人的其他土地财

产因为获得安置地而获得的超出本款第 1 句所确定的价值的增值部分应被纳入考量。如果安置地的价值低于将被征收的土地,则应当额外确定与该价值差额相应的补偿款。如果安置地的价值高于将被征收的土地,则应当确定,补偿权人应向征收收益人支付相应于价值差额的抵消款(Ausgleichszahlung)。依据第 34 条第 6 款第 1 句规定该抵消款在执行命令中所确定的日期到期。

5. 在补偿以安置地形式作出时,物权或对人权,只要它们没有被继续维持,则应基于权利人的申请完全或者部分依照第 12 条第 2 款确定的标准被替代。当这种方式不可能或者不足以补偿之时,应当对权利人单独以金钱形式给与补偿;这一点对于第 12 条第 4 款所规定的权利人而言,只有当其权利没有被所有权人依据第 4 款所得的额外的补偿款所覆盖之时,才适用。

6. 如果等同于土地的权利,或者依据《房屋所有权法》规定的权利同样适于确保补偿权利人的职业、营业活动和履行对其具有本质性意义的使命,那么也可以向所有权人提供这些权利以代替安置地。所有权人如果拒绝以这些权利作出的补偿,则应以金钱形式作出补偿;第 15 条不受影响。

7. 第 1 款、第 2 款、第 3 款、第 5 款规定的申请应当书面提出或者在征收机关笔录在案,在第 1 款至第 3 款的情况下应在言辞辩论开始之前,在第 5 款的情况下在言辞辩论结束之前提出,或者当参加人放弃言辞辩论之时,与放弃言辞辩论的声明一同提出。

8. 如果所有权人依据第 1 款或者第 2 款有权请求以安置地形式进行补偿,并且在征收受益人同意的情况下在征收程序之外自己获得了安置地或者第 6 款所标明的权利,则他有权请求征收受益人承担为此支出的必要费用。征收受益人仅在其节省费用的范围内承担该费用。如果双方不能就费用承担达成协议,则由征收机关应所有权人的申请在征收决议中作出决定,或者就此作出单独的决议。

第十五条　通过提供其他权利进行的补偿

1. 只要在权衡参加人的利益之后符合公正的要求,基于所有权人的申请,征收补偿可以全部或者部分地在被征收土地或者征收受益人拥有的其他土地上设立共同所有权、等同于土地的权利、《房屋所有权法》规定的权利、或者其他物权的方式确定。对于依据第 1 句确立的权利和被征收土地之间的价值差额相应地适用第 14 条第 4 款。

2. 第 1 款规定的申请应当在言辞辩论结束之前书面提出或者在征收机关笔录在案,或者当参加人放弃言辞辩论之时,与放弃言辞辩论的声明一同提出。

第二节　回复征收

第十六条　回复征收

1. 当征收受益人或其权利继受人没有在规定的期限内(第31条第1款第3项,第32条)将土地用于征收目的,或者在期限前放弃征收目的,则在此范围内被征收的前土地所有权人有权为了自己的利益请求再次征收已经被征收的土地(回复征收)。

2. 在如下情形无权请求回复征收:

(1)被征收人的土地本身也是通过征收的方式获得;

(2)对于该土地的有益于其他人的征收程序已经被启动且被征收的原土地所有权人没有令人信服地表明,他将在合理的期限内按照规定的目的使用该土地;

(3)符合规定目的的使用已经开始,或者

(4)在征收决议不可撤销之后已经经过20年。

3. 回复征收的申请应当最迟在土地使用期限届满之后两年内向征收机关递交。《民法典》第206条和第209条相应地适用。

4. 征收机关有权拒绝回复征收申请,如果该宗土地已经被严重改变,或者补偿全部或主要是以安置地的形式得到保障的。

5. 之前的权利持有者,其权利因为基于本法规定的征收而被剥夺,有权在第1款所规定的前提条件下请求,为了自己的利益,而在原来负有负担的土地上通过征收重新设定相同的权利。如果通过征收使得土地所有权或者土地上的权利被设定了负担,或者确立了第2条第1款第4项规定的法律关系,则在满足第1款规定的前提条件下,所有权人或权利持有者或基于该法律关系而承担义务者有权请求废除该负担或该法律关系。关于回复征收的规定相应地适用。

6. 第三部分所规定的程序相应地适用于回复征收。

第十七条　回复征收的补偿

如果回复征收的请求被准许,则申请人应该向因回复征收受到影响的人因其权利丧失而作出补偿。第8条第2款第2项不适用。对所有权人给与的补偿不得超过第一次征收时候所确定的土地交易价值,但是导致土地价值提升的支出应被纳入考虑。如果申请人在第一次征收中因为其他财产损失而获得了补偿,则他应该退回其所获得的这种补偿,前提是那些财产损失因为回复征收而不再存在。除此之外相应地适用本法关于补偿的规定。

第三节 困难补助

第十八条 困难补助

1. 对于使用租赁人、用益租赁人或者其他的使用权人,其法律关系因为基于本法规定的征收,或者基于项目实施主体的动议通过解除或者协议而被终止,从而导致他们遭受经济上的损失,这些损失对其而言在个人的生活状况、经济方面或者社会方面意味着严重的困难,并且针对这种困难依据本法没有给予补偿也没有通过其他措施得到补偿,此时征收机关可以应申请,基于公正的考虑而确定一项金钱补助(困难补助)。项目实施主体有义务给付困难补助。作为困难补助的形式也可以考虑给与优惠利率或者利率打折的贷款。

2. 困难补助的申请人如果没有或者不采取合理的措施,特别是通过自有或他人资金的投入来防止经济上损失的产生,则无权获得困难补助。

3. 困难补助申请应在合同关系终止之后一年内提出。

第三部分 程 序

第一节 征收程序

第十九条 征收机关

1. 征收由县行政机关负责(征收机关)。[10]

2. 如果有多个县行政机关负责一项项目且将程序统一进行合乎目的,则由他们共同的更高一级行政机关决定具体负责的县行政机关。

3. 州政府被授权可以通过行政法规决定,由哪个机关负责确定针对外部居住区域(Außenwohnbereich,《航空噪音保护法》第 9 条第 5 款到第 7 款)的损害补偿。

---

[10] 巴伐利亚州的行政区划划分为三级,州、区、县,大致对应我国的省级、地级和县级行政区。巴伐利亚州的县下分为镇,但是与我国的镇不同,其镇一级没有行政机关,类似于我国的居委会和村委会,只有自我管理机构。本来依据《建筑法典》第 104 条规定征收应当由更高一级行政机关负责,德国的 16 个州,部分州行政架构为三级,部分州为两级,在三级架构的州征收由区级行政机关负责,在两级架构的州则由州层面的行政机关负责,只有巴伐利亚州是唯一的例外。依据《建筑法典》第 203 条第 3 款规定,州政府可以通过行政法规确定将该法赋予给更高一级行政机关的职权转交由县级行政机关行使,巴伐利亚州政府行使了该项授权。其中的原因大概在于巴伐利亚州作为德国面积最大的州(7 万平方千米),其县级行政机关也已经与具体的征收事项利益关联较弱。

第二十条　征收申请

1. 征收申请应向征收机关提出。

2. 申请人应当连同征收申请一并提交对于项目的评估和征收申请的处理所必要的材料。他尤其必须标明拟征收的客体,必要的时候提交土地登记簿或者地籍簿登记页面和平面图,并应当注明参加人的姓名和地址。

第二十一条　证明

1. 征收机关可以为项目的进行设定下述条件:

(1)证明拥有项目实现所必需的资金;

(2)为可能的征收补偿金提供足额的担保;

(3)提供项目所必需的规划确定决议,或者其他必要的核准、批准、许可、同意。

2. 只有对其履行能力存在有根据的怀疑之时,才可以要求公法人提供担保。

第二十二条　参加人

1. 征收程序的参加人包括:

(1)征收受益人;[11]

(2)所有权人,以及受征收影响的土地登记簿上的登记权人或者预告登记权人,或者在水登记簿上登记的水权人或者拥有一定水权的登记权人;

(3)没有登记在土地登记簿或水登记簿中但却享有权利的权利人,或者对该土地施加负担的一项权利享有权利的权利人,或者从该土地有权获得求偿的请求权人,或者一项对人权的权利人,依据该权利权利人有权取得、占有或者使用该土地或者对该土地的使用施加限制;

(4)如果应当通过征收的方式提供安置地时,则安置地的所有权人及第2项、第3项所涉及的权利人;

(5)受依据第5条所进行的征收影响的所有权人。

2. 第1款第3项所标明的人只有在其权利申报到达征收机关之时起才是参加人。申报最迟可在参加人最后一次言辞辩论之时提出。

3. 对所申报的权利存在疑问之时,征收机关应立即为申报人设定证明其权利存在的期限。自期限经过而证明未果之时起至证明其权利存在之间他不再参加程序。

---

〔11〕 征收受益人通常来说和征收申请人是一致的,但是也存在由受征收影响的人提出征收特别是提出扩大征收客体的情况,为了明确起见,立法者使用了征收受益人的概念,参见 Molodovsky/Bernstorff, EnteignungsR Bay, Art. 22, Rn. 2. 2。

4. 针对土地登记簿中登记的抵押权人、土地债务之债权人或者定期土地债务之债权人,如果发放了证券,则该证券的每一个继受人应征收机关的要求应声明,是否存在其他人取得了相应的抵押权、土地债务债权或定期土地债务债权或对此的权利;此时他应标明具体的取得人。

第二十三条　正式的行政程序

除本法另有规定外,征收程序作为正式的行政程序依照《巴伐利亚州行政程序法》的规定进行。除非本法明确规定书面形式外,在征收程序中《巴伐利亚州行政程序法》第 3a 条不适用。

第二十四条　事实查明

1. 征收机关在查明事实的框架内有权命令:

(1) 参加人亲自到场或者指派有权作出必要声明的代理人;

(2) 参加人提交其占有的文书或者其他材料;

(3) 抵押权人、土地债务债权人、定期土地债务债权人提交其占有的相应的抵押证券、土地债务证券、定期土地债务证券。

2. 征收机关有权在项目前期准备的框架内或者在提前的占有指定生效之前或者在采取其他的与项目有关联的措施之前指令将土地状况笔录在案,只要这对于补偿额的确定具有意义。在土地所有权人要求之时,征收机关应当依照第 1 句指令将土地状况笔录在案。笔录应送达项目实施方和所有权人;参加人有权随时查看笔录。

第二十五条　恢复原状(Wiedereinsetzung)[12]

在恢复原状之后,征收机关有权不作出决定改变因当前程序所导致的新的法律状况,而是直接确定给与补偿。第 8 条到第 13 条相应地适用。

第二十六条　言辞辩论的准备;无言辞辩论的决议

1. 征收程序应当快速推进。征收机关应当在言辞辩论之前将一切要求准备就绪,以便使得程序尽可能在一次辩论中完成。征收机关应当给参加人和相关的官方部门及公共利益承担者给与表达意见的机会。

2. 不同的征收程序可以合并。已经合并的程序可以被分开。

3. 征收机关依据与参加人的言辞辩论作出决议。征收机关传唤其所知悉的参加人参加言辞辩论;征收客体所在的镇可以被传唤。传票应送达。传唤期限为两

---

〔12〕 这是德国程序法上的一个概念,意指非因自身过错而导致错过相应的期限之时可以请求回复至此前期限没有经过之时的状况。

周。为征收机关出具专家意见的专家应当被邀请。《巴伐利亚州行政程序法》第67条第1款第4句到第6句不受影响。

4. 当征收明显不容许时,征收机关在《巴伐利亚州行政程序法》第67条第2款规定的情形之外可以不经言辞辩论直接作出决议。

5. 传票必须包含:

(1)征收申请人的名称和征收客体;

(2)征收申请的实质内容及相关提示,告知征收申请连同附带的材料可以在征收机关或其确定的地点被查看;

(3)一项要求,敦促尽可能在言辞辩论之前针对征收申请向征收机关书面提出可能的异议或将其声明记录在案以及至迟在言辞辩论之时主张可能的权利;

(4)一项提示,即在缺席情况下也可以对征收申请以及程序进行中的其他申请作出决议。

传票应当包含一项针对处分和改变禁令(第27条)和可能的规划确定程序的提示。[13]

6. 基于安置地补偿申请而参加程序的人,对他们的传票,除了第5款规定的内容之外,还必须标明安置地所拟补偿的土地之所有权人及以安置地拟补偿的土地。

7. 征收程序至少应在言辞辩论日前两周在征收客体所在的镇以当地通行的方式公示;这一点不适用于第4款所规定的情形。公示的内容相应地适用第5款规定;首次言辞辩论日期应注明。

8. 如果其他法律规定对征收是否许可的决定由其他机关而非征收机关以特殊决议的形式作出,则只有该特殊决议已经被作出之后才可以传唤和公示。[14]

9. 如果在土地登记簿上登记了强制拍卖或强制执行的命令,且征收程序涉及作为强制执行程序客体的该宗土地之时,则征收机关应告知执行法院征收程序公示的事实。

第二十七条　处分与改变禁令

1. 自征收程序公示(第26条第7款)之日起或者依据第40条、第41条规定的规

---

〔13〕 必须条款(Muß-Vorschrift)是强制性的,应当条款(Soll-Vorschrift)则赋予了行政机关有限的自由裁量权,而可以条款(Kann-Vorschrift)则赋予了行政机关充分的自由裁量权。

〔14〕 这里所谓的其他机关的特殊决议,实际上指行政机关内部的协同性质的决议,最终就征收事项对外作出决议的依然是征收机关。该内部性质的特殊决议是传唤和公示的前提条件,参见Molodovsky/Bernstorff, EnteignungsR Bay, Art. 26, Rn. 9.3。

划确认程序中规划被陈列供查之日起下述行为需经征收机关的书面批准方可进行：

（1）对土地或者土地上的权利进行处分，或者达成协议，使得他人有权使用或者建设土地或土地的一部分；

（2）实施严重改变地表的行为或者其他实质上导致土地升值的改变行为；

（3）虽然无须获得批准但是会导致升值的附属设施的建设行为，或者针对此类附属设施的导致升值的改建行为；

（4）需要获得批准的附属设施的建设或者改建行为。

2. 如果担心第 1 款所规定的处分或改变行为在征收程序公示之前发生，征收机关可以在收到征收申请（第 20 条第 1 款）之时即下达处分与改变禁令。该命令应在征收客体所在的镇以当地通行的方式公示。

3. 此前已经开始的合法的改变行为，维护工作、以及对此前使用的继续使用行为不受影响。

4. 征收机关应请求土地登记部门，在土地登记簿中登记处分与改变禁令。土地登记部门应当通知征收机关所有在禁令生效之后所进行的登记。

5. 作出批准决定之时应听取征收申请人的意见。只有有理由认为计划会导致征收无法实现或者实质上受到妨害或者危及征收目的的实现之时，才允许拒绝批准。如果出售土地或者在土地之上设定地上权或者出售地上权之时的价格高于适用本法所确定的征收补偿原则得出的价格，也是对征收的妨害。

6. 如果征收被许可，则征收受益人有权请求消除对其不利的、没有依据第 1 款获得批准的改变行为或者以金钱获得补偿。对此由征收机关作出决定。

7. 如果禁令持续时间超过 4 年，则应对受影响者因此产生的财产不利给予合理的金钱补偿。第 8 条到第 13 条相应地适用。征收机关应受影响者的申请在征收决议或者单独的决议中确定补偿额。

第二十八条　拘束力

如果在规划确认程序或者其他正式的程序中，针对项目的许可和实现方式作出了对参加人有拘束力的决议，则对于征收程序应以该不可撤销的或者被宣告可立即执行的决议为基础，该决议对于征收机关具有拘束力。针对征收措施不得再提出异议，如果在该程序中已经就该异议作出了决定或者在该程序中已经不得再提出异议。

第二十九条　协议

1. 征收机关应当促使参加人达成协议。

2. 如果参加人在征收程序之外就征收客体的转移或者设定负担达成了协

议,但是没有对征收补偿额达成协议,则应参加人的申请可以继续进行征收程序以确定征收补偿。对该程序适用本节的规定,但有关征收客体转移和设定负担的规定除外。征收机关可以忽略公示(第26条第7款)。

3. 如果参加人在征收程序中达成协议,则征收机关应将协议笔录在案。笔录应当符合第31条第1款的要求。笔录应由参加人签署。参加人的代理人需要有经过公证或官方认证的代理权;对于律师只需要有书面的代理权即可。制作成文书的协议等同于不可撤销的征收决议。第31条第3款相应地适用。

4. 如果参加人在征收程序中仅就征收客体的转移或设定负担达成了协议,但是没有对征收补偿额达成协议,则相应地适用第3款。在协议没有另做约定之时,征收机关应命令向权利人提前支付预期的补偿。除此之外征收程序继续进行;第2款相应地适用。

第三十条　征收机关的决定

1. 在无法达成协议之时,由征收机关就征收申请以及其他的申请作出决议。

2. 应申请征收机关应提前对征收客体的转移或设定负担或者对其他因征收而导致的权利变化作出决定。在这种情况下征收机关应当命令向权利人提前支付预期的补偿。

3. 征收机关同意征收申请之时,应同时决定:

(1)第12条标明的权利人对于征收客体的哪些权利维持不变;

(2)征收客体、安置地或者其他土地上设定何种权利;

(3)设定何种法律关系以确保个人的权利;

(4)在以安置地进行补偿之时安置地所有权的转移或征收。

4. 征收机关的决议应当附有法律救济的释明条款,包括提起诉讼的法院和期限。

第三十一条　征收决议

1. 征收机关同意征收申请时,决议(征收决议)应标明

(1)受征收影响的人和征收受益人。

(2)其他参加人。

(3)征收目的和期限,在该期限内征收客体应用于确定的目的。

(4)因征收而导致的物的变化以及权利变化,也即

a)当土地所有权系征收客体之时:依据大小、土地登记簿、地籍簿或者其他通常的标识所标明的土地;在征收土地的一部分之时,应依据《土地登记簿条例》所规定的材料具体标明;

b)当土地上的其他权利是独立的征收客体之时:依据其内容和符合土地登记

簿的名称标明；

c)如果某项对人权是独立的征收客体之时：依据其内容和法律基础加以标明；

d)如果征收被扩及第2条第2款所规定的客体时：标明该客体；

e)如果在土地上设定某项权利时：在通过合同可以确定的范围内标明其形式、内容，并应标明该权利的位阶、权利人和土地；

f)如果在土地上设定某项对人权时：标明该法律关系的内容和其参与方；

g)在第2条第2款第5项的情形应标明建筑附属设施和围栏。

(5)补偿方式与补偿金额以及第14条第4款第4句和第15条第1款第2句规定的抵消款，并应标明由何人向何人履行；依据第12条第4款规定应当支付给其他受征收影响的人的款项，应当和其他补偿款分开标明。

(6)以安置地进行补偿时依照第4项a目规定的方式标明该土地。

2. 如果土地的一部分无法按照第1款第4项a目规定的方式标明，则征收决议可以依据固定的自然标记或者借助平面图加以标明。在测绘结果产生之后，应以补充决议的方式调整征收决议。

3. 在土地登记簿中登记了强制拍卖命令或者强制执行命令之时，征收机关应告知执行法院征收决议。

第三十二条　使用期限的起延

1. 依据第31条第1款第3项征收客体用于规定目的的期限，自权利发生变化之时起算。

2. 在期限届满前征收机关可以应申请延长，当

(1)征收受益人证明，其未能在规定期限内将征收客体用于规定目的无过错，或者

(2)在期限届满前发生了权利整体继受且权利继受人证明，其无法在规定期限内将征收客体用于规定目的。

在作出延期决定前应当听取被征收的前所有权人的意见。决定应当向此前征收程序的参加人送达。

第三十三条　通过提供其他权利予以补偿的程序

1. 如果对于拟征收的土地所有权人的补偿是以第15条规定的方式进行，而该条所规定的权利的设立、转让或者其交易价值的确定在征收决议作出之时尚不可能，则应所有权人在指明具体权利情况下之申请，征收机关可以在征收决议中除了确定补偿款之外责令征收受益人，在确定的期限内向受征收影响的人以合理的条件提供所标明的权利。

2. 如果在确定的期限内征收受益人未提供所标明的权利,或者其与受征收影响的人无法达成协议,则应当应受征收影响的人的申请为了其利益通过征收从征收受益人处剥夺所标明的权利。征收机关应当确定该权利的内容,只要其可以通过协议明确规定。本法关于征收程序和补偿的规定相应地适用。

3. 依据第 2 款所提出的申请只能在确定的期限经过之后 3 个月内才可以提出。

第三十四条　执行命令

1. 在征收决议不可撤销之时,并且补偿义务人已经支付了补偿金或者以允许的方式在放弃取回权的条件下提存了补偿金之后,应参加人的申请征收机关作出命令执行该决议(执行命令)。

2. 在第 29 条第 4 款规定的情况下,当补偿义务人已经支付了确定的预期补偿款或者以允许的方式在放弃取回权的条件下提存了该款项之后,应参加人的申请应发布执行命令。征收机关可以规定执行命令以补偿义务人额外提供合理金额的担保为前提。

3. 在第 30 条第 2 款第 1 句规定的决定不可撤销之时,相应地适用第 2 款。

4. 在第 31 条第 2 款规定的情况下,当补偿义务人已经支付了依据征收决议连同补充决议所确定的补偿款或者以允许的方式在放弃取回权的条件下提存了该款项之后,应参加人的申请应发布执行命令。补充决议不以不可撤销性为必要。

5. 执行命令应向所有其法律地位受征收决议影响的参加人送达。第 31 条第 3 款相应地适用。

6. 自执行命令中确定的日期起,征收决议中所规定的新的法律状态取代现有的法律状态。同时产生第 31 条第 1 款第 4 项 f 目所确立的法律关系;这些法律关系自此一时刻起视为由参与该法律关系的参与人约定而成。执行命令包含着自确定的日期起对于被征收土地以及安置地的占有指定。

7. 征收机关应向土地登记机关寄送经官方认证的征收决议和执行命令副本,并请求按照权利变化更正土地登记簿。

第三十五条　提存

1. 当存在多个补偿权人,且未能向补偿义务人证明他们对补偿款的支付达成了协议,则应在放弃取回权的条件下提存补偿款。提存应在征收所涉及的土地所在地的地方法院(Amtsgericht)[15]进行;《强制拍卖与强制执行法》第 2 条相应地适用。

---

[15] 德国普通法院系统分为四级,三审终审,分别是地方法院(Amtsgericht)、州法院(Landgericht)、州高等法院(Oberlandesgericht)、联邦最高法院(Bundesgerichtshof)。

2. 如果依据其他规定提存有必要或者是允许的，依照其规定。

第三十六条　分配程序

1. 在新的权利状态下，每个参加人均可以就其对于提存款项所享有的权利针对对此表示异议的共同参加人向法院提起诉讼，或者申请启动法庭分配程序。

2. 受征收所涉及的土地所在地的地方法院负责分配程序；在有疑义的情况下适用《强制拍卖与强制执行法》第 2 条。

3. 在强制拍卖的情况下，有关拍卖收益分配的规定以如下修正的方式适用于分配程序：

（1）分配程序以决议的方式启动。

（2）启动决议送达申请人视为《强制拍卖与强制执行法》第 13 条意义上的查封；如果该地块在强制拍卖或者强制执行程序（Zwangsverwaltungsverfahren）中已经被查封，则该查封继续有效。

（3）分配法院在分配程序启动之时应当依据职权请求土地登记机关寄送《强制拍卖与强制执行法》第 19 条第 2 款所标明的信息；土地登记机关寄送的经过官方认证的登记簿副本应当包含在征收决议送达被征收人之时存在的登记事项以及此后登入的变动和注销。

（4）在程序中第 12 条第 4 款所标明的补偿权人应当按照《强制拍卖与强制执行法》第 10 条的标准予以考虑，然而基于对定期金给付的请求权，则仅考虑至提存时为止。

第三十七条　征收决议的废除

1. 如果执行命令尚未作出，且征收受益人未能在征收决议不可撤销之后 1 个月内支付决议中确定的款项，则可以申请废除征收决议。申请应告知征收受益人。如果征收受益人在被告知废除申请之后 1 个月内没有支付款项，则应当同意申请。

2. 每个未获补偿款支付的参加人或者依据第 12 条第 4 款有权从补偿款获得支付的参加人都有权提出申请。

3. 废除决议应向所有参加人送达并以副本形式通知土地登记机关。

4. 征收受益人应对因为征收决议而产生的所有不利后果给与补偿。征收机关应受影响的人的申请以决议的形式确定补偿的方式和额度。

第三十八条　可强制执行的文书

1. 如下文书可以依据《民事诉讼法》有关民事纠纷判决强制执行的规定进行强制执行：

（1）基于笔录在案的协议而请求履行协议中标明的给付；

(2)基于不可撤销的征收决议请求履行补偿款或者抵消款;

(3)基于第7条第3款,第14条第8款,第18条,第25条,第27条第7款,以及第37条第4款、第40条连同《巴伐利亚州行政程序法》第74条第2款第3句以及第75条第2款第4句所规定的决议。

对于抵消款的强制执行只有在执行命令有效且不可撤销之后方得进行。

2. 强制执行书由征收机关所在地地方法院书记处的书记官签发,如果征收程序进行至法院,则应由该法院书记处的书记官签发。在《民事诉讼法》第731条、第767条到第770条、第785条、第786条和第791条的情况下由征收机关所在地的地方法院代替诉讼法院(Prozessgericht)。[16]

3. 除此之外依据《巴伐利亚州行政送达与强制执行法》所进行的强制执行不受影响。

第二节 提前的占有指定

第三十九条 提前的占有指定

1. 如果拟采取的措施的立即实施基于公共利益的考虑极为紧迫,则征收机关可以应申请,在言辞辩论之后通过决议指定项目实施人占有拟征收的土地,该土地可以为了该项目而被征收。第3条相应地适用于占有指定。决议应当向申请人、所有权人和直接占有人送达。占有指定在由征收机关所确定的时间点生效。应直接占有人的申请,在权衡双方利益之后有正当性之时,应当将占有指定的时间点确定在其收到提前的占有指定决议后至少两周后。

2. 征收机关可以为占有指定决议设定负担、条件和期限,并可以以提供相当于预期的征收补偿额的担保为条件。

3. 通过占有指定占有人的占有被剥夺,被指定人成为占有人。被指定人可以在土地上实施征收所许可的计划,并采取必要的措施。

4. 被指定人应当对因提前的占有指定而产生的财产不利给予补偿,只要该财产不利没有被补偿款的利息(第13条第2款)所抵消。对于补偿的方式和额度由征收机关在征收决议中或者以单独的决议确定,此时第1款第3句相应地适用。对占有指定的补偿在占有指定生效之时到期。

---

〔16〕 诉讼法院,指一项具体的法律纠纷系在的法院,在提起上诉前初审法院即为诉讼法院,上诉后受理上诉的法院即成为诉讼法院。参见 Tilch/Arloth (Hrsg.), Deutsches Rechts-Lexikon, Bd. 2, 3. Aufl., Prozessgericht 词条。

5. 如果提前的占有指定被废除，则应指定此前的直接占有人回复占有。尽管所有权人或者直接占有人提出请求，但是项目实施方在合理的期限内，至迟在6个月内[17]没有提出征收申请，或者征收申请被驳回，或者征收决议被废除，则此时应当废除提前的占有指定。被指定人应当为因提前的占有指定而产生的所有财产不利给与补偿。第4款第2句相应地适用。

6. 基于其所包含的给付义务，提前的占有指定决议，对其的改变或废除，均是第38条意义上的可强制执行的文书。单独的针对占有指定补偿作出的决议同样如此。

7. 第19条，第20条，第21条，第24条，第25条，第26条第2款、第4款、第8款，第28条和第29条第1款相应地适用。

第三节 规划确定

第四十条 规划确定程序

1. 如果一个项目涉及多宗土地，则第41条所规定的主管机关在认为有必要时，且其他法律没有规定规划确定程序或者其他正式的程序之时，可以在征收程序公示之前(第26条第7款)进行规划确定程序。

2. 当其他法律中规定对征收是否许可要由县行政机关以外的其他机关以特别决定的方式作出时，则只有该机关作出了决议之后，规划才得依据《巴伐利亚州行政程序法》第73条第3款的规定陈列供查看(ausgelegt)。[18]

第四十一条 主管机关

1. 听证与规划确定机关是县行政机关。

2. 如果多个县的行政机关都有权主管规划确定程序，则由区政府(Regierung)[19]确定具体的县主管机关，或者自己进行程序。如果多个政府都有

[17] 此处的6个月起算点自项目实施方收到所有权人或者直接占有人的请求之日起算，参见Molodovsky/Bernstorff, EnteignungsR Bay, Art. 39, Rn. 10. 1. 1。

[18] 《行政程序法》第73条第3款及《巴伐利亚州行政程序法》第73条第3款均规定了规划应由镇陈列供查看，用词是 auslegen，不同于公示，指的是将规划在一定时间内陈列在特定地点，供利益相关者查看。在陈列之前就陈列的事实本身则应当公示。至于陈列期间是否每个人都有权查看则存在争议，参见 BeckOK VwVfG/Kämper VwVfG § 73 Rn. 39; Stelkens/Bonk/Sachs/Neumann/Külpmann VwVfG § 73 Rn. 64。

[19] 巴伐利亚州划分为7个行政区，行政区下又有县、市，每个区都有政府，这里所说的政府指的是区一级政府，大体相当于我国地级市的政府，其州层面的政府称为州政府(Staatsregierung，实际上字面看指国家政府，但是我国习惯称为州，因此此处译为州政府)。

权主管规划确定程序,则由住建与交通部决定具体的主管政府。

第四节　费用与参加人的支出

第四十二条　费用

(1)针对依据本法实施的官方行为产生的支出(费用和垫款)依据《巴伐利亚州收费法》收费。

(2)针对第三部分第一节的征收程序和回复征收程序分别收取费用(程序费)。如果申请获准,则由补偿义务人承担费用,否则由申请人承担费用。[20] 如果回复征收申请获准,则由受回复征收影响的人承担费用。《巴伐利亚州收费法》第2条第2款到第4款不受影响。

(3)针对申请废除征收决议的程序在第2款第1句规定之外收取单独的费用。如果申请获准,则由征收受益人承担费用(第9条第2款),否则由申请人承担。《巴伐利亚州收费法》第2条第2款到第4款不受影响。

(4)针对第7条规定的官方行为由项目实施方承担费用。《巴伐利亚州收费法》第2条第2款到第4款不受影响。

(5)第18条规定的申请程序免费。

第四十三条　参加人的支出

(1)参加人在征收程序和占有指定程序中为了合乎目的的权利追索和辩护而支出的必要开支,由征收程序费用的债务人偿还,或者当只进行了占有指定程序之时由占有指定程序费用的债务人偿还。

(2)征收机关应在确定补偿额的决议中确定应向参加人偿还的支出,或者在经过申请后存在合理的利益之时由单独的决议确定。当该单独决议不可撤销之后,则可以适用《民事诉讼法》关于费用确定决议的规定进行强制执行;第38条第2款相应地适用。

(3)参加人为专家支付的开支,仅在征收机关按照相关条文规定给专家确定的补偿标准的范围内才可以偿还。

(4)如果征收申请被驳回或者撤回,或者以其他方式结束,则可偿还的支出的标的价值依据征收申请事先所确定的补偿确定。不允许仅仅为了确定标的价值而进行证据调查。只进行了占有指定程序之时,相应地适用第1款和第2款。

---

[20] 补偿义务人通常是征收受益人,虽然大多数情况下同时也是征收申请人,但在有些情况下征收申请人可能是被征收人自己。

第五节 法律救济

第四十四条 法律救济[21]

(1)针对补偿额、除第 18 条规定的困难补助之外的抵消款,以及参加人支出费用偿还的争议应向普通法院提起诉讼。

(2)除此之外,在没有其他规定之时,应向行政法院提起诉讼。在《巴伐利亚州行政程序法》第 70 条和第 74 条第 1 款第 2 句规定的情形之外,在第 34 条和第 39 条规定的决定中同样无须行政诉讼法规定的前置程序(《行政诉讼法》第 68 条)。

(3)针对执行命令的正式的法律救济,只要表明执行命令构成独立的法律损害,则也是允许的。

第四十五条 普通法院的程序

(1)起诉由州法院管辖,不考虑争议标的金额高低。地域上由被请求之标的物所在区的州法院专属管辖。

(2)起诉应在征收决议送达后 1 个月内提起。如果单独的决议是诉讼的客体,则起诉应在该决议送达后 1 个月内提起。该期限是《民事诉讼法》意义上的紧急期限(Notfrist)。

(3)在普通法院的法律争议在补偿权人和补偿义务人之间进行。如果法律争议涉及的是抵消款或者参加人支出费用偿还时,同样如此。

(4)法院可以基于职权命令进行证据调查并在听取参加人意见之后有权考虑参加人没有提出的事实。

(5)原告出席言辞辩论之时,即使其他参加人之一没有出席,也可以进行口头辩论。针对在此之前的言辞辩论中提出的申请,即使本次该参加人没有出席,也可以依据卷宗裁决。原告没有出席言辞辩论之时,每个其他参加人都有权申请依据卷宗作出裁决。《民事诉讼法》第 332 条至第 335 条,第 336 条第 2 款和第 337 条

[21] 《德国基本法》第 14 条第 3 款第 4 句规定,针对征收补偿额度而产生的争议由普通法院管辖,所谓的普通法院就是民事法院,但是除了补偿款之外其他的决议都属于行政行为,显然应该向行政法院起诉,并当然应当适用行政诉讼法。这就导致对同一事项,有可能要向不同的法院提起诉讼。为了避免这种不利后果,《德国建筑法典》采取了折中措施,其第 217 条和第 221 条规定应当向州法院建筑庭提起诉讼,建筑庭比较特殊,由三位法官组成,其中两位是普通法院法官,一位是行政法院法官,且庭长必须是普通法院法官。整个诉讼除另有规定外适用民事诉讼法,但与民事诉讼不同,建筑庭法官有权依职权进行证据调查,并可以考虑当事人没有提交的事实。联邦宪法法院判决认为此种规定合乎基本法规定(BVerfGE 4387)。巴伐利亚州和巴登符腾堡州则没有追随《建筑法典》中的模式,依然保留了之前的二元分裂模式,对征收决议和征收补偿额争议向不同法院提起诉讼。

相应地适用。除此之外关于缺席判决的规定不适用。

(6)法院应向征收机关寄送判决或调解协议文本。

第四十六条　法庭调解

在法庭调解的情形下第29条第3款、第4款和第34条第2款相应地适用。

第四部分　结束规定

第四十七条　基本权限制

基本权中的住宅不可侵犯性(《基本法》第13条、《巴伐利亚州宪法》第106条第3款)受到本法限制。

第四十八条　动产征收

在其他法律中规定对动产的征收适用本法之时,则相应地适用第3条、第6条、第8条至第13条、第16条、第17条、第19条至第26条、第29条至第39条及第42条至第47条,只要这些条文可以适用于动产。与第45条第1款第2句不同,此时在地域上由行政行为作出地的区的州法院管辖。

第四十九条　其他法律中的补偿条款

如果其他法律参引本法关于补偿的规定,则相应地适用第8条至第13条规定。对于普通法院的诉讼程序适用第45条。

第五十条　违法行为(Ordnungswidrigkeit)

将服务于第7条所规定的前期准备工作的杆、桩或者其他的标记拿走、改变、挪动或者使其模糊不清,可被处以罚款。

第五十一条　已经启动程序的进行

在本法生效前已经提出的征收申请程序,依据此前的法律继续进行。如果征收机关尚未确定补偿额,则应适用本法关于补偿和困难补助的规定。

第五十二条　(修改条款)

第五十三条　(客体不存在)

第五十四条　生效

(1)本法自1975年3月1日生效

(2)及(3)(客体不存在)

(责任编辑:耿卓)

评论综述

英国土地信托法研究回顾与展望*

蒋　涛**

| 摘　要 |

作为英美财产法的典型制度代表，英国土地信托制度对于准确理解、比较和借鉴英美财产法与土地法具有重要的基础性意义。但综观目前中文学界，对土地信托的内容较为匮乏，甚至概念都存在较大的认识偏差，亟待正本清源；而英文文献对英国土地信托法的研究又失于分散，不利于大陆法系的比较与借鉴。本文分析回顾关于英国土地信托法之国内外研究成果，认为在以下问题上值得进一步深入：一是英国土地信托制度作为起源于封建时代的法律制度，其适应现代社会需要的现代化进程，秉承何种基本精神和经验，对我国农地、物权法、信托法改革的借鉴意义；二是土地信托财产权与大陆法系物权法基本原则和制度的融合问题。

| 关键词 |

英国土地信托法　双重所有权　大陆法系　物债二元

| 目　次 |

---

* 基金项目：本文系国家社科基金重大项目“新时代中国特色土地管理法律制度完善研究”（18ZDA151）的阶段性成果。

** 中南财经政法大学副研究员、法学博士。

一、引论

信托起源于土地,而土地的信托起源于英国。英国土地信托法在世界法律制度中具有重要的地位和价值,它是英美法尤其是英美财产法的典型和代表,是英国土地法、信托法的重要组成部分,是现代信托制度、特别是家庭信托的原型,是英国处理地产共有、地产继承等问题的基本法律制度,正如英美法系学者所指出的:正因有信托制度,英美财产法才无须引入大陆法系某些民法技术和民法理论[1],信托是英美法律师看待财产法的重要的方式之一,在当代这种方式无处不在,在任何情况下,只要财产的所有人被认为对财产主张不受限制的受益权是不合适的,英美法就会主张该财产是被其以信托的方式持有的,[2]英国财产法(很多方面)的现代化改革完全可以采用其他的方式,但是事实上,是信托在这一过程中起到了主要作用。[3]

近年来,在农地改革的背景下,国内也出现了所谓的“土地信托”或称“农地经营权信托”,这种信托的性质是信托抑或租赁,在国内法学界有不同的看法。为了解答这一问题,有必要回溯至土地信托的起源国——英国来做出考察:土地信托的本源是怎样的?在英美法和英国经济社会中具有什么作用和地位?起源于封建社会、具有数百年历史的土地信托法律制度,它是如何适应现代复杂的经济社会发展需要的?在英国经济社会中起到了什么作用,有何基本精神和基本经验?

我国继受了源自大陆法系的物权概念和物权法,也就秉承了大陆法系的基本法律技术;加上我国独有的本土性特征,那么源自英美法系的土地信托制度,与大陆法系民法原理是否可兼容?是否真如有些学者所说,信托双重所有权与一物一权相冲突而不可调和?[4] 面对我国新时代的物权问题、农地改革问题、信托问题以及家庭财富传承问题在法律制度层面的挑战,土地信托制度是否有借鉴价值?

要进行深入研究,必须对这些基本问题进行论述清楚。但综览国内的文献资

---

[1] F. W. Maitland, “*Introduction*” *in O. v. Gierke*, Political Theories of the Middle Age, 1900; Maitland, “Trust and Corporation” in his Selected Essays (1904; eds. H. D. Hazeltine, G. Lapsley and P. H. Winfield). In Roger Cotterrell, “Power, Property and the Law of Trusts: A Partial Agenda for Critical Legal Scholarship”, *Journal of Law and Society*, Vol. 14, Issue 1, 1987, pp. 84-85.

[2] Alastair Hudson, *Equtity and Trusts*, 7th edition, London and NewYork, Routledge Taylor & Francis Group, 2013, p. 68.

[3] Austin W. Scott, “Trust as an Instrument of Law Reform”, *Yale Law Journal* 31, 1922, pp. 17-18.

[4] 周小明:《信托制度:法理与实务》,中国法制出版社2012年版,第41页;李培锋:《英美信托财产权难以融入大陆法系物权体系的根源》,载《环球法律评论》2009年第5期;王利明:《一物一权原则探讨》,载《法律科学》2009年第1期。

料,在介绍土地信托域外经验的时候,一般集中于日本和美国,英国土地信托罕有提及,导致国内学界对英国土地信托在其概念界定、价值功能等方面存在相当误解甚至错谬。基于此,本文希望对英国土地信托法的研究现状进行总结分析,厘清错误认识,正本清源,从而为这一制度的比较借鉴提供理论储备和研究基础。

二、中英文文献对英国土地信托的概念界定

(一)土地信托之称谓:中文文献中的认识误区

研究英美土地信托的中文成果非常少,且基本是介绍美国土地信托的,鲜有系统介绍英国土地信托者。更重要的是,国内介绍英美土地信托(主要是美国的土地信托)的中文文献,[5]大多建立在对英文"land trust"之误解的基础上;其所介绍的美国土地信托,实际是指英文文献中的"land trust";望文生义地将英文文献中的"land trust"等同于土地信托(以土地为信托财产的信托)。事实上并非如此。美国一般情况下的"land trust"并不是真正意义的信托,而是以保护环境等目的而设立的公益组织,或者是指伊利诺伊州土地信托。关于这里的误解和混乱,亟待正本清源。

在英文文献中,"land trust"不当然指以土地为信托财产的信托,有时指以土地保育维护为目的的法人团体,有时指特殊类型的信托,典型的以土地为信托财产的民事信托,未必称呼为"land trust"。[6] "land trust"一般是作为专有名词而出现,其主要用来指涉如下两种情况:

(1)指保护耕地和自然资源为目的的非营利性组织,[7]为保护土地而取得土地权益并持有土地权益的公共(public)或者私有的慈善组织。也叫作土地保存或者保护信托。[8] 此处的"Land trust"不一定符合法定的信托条件,即不一定是(典

[5] 刘光祥:《土地承包经营权信托流转主要法律问题研究——以中信农村土地承包经营权集合信托计划1301期为例》,载《时代法学》2014年第5期;刘志仁:《农村土地保护的信托机制研究》,中南大学博士论文;姚升:《美国、日本土地信托流转模式及启示》,载《世界农业》2015年第11期;岳意定、刘志仁、张璇:《国外农村土地信托:研究现状及借鉴》,载《财经理论与实践》2007年第2期;岳意定、王琼:《我国农村土地信托流转模式的可行性研究即构建》,载《生态经济》2008年第1期;邓纲:《我国农村土地信托制度构造研究》,西南政法大学博士学位论文2019年版。

[6] 谢哲胜:《信托法》,台北,元照出版有限公司2009年版,第261页。

[7] Marc Campopiano, *The Land Trust Alliance's New Accreditation Program*, Ecology Law Quarterly 2006 (33), p. 902; Jessica E. Jay, *Land Trust Risk Management of Legal Defense and Enforcement of Conservation Easements: Potential Solutions*, Environmental Lawyer, 2000(6), p. 446.

[8] Karen M. Weubbe, *The California Farmland Trust: The Proposal to Balance the Rural and Urban Land Use Needs of Californians*, Unverstiy of San Francisco Law Review, 1984(18), p. 177.

型意义的)信托,它可以是公共机构、法人组织、慈善信托或者慈善法人等形式。[9] 这种概念和实践在英国和美国的基本意思都是相同的。

"land trust"的另一种含义专指伊利诺伊州土地信托,这种法律关系中,地产权所有人将土地所有权转让给受托人(银行或金融机构),受托人完全在受益人的指示和控制下管理地产,包括改良、出租及出售,信托到期后,受托人出售土地、出售所得在受益人中间分配。它发轫于 19 世纪末 20 世纪初的伊利诺伊州,[10] 该州大量的地产都应用了伊利诺伊州土地信托。据统计,截至 2009 年,美国已有十余个州也认可并使用了伊利诺伊州土地信托,如弗吉尼亚州(Virginia)、佛罗里达州(Florida)、南达科他州(South Dakota)、印第安纳州(Indiana),明尼苏达州(Minnesota)、加利福尼亚州(California)、夏威夷州(Hawaii)、田纳西州(Tennessee)、乔治亚州(Georgian)、亚利桑那州(Arizona)、阿肯色州(Arkansas)等。[11] 这一制度功能多样,包括保护隐私、规避不动产税(因受益人权益被认为是动产而非不动产)等。[12] 由于受托人必须按照受益人指示管理处分土地,有学者指出,伊利诺伊州土地信托准确的名称应该叫作"所有权持有信托"(title holding trusts)。[13] 不过,鉴于受托人的责任是完全消极的,美国大部分州并未承认其合法性。正如美国学者所言,伊利诺伊州土地信托不是经典的信托形式,因为绝大部分所有权内容都保留给了受益人,受益人实际上保持了所有的财产控制和管理权。[14]

美国信托法的权威文献《信托法重述(第三次)》一书明确表示,"land trust"等打着信托标签的法律设计或者法律关系,在一定程度上借用信托这一法律概念,但

---

〔9〕 Karen M. Weubbe, *The California Farmland Trust: The Proposal to Balance the Rural and Urban Land Use Needs of Californians*, Unverstiy of San Francisco Law Review, 1984(18), p. 177.

〔10〕 一般认为其起源于马萨诸塞州商业信托。See David J. Lanciotti, *Modern Land Trust Practice*, Springfield, Illinois Istitute for Constinuing Legal Education, 2015, pp. 1-3; Brown, Steven C. *R. Kill the Dummy: The Land Trust Alternative to the Nominee Conundrum*, Cumberland Law Review, 1989 (19), p. 270.

〔11〕 Julius J. Zschau, Ulysses Clayborn and Andrew M. O´Malley, *Using Land Trusts to Prevent Small Farmer Land Loss*, Trust and Estate Law Journal, 2009(44), pp. 557-566.

〔12〕 Pryde, James, *Is Land Trust Truly a Trust? Gift Tax and Broader Implications*, University of Illinois Law Review, 1982(2), pp. 503-504.

〔13〕 William B. Garrett, *Recent Developments in Illinois Land Trusts Land Law*, DePaul Law Review, 1961 (2), pp. 467-468.

〔14〕 Julius J. Zschau, et al., *Using Land Trusts to Prevent Small Farmer Land Loss*, Real Property, Trust and Estate Law Journal, 2009(3), p. 540.

就该《信托法重述(第三次)》所使用的术语“信托”(trust)而言,他们并不是信托。[15]因此,不能望文生义的认为“land trust”就是信托,是受信托法调整而关于土地的信托。

(二)英文文献中的关于土地信托之表达

既然英文中“land trust”一般并非指土地信托,那么,英文中土地信托究竟是如何表达的?考诸英文文献(尤其是英国土地信托的文献),其关于土地信托的称谓比较复杂。在英美两国,土地信托有两种表达方式:“land trust”和“trusts of land”。这两种表达偶尔可以通用,但一般情况下是有区别的:如前所述,前者是一个有专门意义的概念,一般不是指以土地为信托财产的土地信托(甚至不是能算做传统意义上的信托);后者才是一般意义上的土地信托,即以土地为信托财产的信托。

在20世纪80年代英国法律委员会提出对土地信托(trusts of land)进行改革之前,英文文献中罕见“trusts of land”的做法,此间指涉土地信托的法律名词包括:“trust for sale”“strict settlement”以及“bare trust”。这是英国《财产法1925》(the Law of Property Act 1925)改革所确立的三种土地信托形式。[16] 在《财产法1925》改革之前,这几种土地信托形式都已经存在。但由于缺乏统一的称谓,法律适用和法律研究存在诸多不便。

有鉴于此,英国法律委员会提出要统一土地信托的概念和形式,并获得立法通过。在20世纪80年代,英国法律委员会发表了第181号法律报告《地产转让:土地信托》,[17]提出用“trusts of land”统称上述三种形式的土地信托,以该报告为基础,《土地信托和受托人任命法1996》(The Trusts of Land and Appointment of Trustees Act 1996)[18]于1997年1月1日正式生效,从立法上认可了统一的土地信托概念和形式:这就是“trusts of land”。

总结一下:在英美两国,“trusts of land”是指信托财产是土地或者包含土地的信托。从上文可知,在英文文献中,“land trust”不一定指的是信托。但“trusts of land”一定指的是土地信托。

---

〔15〕 The American Law Institution, *Restatement of the Law Trusts*, Volume 1. Washington D. C: American Law Institute Publishers, 2003, p. 64.

〔16〕 R. E. Megarry and H. W. R. Wade, *The Law of Real Property*, London: Steves and Sons Limited, 1957, p. 413.

〔17〕 The Law Commission, *Transfer of Land, Trusts of Land* (*Law Com. No.* 181), London: Her Majesty's Stationery Office, 1989.

〔18〕 The Trusts of Land and Appointment of Trustees Act 1996.

美国学者专门研究"trusts of land"的文献非常少见,而是融合在信托法中一起论述,信托法的一般规则都能适用于土地,只有在"trusts of land"有区别于其他信托时候,才会专门论及"trusts of land"。例如,《信托法重述(第三次)》没有专门的章节论述"trusts of land",但"信托财产可以是不动产和动产"。[19] 在美国有关信托法的专著中,确有专设一章论述"trusts of land"者,但重在讨论各州土地信托法律的冲突。如《法律冲突中的信托:法律效力、信托的构建、信托的管理与税收》一书中,设专章论述了各州关于"trusts of land"法律冲突中的适用规则。[20] 还专设一节论述"trusts of land"者,如《家庭财产法判例和材料:遗嘱、信托、地产》设专节论述《生前有效土地信托(trusts of land)防止欺诈法》,主要论述美国大多数州要求土地信托设立要以书面形式。[21] 美国还有少量学术论文论述"trusts of land",但其内容也仅限于土地信托设立的书面手续问题。

在英国学者的研究中,有少部分信托法的专著会以专章(一般为1-2章)论述"trusts of land",但是现代不动产法和土地法的专著都会以较大的篇幅(一般为3章以上)介绍"trusts of land",此外还有一些期刊学术论文以不同的角度专题论述"trusts of land"。

如前所述,在英国法律界,20世纪八九十年代以后,才在将土地信托统称为"trusts of land",之前是包含不同的信托类型,即"trust for sale""strict settlement"和"bare trust"。以下分别论之。

1. "strict settlement"及其与土地信托的关系

由于英文文献和英国法律史上,在相当长的时间里,土地信托被包含在"strict settlement"这一法律概念中,以致有英国学者指出,"strict settlement"就是土地信托[22]。因此,有必要考察这一概念与信托的关系。

(1)"settlement"与"strict settlement"

在英国法律史的历史长河中,"settlement"与"strict settlement"是两个不同的概念。中文学界往往将二者混同,对二者的概念和关系的理解和表述含混不清,亟待

---

[19] The American Law Institution, *Restatement of the Law Trusts*, Volume 2. Washington D. C: American Law Institute Publishers, 2003, p. 172.

[20] Walter W. Land, *Trust in the Conflict of LawValidity, Construction, Administration and Taxation of Trusts: What Law Governs*, New York: Baker, Voorhis & Co., 1940, pp. 22-42.

[21] Thomas P. Gallanis, *Family Property Law Cases and Materials on Wills, Trusts, and Estates*, St Paul: Foundation Press, 2014, pp. 509-511.

[22] Kate Green, *LIB, PhD, Land Law*, *Macmillan Education*, 1989, p. 161; Alastair Hudson, Equtity and Trusts, 7th edition, London: Routledge Taylor & Francis Group, 2013, p. 74.

有所改进。本文以一手英文文献为依据,对二者的关系概括如下。为了论证方便,在赋予其中文译名之前先使用英文原文。

"settlement"这一法律术语在17世纪中期就存在,这要早于"strict settlement"的形成。"settlement"的形式多样,[23]一般是在地产人之子女结婚时设立,有授予其女儿和小儿子的,也有授予其长子的,分述如下:第一,婚姻嫁资土地授予(maritagium):作为父亲的地主在其女儿或者小儿子结婚时将自己的小部分土地授予他(她),目的是让受赠人受益,这种授予意在分配土地而非保持土地完整,"strict settlement"并非由此种"settlement"发展而来。[24] 第二,授予其长子的"settlement"。由于20世纪之前英国奉行长子继承,因此大部分或全部的土地都会授予长子继承。"Strict settlement"是由规避寡妇地产(dower)[25]的"settlement"发展而来的,由于寡妇地产影响家族地产传承的完整性,因此授予长子的"settlement"就非常有意义。[26] 由此看来,并非所有形式的"settlement"都发展成strict "settlement"。

在17世纪中期,在信托制度介入"settlement"之后,产生了"strict settlement",也就是说"strict settlement"是包含并应用了信托制度的"settlement"。

从概念外延来看,"strict settlement"是"settlement"的一种形式,"settlement"既包括"strict settlement",还包括其他形式。一个佐证是,根据邦菲尔德所著的《婚姻授予:1601-1740:严格授予之继受》(marriage settlement,1601-1740:The Adoption of The Strict Settlement)一书中的统计,在17世纪中期"strict settlement"产生之后,不含信托的"settlement"并未消亡,在实践中仍然有应用,占比在20%左右。[27] "Strict settlement"在17世纪中期形成后,虽然历经改革发展,目前仍然存在,由《已

---

〔23〕 Sir John Baker et al., *The Oxford History of the Laws of England*, *Volume VI*,. London: Oxford University Press, 2003, pp. 687-692.; Lloyd Bonfield, Marriage Settlements, 1601-1740: The Adoption of the Strict Settlement, Cambridge: Cambridge University Press, 1983, pp. 46-50.

〔24〕 Eileen Spring. Law, *Land & Family Aristocratic Inheritance in England*, 1300 *to* 1800, Chapel Hill & London: The University of North Carolina Press, 1993, pp. 130-131.

〔25〕 寡妇产(dower),根据中世纪英国的普通法,寡妇有权获得其亡夫生前占有的自由保有地产的三分之一,且不因为丈夫的转让行为而被剥夺,这使得地产流通十分不便。1535年《用益权法》(Statute of Uses)规定寡妇可以在寡妇地产和寡妇授予产之间选择,仍然未能消除上述不便。参见薛波主编:《元照英美法词典》,法律出版社2003年版,第441页。

〔26〕 Eileen Spring, *Law*, *Land & Family Aristocratic Inheritance in England*, 1300 *to* 1800. Chapel Hill & London: The University of North Carolina Press, 1993, pp. 132.

〔27〕 Lloyd Bonfield, Marriage Settlements, 1601-1740: The Adoption of the Strict Settlement. Cambridge: Cambridge University Press, 1983, pp. 86-92.

授予地产法1925》(The Settled Land Act 1925)加以规范；但根据《土地信托与受托人任命法1996》(Trusts of Land and Appointment of Trustees Act 1996)，已经不能设定新的"strict settlement"(个别情况除外)，但该法生效前既存的"strict settlement"仍然有效。

明确以上澄清之后，我们再来看对"settlement"的中文翻译以及对其研究情况。

"Settle"在英文中具有财产授予转让的意思，"settlement"则指财产的授予、转让、设定。〔28〕考诸民商法法学界和法律史学界对"settlement"的中文研究较少。关于"settlement"的中文译名，主要有以下几种：第一，"定序授产"。〔29〕第二，"财产授予"。〔30〕第三，"家族授产制"，指不动产转让律师(conveyancer)为满足地主控制家族地产的需要设计出来的复杂的法律规则。〔31〕第四，"家产析分契约"，〔32〕但该文未单独定义"settlement"，从文中的表述来看上述译名是指"strict settlement"。第五，"家庭限嗣授产制"。限嗣授产的理想模型可以总结为：土地所有者把长子设定为终身权益享有者，长子又把长孙设定为终身权益享有者，以此类推，惠及后代。限嗣授产通常在长子结婚前签署，被称为婚姻授产契，同时英国法律反对永恒性，一份地产只限于与三代人相联系，即：父亲、长子和未出生的长孙(21岁前)。作者明确指出，其家庭限嗣授产制指的是"strict settlement"。但其同时指出，工业化时期，信托制度是家庭限嗣授产制的核心内容。〔33〕限于研究视角，该书并未清晰界定其概念和法律结构。第六，"严格定序授产"。〔34〕此文将"strict settlement"定义为严格定序授产。并认为其发端于13世纪，完善于17世纪，显然是将"strict settlement"与"settlement"等同。第七，"限定授予财产契据"；而"strict settlement"被翻译为"严格限定土地契据"。〔35〕

上述研究的研究者对"settlement"赋予了不同的中文名称，各成一家之言；但

---

〔28〕薛波主编：《元照英美法词典》，法律出版社2003年版，第1250页。

〔29〕高富平、吴一鸣：《英美不动产法：兼与大陆法比较》，清华大学出版社2007年版，第187页；吴一鸣：《英美物权法的大陆法系解读》，华东政法大学民商法学2010年博士学位论文。

〔30〕[英]劳森、伯纳德·冉得：《英国财产法导论》，曹培译，法律出版社2009年版，第115页。

〔31〕咸洪昌：《英国土地法律史——以保有权为视角的考察》，北京大学出版社2009年版，第343页。

〔32〕陈志坚：《论"家产析分契约"的性质和作用——兼评英国家庭史研究中的"变革与延续之争"》，载《世界历史》2008年第4期。

〔33〕郭爱民：《多视角透析工业化时期英国的土地流动与经营》，中央编译出版社2018年版，第125~136页。

〔34〕冉群超、杨晓敏：《雪莱——"严格定序授产"制下的个案研究》，载《河北师范大学学报》(哲学社会科学版)2014年第3期。

〔35〕[英]劳森、拉登：《财产法》，施天涛等译，中国大百科全书出版社1998年版，第259页。

结合本文之前的历史考察,以及“settlement”和“strict settlement”的区分,笔者的建议是:“settlement”是指地产主将地产在家庭成员中按照时间的顺序进行分配的方案,因此可以译为“家族地产授予”;而“strict settlement”是指富裕的地产家庭通过设定信托的方式,通过限制每一代人的处分权,将祖传地产在家庭成员中按照时间的顺序完整地进行传承的方案。[36] 因为有了信托的保护,这种地产授予无法被破坏,这也就是它为什么被称为“严格授予”(strict settlement)。鉴于此,笔者认为可以将“strict settlement”译为“严格家族地产授予”。严格家族地产授予是采用了信托的家族地产授予,二者是有明确区分的,后者包含前者,前者是后者的一部分。

(2)严格地产授予(strict settlement)

严格地产授予是土地信托的一种形式,阿拉斯泰尔·哈德逊(Alastair Hudson)在著《衡平法与信托法》的一书中写道:“17~19 世纪家族信托的形式是复杂的严格地产授予。”[37] 作为英国信托法权威专家、南安普顿大学衡平法和财产法教授、国家教学研究员、皇家学术委员会委员、高等教育学术委员会委员、林肯律师协会律师,以上论述的权威性自然无须质疑。此论述亦可参见 Lionel Smith:“在 17 世纪,普遍且典型的、范式的信托是家族土地授予(family settlement)的信托。”[38] 现代英国关于不动产法和土地法的教材和专著一般都将“strict settlement”放在土地信托范畴内进行论述。本文认为,为了论述的方便,也为了有别于其他信托,可以将“strict settlement”称为“土地授予信托”或“家族土地授予信托”。

2. “trust for sale”和“bare trust”

(1)土地出售信托(trust for sale)

土地出售信托首次出现于 14 世纪,此时的土地出售信托是立遗嘱者用来偿还他们债务,土地被留给他们的遗嘱执行人(executor),后者以信托的形式持有,目的是出售信托土地且用出售的收入来偿还立遗嘱者的债务。在早期,信托土地的购买者只有在确保销售收入按照委托人的指示使用的情况下,才能不受衡平法权益的约束。[39] 正如学者所言,受托人具有出售信托土地的义务且为了受益人而以信托的形式持有销售收入,这种信托早在 16 世纪就已经存在。[40]

---

〔36〕 Sir John Baker et al. ,*The Oxford History of the Laws of England. Volume XII*(1820–1914),London:Oxford University Press,2010,p. 80.

〔37〕 Alastair Hudson,*Equtity and Trusts*,7*th dition*,London:Routledge Taylor & Francis Group,2013,p. 74.

〔38〕 Lionel Smith,“Constructive Trusts and Constructive Trustees”,*Cambridge Law Journal*,58,1999,p. 298.

〔39〕 J. G. Riddall,Land Law,Seventh Edition,London:LexisNexis UK,2003,p. 149.

〔40〕 J. G. Riddall,Land Law,Seventh Edition,London:LexisNexis UK,2003,p. 141.

随着城市化进程的加快,加之社会对土地自由处分需求的增强,为了满足地产主和市民对家庭土地财富的不同需要,掌握土地交易的不动产转让律师(Conveyancer)努力改进土地信托,在他们的努力下,18世纪至19世纪的土地出售信托(trust for sale)得以兴起和繁荣。1926年《剑桥法律杂志》上发表了莱特伍德(John M. Lightwood)的文章《出售信托》,该文指出:为了促进财产处分,不动产转让律师发明了众多不同的法律工具,而其中土地出售信托是最有用的,而且其用途被《财产法1925》大大拓展了。[41]

《财产法1925》改革之前,土地出售信托是有判例法界定的,1925年《财产法》给土地出售信托进行了一个立法的界定,第205(1)条(xxix)规定:

"出售信托,就土地而言,是指立即生效的出售信托,不论是否需应经任何人的要求或同意才能行使。"[42]

在《财产法1925》之后,至1997年《土地信托和受托人任命法1996》之前,土地出售信托是英国土地信托的主要形式之一,并且是最重要的一种土地信托形式,因为该法规定:只要两人以上对土地同时共有,则拟制产生法定的土地出售信托。[43]

(2)简易信托(bare trust)

这也是《财产法1925》规定的三种土地信托形式之一,这种土地信托是指受托人持有或者管理土地且受益人为单个的成年人。[44] 由于英国土地信托规范土地相继共有和同时共有法律关系,因此简易信托的重要性相对小一些。

《土地信托和受托人任命法1996》生效后,土地出售信托和简易信托,都被统一称为土地信托(trusts of land)。

(三)小结:英国土地信托概念的界定

由上可知,英文中的"land trust"一般情况下不是指以土地为财产的信托,而是主要指以保护自然环境为目的的公益组织,或者特指美国伊利诺伊州土地信托。

以土地为信托财产的信托,在应为中一般表达为英"trusts of Land",包含

---

〔41〕 John M. Lightwood, *Trusts for Sale*, Cambridge Law Journal, 1927(3), p. 59.

〔42〕 E. H. Burn, *Maudsley and Burn's Land Law: Cases and Materials*, 7th Edition. London: Butterwords, 1998, p. 230.

〔43〕 蒋涛:《英国土地信托法发展演变研究》,法律出版社2019年版,第208页。

〔44〕 Charles Harpum, R. E. Megarry and H. W. R. Wade, *The Law of Real Property* (*6th Editon*). London: Sweet and Maxwell Limited, 2000.

“strict settlement”“trust for sale”和“bare trust”。

英国立法对土地信托的概念进行了界定，即《土地信托及受托人任命法 1996》第 1 条规定的：土地信托（trusts of land）是指，信托财产是由土地（land）组成或者包含土地（land）的信托。

“土地”（land）一词的含义。本文中的土地采用的是英国《财产法 1925》中的界定，该法第 205（i）（ix）的规定，“土地”一词不仅仅指土地本身这一物理实体，还包括地下发现的矿藏、地上的建筑、附属物等，而且还包括土地之上的权利，比如地役权、附属权、租赁权以及其他任何权利、利益等。[45] 判例法曾确立“上至天空、下至地心都属于土地所有权人”的原则，此项原则经过立法的干预已经有所改变，根据《石油生产法 1934》（Petroleum Production Act 1934）和《煤炭工业法 1994》（Coal Industry Act 1994）地下发现的煤矿和油气现在已经属于公共所有了。土地中埋藏的文物也属于国家所有。[46]

也就是说，“land”一词不仅包括土地及其附属物本身，也还指土地之上的权利。因此，本文中的“土地”不仅指作为实体物的土地及其附属物，还包括土地产权。更确切地说应该是“地产”，“土地信托”更准确的称谓应该是“地产信托”，鉴于中文文献中“土地信托”的称谓已成定译，本文同样是采用了“土地信托”，但本文中除特殊指明外，土地与地产含义相同。

三、中文文献关于英国土地信托法的研究

（一）国内信托法学界的相关研究

在现代社会以前，土地是社会的主要财产，进入工商业社会以后，土地在财产体系中地位相对下降，因此，英文信托法现代著作中较少专门论述土地信托（具体情况见下文），受其影响，国内信托法学界对信托制度的研究，包括对英国信托制度的研究主要集中在动产的信托（现金、股票以及有价证券）等，几乎没有著作专门论及现代英国土地信托法律制度。考诸中文的信托法著作，笔者只在我国台湾地区著名学者谢哲胜的《信托法》专著中，看到了设专章论述“土地信托”，但其对英国土地信托同样只字未提，而只是对英文文献中土地信托的表达进行了一定程度的澄清。[47] 其他中文文献关于信托法的论著中涉及土地信托的，分散得见归复信托和推定信托的相关内容中，如何宝玉在《信托法原理与判例》一书中，在相关章

---

〔45〕 Nigel P. Gravells, *Land law: Text and Materials*, London: Sweet&Maxwell, 2010, pp. 3-15.

〔46〕 Mark P. Thompson, *Modern Land Law*, New York: Oxford University Press, 2003, pp. 6-7.

〔47〕 谢哲胜：《信托法》，台北，元照出版有限公司 2009 年版，第 261 页。

节论述了住房归复信托和推定信托的若干判例;[48] 再如邢建东的专著《衡平法的推定信托研究——另一类物权救济》,也考察了英国土地信托法律制度中关于住房推定信托的一些判例和原理。[49] 此种研究方式堪称典型范例。这些前辈的研究为本文的研究提供了基础,笔者深表感激;但从整体上来看,既有研究在一定程度上缺少对英国土地信托制度在英国的发展变化和应用的研究,也在一定程度上忽视了英国土地信托法是英国财产法、土地法、信托法的重要组成部分。

(二)国内民商法学界关于英国土地信托法律关系和法律性质的研究。

由于英国土地信托法律制度是信托法、土地法以及财产法的重要组成部分,因此,国内民商法学界从物权法、土地法的角度也对其有一定研究基础。(1)国内民商法学界对英国信托法上的双重所有权和英美法上"所有权"的概念性质有较为浓厚的兴趣,代表性的文献包括于海涌教授所著《英美信托财产双重所有权在中国的本土化》等,[50] 但是他们重点考察制度层面的比较研究,并未专门论述英国土地信托法律制度;同时由于未能考察英国土地信托法现代改革及其所导致双重所有权(信托受益权)性质变化,既有文献有待深入推进。(2)国内对英国土地法的研究对土地信托法律制度也有所涉及,如高富平与吴一鸣两位学者耗时6年完成的著作《英美不动产法:兼与大陆法的比较》,简单论述了英国土地信托的两种主要形式;[51] 再如吴一鸣所著《英美物权法:一个体系的发现》,对土地信托财产权和现代改革的目的进行了概瞰,对两大法系的融合颇有启发意义;[52] 何宝玉的《英国地产法原理和判例》对当代英国土地信托法的现状进行了简要介绍;[53] 刘兵红所著《英国财产权体系之源与流》,对英国土地信托受益权对物权性质的形成进行了考察;[54] 赵萃萃所著《英美财产法之 Estate 研究》系统论述了英美法系信托中"Estate"的概念;[55] 陈永强的《英国土地登记法研究》则论述了英国土地信托

---

[48] 何宝玉:《英国法研究三部曲:信托法原理与判例》,中国法制出版社 2013 年版,第 261 页。

[49] 邢建东:《衡平法的推定信托研究——另一类物权救济》,法律出版社 2007 年版,第 19~29 页。

[50] 于海涌:《英美信托财产双重所有权在中国的本土化》,中国政法大学出版社 2011 年版,第 20~40 页。

[51] 高富平、吴一鸣:《英美不动产法:兼与大陆法的比较》,清华大学出版社 2007 年版,第 187~232 页

[52] 吴一鸣:《英美不动产法:一个体系的发现》,上海人民出版社 2011 年版,第 77~95,134~190 页

[53] 何宝玉:《英国法研究三部曲 地产法原理与判例》,中国法制出版社 2013 年版,第 290~325 页。

[54] 刘兵红:《英国财产权体系之源与流》,载赵万一主编:《民法哲学丛书》,法律出版社 2014 年版,第 129~144 页。

[55] 赵萃萃:《英美财产法之 Estate 研究:以财产和财产权分割为视角》,法律出版社 2015 年版,第 116~125 页。

财产权的登记及其对抗效力。[56] 这些论述没有专门论述信托制度的本源——土地信托,更没有从制度变革的角度来考察其制度根源、性质和功能的变化,存在一定程度的不全面和不透彻的问题。但现有的研究成果为本文的写作提供了宝贵的研究基础,为本文从物权法的角度理解和借鉴英国土地信托法提供了基础和启示。

(三)国内法制史学界对英国土地信托法制史的研究

国内法制史学界关于英国土地及信托法制史的研究成果,单就英国土地信托法而言,其研究内容、视角和时间维均存在一定的不足。法制史学界对信托制度的研究,集中在信托制度的起源、历史发展。其研究节点在 1925 年财产法改革及以前;关注信托制度的整体历史发展,而非聚焦土地信托制度;其研究内容更关注历史层面,相对而言缺少在各历史阶段针对土地信托法律制度的微观研究;诸如 17~19 世纪英国土地信托制度的历史发展、20 世纪后英国土地信托制度的现当代发展史等重要内容皆付之阙如。比如南京大学教授沈汉《英国土地制度史》(学林出版社 2005 年版)考察了英国农业经营方式与法律制度的关系,但并没有对英国土地信托制度展开研究;咸鸿昌的《英国土地法律史》(北京大学出版社 2009 年版),论述了 18 世纪以前土地用益及信托的历史发展,但其研究对象是“土地保有权”,而非信托制度,没有涉及土地用益的基本结构,也没有论述 18 世纪以后英国土地信托制度的发展情况;再如西北政法大学余辉所著《英国信托法:起源、发展及其影响》(清华大学出版社 2007 年版),对 17 世纪之前信托制度的历史论述较为详细,但其一方面重在宏观考察整个信托法制史而非土地信托制度,另一方面对 18 世纪以后信托制度的发展专注于动产信托,缺少对土地信托的研究。另外,陈颐的《英美信托法的现代化——19 世纪英美信托法的初步考察》(上海人民出版社 2013 年版)、刘海涛复旦大学法律史硕士论文《英国家族授产制度研究》(2011),刘海涛的论文《英国家族授产制度的变迁及其对我国农村土地制度改革的启示》(《绍兴文理学院学报》2014 年第 6 期),弥补了对信托法 18、19 世纪信托法发展研究的空白和不足,但是陈颐的著作基本关注信托由土地信托向动产信托的转化、投资信托的兴起以及司法和古典法学对信托法现代化的贡献,对土地信托的发展寥寥数语,刘海涛的著作主要从继承法、地产权的角度进行,并未从土地信托制度的角度来进行研究,也没有延伸到 1925 年财产法改革后的发展情况。华东政法大学研究员于霄所著的《1925 年英国财产立法改革研究》(上海人民出版社 2015 年版)

---

〔56〕 陈永强:《英国土地登记法研究》,中国法制出版社 2012 年版,第 8~25 页、第 107~123 页、第 131~140 页。

对英国《财产法1925》改革的主要过程、思想和内容进行了系统论述,但其对土地信托法律制度也仅仅是略有提及。

综上所述,国内法律史学界关于英国土地信托法律制度的研究,为我们提供了宝贵的研究基础。但是就土地信托法律制度而言,仍然存在研究内容、研究视角、研究时间段的不足,关于对动产信托发展起来以后土地信托的法律地位、土地信托法的现代改革等问题还存在的比较模糊的认识。

(四)相关的翻译著作

在英国相关法学著作的中文译著中,也有关于土地信托法律制度的论述。在英国著名法官和法学家丹宁勋爵所著《法律的正当程序》中,第八篇第三、四章论述了法院采用住房信托保护未登记的但实际对住房有贡献之人所有权的判例。〔57〕英国财产法著名学者F. H. 劳森与B. 拉登合著《财产法》,由施天涛、梅慎实、孔祥俊三位学者翻译,其中对现代改革后的两种主要的土地信托有所论述,但由于该书是基础性著作,其相关论述相当简要。〔58〕 F. H. 劳森与伯纳德合著,由曹培翻译的《英国财产法导论》相关论述更加简要。〔59〕 英国牛津大学教授查尔斯主编,张淞纶翻译的《推定信托与归复信托》一书中虽然没有专门论述土地信托,但是其中有不少内容与土地的推定信托与归复信托有关。〔60〕 美国学者劳伦斯·M. 弗里德曼所著,沈朝晖译《遗嘱、信托与继承法的社会史》,从遗嘱和继承法的角度对家族土地信托有所论述。〔61〕 这些译著虽然专门的论述不多,但是对于本文写作中对英国土地信托法的理解有较大帮助。上海财经大学葛伟军教授等学者对英国信托成文法进行了编译:《历史的经典与现代的典范:英国信托成文法编译》,其中翻译了部分与土地信托法有关的成文法。〔62〕 然而,由于法系的差异和语言理解的难度,加上国内对英国土地信托的专门研究不足,国内译著中存在模糊难懂之处,不乏一些概念翻译的错误、比如英国著名信托法学者D. J. 海顿所著《信托法》中一章标题“住房信托(trusts of homes)”被错误地翻译成“家庭关系的信托”,而住房信托是当

〔57〕 [英]丹宁勋爵:《法律的正当程序》,李克强等译,法律出版社2015年版,第279~294页。

〔58〕 [英]F. H. 劳森、B. 拉登:《财产法》,施天涛等译,中国大百科全书出版社1998年版,第100~101、157~173。

〔59〕 [英]F. H. 劳森、伯纳德·冉得:《英国财产法导论》,曹培译,法律出版社2009年版,第115页。

〔60〕 [英]查尔斯·米契尔:《推定信托与归复信托》,张淞纶译,法律出版社2018年版。

〔61〕 [美]劳伦斯·M. 弗里德曼:《遗嘱、信托与继承法的社会史》,沈朝晖译,法律出版社2017年版,第149~168页。

〔62〕 葛伟军等:《历史的经典与现代的典范:英国信托成文法编译》,法律出版社2017年版。

代土地信托的主要类型之一。[63] 而英国学者伊恩·麦克唐纳等著《衡平法与信托法精义》中,住房信托也被翻译成家庭信托。[64] 再如,葛伟军教授等将《遗产管理法 1925》翻译成"不动产管理法 1925"。[65] 施天涛等教授将英国现代土地信托的主要形式之一"土地出售信托(trust for sale)"翻译成"信托出售"。[66]

(五)英国经济社会史学界的相关中文文献

中文文献关于英国经济社会史的研究,对英国土地信托法的研究具有重要的参考意义。代表性的论著有郭爱民教授的《多视角透析工业化时期英国的土地流动与经营》、[67] 杨杰教授的《从下往上看——英国农业革命》[68] 等,对本文研究英国土地信托法改革的原因及其对英国土地所有模式、土地流动、土地经营模式的影响提供了有益的参考。

综上所述,英国土地信托制度是英美法特别是英美财产法最具的代表性和典型性的制度,然而,尽管当代中国法学界对英国土地信托制度及其发展演变史的研究具备了一定基础,但是整体来看,还存在很多不足甚至错误,导致我们对英国土地信托制度的理解不够全面和完整,进而使相关制度的比较和借鉴不够顺畅。

四、英文文献关于英国土地信托法的研究

中文文献对英国土地信托法研究不足的重要原因,笔者认为大致包含如下几点:

1. 土地信托的称谓确认较晚。虽然信托起源于几百年前的英国土地信托,但从上文对英文文献关于土地信托的沿革考察中,我们不难看出,在英国 1996 年《土地信托和受托人任命法》颁布之前,英国司法界和法学界一般不提"土地信托",而是将其称为以出售为目的的信托(trust for sale)和严格授予(strict settlement)。

2. 英美文献对土地信托的研究非常分散,散见于土地法、信托法、财产法、法制史和经济社会史的研究中。并且,在信托法教材和专著中,一般不会专门论述土地信托。在土地法教材和专著中,虽然专门论述土地信托,但如果不结合其法律传统又往往较难理解。

---

[63] [英]D. J. 海顿:《信托法》,周翼、王昊译,法律出版社 2003 年版,第 191~192 页。

[64] [英]伊恩·麦克唐纳、安·斯特里特:《衡平法与信托法精义》,李晓龙译,法律出版社 2018 年版,第 163 页。

[65] 葛伟军等:《历史的经典与现代的典范:英国信托成文法编译》,法律出版社 2017 年版,第 73 页。

[66] [英]F. H. 劳森 B. 拉登:《财产法》,施天涛等译,中国大百科全书出版社 1998 年版,第 173 页。

[67] 郭爱民:《多视角透析工业化时期英国的土地流动与经营》,中央编译出版社 2018 年版,第 125~153 页。

[68] 杨杰:《从下往上看——英国农业革命》,中国社会科学出版社 2012 年版,第 171~175 页。

以上情况为英国土地信托法研究的资料收集和写作带来了巨大的困难。接下来,本文希望选择对英国信托法研究具有关键作用的部分英文文献进行综述。

(一)信托法著作中有关土地信托的论述

英国学者在信托法著作中,较少专门以土地信托为题进行考察和论述。笔者以为,这是因为土地信托法是信托法中的特别法,除了土地法的特别规定外,适用信托法的一般原理;只有在土地信托有特殊规则时候才会专门指出,如大部分英文信托法著作都会论及设立明示的土地信托需要采用书面形式。

在大部分信托法著作中,会在推定信托、归复信托中涉及关于土地(以住房为常见)的判例和原理。英国信托法学者对信托的分类中,一般不会将土地信托作为单独的一类。根据笔者的考察,影响和助益较大的信托法专著主要是如下两本:英国衡平法和财产法权威阿拉斯泰尔·哈德逊(Alastair Hudson)教授的鸿篇巨制《衡平法和信托法》,〔69〕另一本是加顿(Jonathan Garton)等学者编著的鸿篇巨制《莫法特论信托法:文本和材料》。〔70〕 前者论述了英国家族土地授予信托与妇女财产权保护的关系,并设专门章节论述土地信托和住房的信托,还对家庭法、人权法与衡平法的关系进行了评论;后者对土地信托法的历史演变及其地位和作用进行了较为全面的论述,并且设专章论述默示信托与家庭住房。这些论述对本文的写作具有重要的参考和启发意义。考诸论文,本文较多地参考了格雷戈里·S.亚历山大(Gregory S. Alexander)发表在《法律与历史评论》上的《信托法作为独立法律部门的转变:1800—1914》,〔71〕该文对现代改革前土地信托的主要功能和性质进行了简要论述。

19世纪英美信托法的经典著作,当属托马斯·勒温(Thomas Lewin)所著《关于信托和受托人法的实用论文》。〔72〕 该书在专业领域广为人知,至今仍以原作者的名字刊行,〔73〕是在19世纪对英美具有广泛影响力的权威信托法著作,为20世纪前土地信托法律结构和受托人法律职责提供了权威参考。

---

〔69〕 Alastair Hudson, *Equity and Trusts 9th Edition*. London and New York: Routledge Taylor &Francis Group, 2017.

〔70〕 Jonathan Garton et al., *Moffat's Trusts Law 6th Edition*, Cambridge: Cambridge University Press, 2015.

〔71〕 Gregory S. Alexander, *The Transformation of Trusts as a Legal Category*, 1800-1914. Law and History Review, 1987 (2), p. 318.

〔72〕 Thomas Lewin, A *Practical Treatise on the Law of and Trustees* (1839), Buffalo, New York: William S. Hein & Co., Inc., 2005.

〔73〕 陈颐:《英美信托法的现代化》,上海人民出版社2013年版,第76页。

(二)英文土地法著作中关于土地信托法的论述

由于土地信托除了要遵循信托法规则之外,还必须遵从土地法的规则,因此不动产法和土地法的论著中对土地信托法律制度的论述较为丰富。

麦格瑞和韦德合著的《不动产法》第1版出版于1957年,[74]以及2000年剑桥大学法学研究员哈尔普(Charles Harpum)主持修订的第6版,[75]对本文的研究具有重要参考作用。该书针对两种主要的土地信托——即家族土地授予信托(strict settlement)和土地出售信托,对二者在1925年现代改革之前的发展情况,改革的背景、改革的效果以及1925年之后至1997年再次改革的情况进行了较为详细的介绍。更可贵的是,该书还论述了公法领域的改革如税收、城市规划、农业用途管制以及租户的特别保护等对土地法律制度的影响。该书作为英国不动产法的基础性与权威性专著,对研究土地法原理和土地信托法具有重要意义。

另外,在笔者收集的20余部英国土地法著作中,有代表性的还包括:剑桥大学三一学院院长、法学教授凯文格雷(Kevin Gray)所著《土地法要素》第1版[76]和第5版(牛津大学出版社2009年),[77]两个版本都具有鲜明的时代特征,对土地法中信托法要素具有独到的见解;剑桥大学女王学院研究员马丁迪克森(Martin Dixon)所著《土地法原则》第4版[78]和《现代土地法》第9版,[79]前者对1925年财产法改革对土地法、土地信托法带来的变化论述较多,后者则更多侧重于说明1996年《土地信托法和受托人任命法1996》实施后的内容;律师朱迪斯·安(Judith-Anne MacKenzie)所著《土地法教材》第15版(2014年),[80]该书偏重于土地信托法的当代发展,务实性较强;本·麦克法兰(Ben McFarlane)教授等所著《土地法:文本,判例和材料》第2版,[81]与一般土地法专著采用的体例不同,该书对在不同法律关系中信托土地之上的优先权进行了专门论述;斯特劳德(April Stroud)教授的专著

---

[74] R. E. Megarry and H. W. R. Wade, *The Law of Real Property*, London: Steves and Sons Limited, 1957.

[75] Charles Harpum, *R. E. Megarry and H. W. R. Wade*, The Law of Real Property (6th editon). London: Sweet and Maxwell Limited, 2000.

[76] Kevin Gray. Element of Land Law, London: Butterworth & Co. (Publishers) Ltd., 1987.

[77] Kevin Gray, Element of Land Law, 5th Edition, London: Oxford University Press, 2009.

[78] Martin Dixon, *Principles of Land Law*, London and Sydney: Cavendish Publishing Limited, 2002.

[79] Martin Dixon, *Modern Land Law*, London: Routledge Taylor & Francis Group, 2014.

[80] Judith-Anne MacKenzie, Mary Philips, *Textbook on Land Law*, London: Oxford University Press, 15th Edition, 2012.

[81] Ben McFarlane, Nicholas Hopkins, and Sarah Nield, *Land Law: Text, Cases, and Materials*, London: Oxford University Press, 2012.

《土地法解读》,[82]采用问答的形式,深入浅出,对土地法中的信托制度进行了较为详细的解释。

(三)英国不动产法学界有代表性的论文

根据笔者的考察,这些论文主要包含如下几方面的内容:一是关于1925年财产法改革与土地信托的改变。剑桥大学法学研究员哈尔普(Charles Harpum)于1990年在《剑桥法律期刊》上发表了论文《超越原则,受托人权力与1925年立法改革》,[83]阐述了1925年立法改革的背景、主要成果和影响,对英国土地法、土地信托法独具特色的制度——超越原则(overreaching)进行了深入讨论,具有权威性和广泛影响力,被英国法学界广泛引用。诺丁汉特伦特大学学者费里斯·格雷厄姆(Ferris Graham)与谢菲尔大学巴特斯比(Battersby Graham)教授合作,于2002年在《法律评论季刊》发表论文《超越原则基本原理与1925年立法改革》;[84]曼切斯特大学学者杰克逊(Nicola Jackson)在2006年分别发表了《超越原则与1925年立法基本原理》(《诺丁汉法律期刊》第15期)、[85]《登记土地的超越原则》(《现代法律评论》第69期)。[86] 这几篇具有代表性的论文,对大陆法系研究者理解英国法中独特的超越原则,以及1925年立法改革的基本原理、土地信托受益权的性质及其发展变化具有至关重要的作用。

二是关于20世纪末21世纪初土地信托新一轮立法改革与土地信托法的当代发展。剑桥大学女王学院研究员马丁·迪克森(Martin Dixon)2011年在《剑桥大学法律期刊》发表《卖还是不卖:这是一个问题——土地信托法和受托人任命法1996的反思》,[87]对受益人占用权和其他受益人权益以及债权人权益发生冲突时候法院判例进行了总结探讨,对相关法律判例进行了"类型化";诺丁汉特大学学者费里斯·格雷厄姆(Ferris Graham)与谢菲尔大学巴特斯比(Battersby Graham)教

---

[82] April Stroud, *Making Sense of Land Law*, London: Palgrave Macmillan, 2013.

[83] Charles Harpum, *Overreaching, Trustees' Powers and the Reform of the* 1925 *Legislation*, Cambridge Law Journal 1990(49).

[84] Ferris Graham, Battersby Graham, *The General Principles of Overreaching and The Reforms of* 1925, Law Quarterly Review 2002(118).

[85] Nicola Jackson, *Overreaching and the Rationale of the Law of Property Act* 1925, Nottingham Law Journal 2006(15).

[86] Nicola Jackson, *Overreaching In Registered Land Law*, Modern Law Review, 2006(2).

[87] Martin Dixon, *To Sell or Not to Sell: That is the Question-The Irony of the Trusts of Land and Appointment of Trustees Act* 1996, CambridgeLaw Journal, 2011, 7(3), pp. 579-606.

授合作,与2003年在《法律评论季刊》发表《超越原则与现代立法改革1996-2002》,[88]对超越原则与1996年到2002年间几部重要的立法改革的关系进行了深入探讨,并提出了与众不同的观点,虽然部分观点并未获得认同,但总结与分析的部分仍然具有重要的地位;中央兰开夏大学法律系学者迈克尔·德雷伯(Michael Draper),于1999年在《利物浦法律评论》发表《土地信托及受托人任命法1996第1部分:改革还是革命?》,[89]对《土地信托及受托人任命法1996》对土地信托法律制度改革的地位进行了总结分析,对比了该法前后土地信托法基本原理和法律实践的变化,从而明确了该法的历史定位;贝尔法斯特女王大学学者洛娜福克斯于2000年在《利物浦法律评论》上发表了《居住政策的变化:从土地出售信托到土地信托》,[90]专门探讨了新一轮改革对受益人占用权(居住权)的影响。另外在这一时期,在《不动产转让和财产法律师》杂志上有多篇关于新一轮改革的论文,代表性的如2006年发表的、由英国米都塞克斯大学学者苏珊·帕斯科(Susan Pascoe)所撰写论文《土地信托中的占用权(居住权):立法逻辑的混乱?》,[91]对新一轮改革受益人的占用权进行了多角度探讨。

(四)英国法律委员会关于土地信托法律制度的法律报告

法律委员会(Law Commission)成立于1965年,该机构的宗旨是促进法律改革(《法律委员会法》第1条),其首要目标就是将杂乱无章的财产法体系化。[92] 在继任的法律委员会委员(Julian Farrand,Trevor Aldridge,Charles Harpum 和 Stuart)努力之下,出台了一系列影响深刻的有关土地法的法律报告,其中基本都与土地信托有关。主要包括:(1)《地产转让:土地信托,法律委员会第181号报告(1989年)》;[93](2)《土地转让:超越原则:居住的受益人,法律委员会第188号报告

---

[88] Graham Ferris and Graham Battersby, *The general principles of overreaching and the modern legislative reforms*1996-2002, Law Quarterly Review, 2003.

[89] Michael Draper, *Part I of the Trusts of Land and Appointment of Trustees Act* 1996 *Reformation or Revolution*?, Liverpool Law Review1999(21), pp. 97-121.

[90] Lorna Fox, *Living in a Policy State: From Trust for Sale to Trust of land*, Liverpool Law Review 2000(22), pp. 59-88.

[91] Susan Pascoe, *Right to Occupy under a Trust of Land: Muddled LegislativeLogic*?, The Conveyancer and Property Lawyer, Sweet & Maxwell Limited 2006(January-February), pp. 54-76.

[92] Peter Sparkes, *LLB. A New Land Law*, London: Oxford and Portland, Oregon, 2003, pp. 8-9.

[93] The Law Commission, *Transfer of Land*, *Trusts of Land*(*Law Com. No.* 181), London: Her Majesty's Stationery Office, 1989.

(1989年)》;[94](3)《受托人权力和责任,法律委员会第260号法律报告(1999年)》;[95](4)《21世纪土地登记,法律委员会第271号报告(2001)》。[96] 这些法律报告从不同的角度对1925年立法改革确立的土地信托法律制度的弊端进行了考察论证,并指出了修正的方向,对当代英国土地信托法的研究具有重要参考意义。

(五)英国法律史、经济社会史有关土地信托的文献

本文参考的英国本土法律史著作主要是约翰·贝克爵士(Sir John Bake)主编的多卷本巨著《牛津英国法律史》第6卷[97]和第12卷,[98]以及曼彻斯特教授著《英格兰和威尔士现代法律史:1750—1950》,[99]这几部著作在英国土地信托法改革的背景、改革思想和改革探索方面的讨论,对我们具有重要参考意义。

在社会史方面,英国一些学者对严格土地授予制度(家族土地授予信托)进行了探讨,其中对本文帮助最大的是剑桥大学三一学院邦菲尔德(Lloyd Bonfield)教授的专著《婚姻财产授予1601—1740:家族土地授予信托的采用》,[100]该书揭示了现代改革前家族土地授予信托法律结构、法律性质,并且统计了家族土地授予信托应用的具体数据。这些内容对我们了解在1925年财产法改革前英国土地信托为什么成为土地有效利用和自由转让的障碍提供了重要材料。

在经济史方面,最有参考意义的是《促进财产的生产效率:英国不动产和衡平法地产权的重组:1660—1830》,[101]发表在《欧洲经济史评论》2009年第1期。该文运用经济学理论,对现代改革前土地信托成为土地有效利用和自由转让的障碍进行了深入全面考察,其论据均为一手原始资料,包括1660~1830年之间议会通

---

[94] The Law Commission, *Transfer of Land Overreaching: Beneficiaries in Occupation* (*Law Com. No.* 188), London: Her Majesty's Stationery Office, 1989.

[95] The Law Commission, *Trustees' Powers and Duties* (*Law Com. No.* 260), London: Her Majesty's Stationery Office, 1999.

[96] The Law Commission, *Land Registration for the Twenty-First Century: A Conveyancing Revolution* (*Law Com. No.* 271), London: Her Majesty's Stationery Office, 2001.

[97] Sir John Bake et al., *The Oxford History of the Laws of England* (*Volume VI*), New York: Oxford University Press, 2003.

[98] Sir John Baker et al., *The Oxford History of the Laws of England. Volume XII* (1820-1914), London: Oxford University Press, 2010.

[99] A. H. Machester, *Modern Legal History of England and Wales* 1750-1950, London: Butterworth & Co. (Publishing) Ltd., 1980.

[100] Lloyd Bonfield, *Marriage Settlements*, 1601-1740: *The Adoption of the Strict Settlement*, Cambridge: Cambridge University Press, 1983.

[101] Dan Bogart and Gary Richardson, *Making Property productive: Reorganizing Rights to Real and Equitable Estates in Britain*, 1660-1830, European Review of Economic History, 2009, 13(1).

过的所有法令的数据库;《英国皇家专员关于不动产的第一份报告》和《议院官员和费用特别委员会的报告》;《下议院期刊》以及《不动产契据登记册》等。

综上所述,外文文献资料中对土地信托法律制度的研究分散在信托法、土地法、法制史、经济社会史的研究中,缺少对该制度的历史传统、制度精神、现代化进程、基本原理和权利性质等方面的系统论述,加上英国法历史悠久,判例法特征明显,即便阅读英文文献,也很难对英国土地信托法及其现代改革形成准确、系统的认识,从而无法直接为大陆法系的中国进行土地、物权法改革提供比较借鉴意义。

五、研究方向展望

英国土地信托法是典型的英美法系法律制度。相对于大陆法来说,信托法律制度和土地法律制度都是英美法最具典型性和代表性的法律制度。当今流行于世界各国的信托制度是英国法的独特创造,曾被梅特兰誉之为英国人民在法律领域最重要、最伟大的贡献。也曾被英国著名法学家霍兹沃斯认为是与陪审团,普通法的辩护制度等相媲美的英国法独特的创造。[102] 英国法学家基顿将英国的信托制度称为"英国法律天才最具特色的杰作",[103]德国著名比较法学家海因·克茨认为信托是"典型的英美法系制度"。[104] 同时,剑桥大学女王学院马丁·迪克森教授指出,土地法是与众不同的法律部门,土地法居于法律体系的中心,与人们工作生活密切相关。[105]而土地信托正是位于土地法、信托法和婚姻家庭法的交叉领域,[106]"在英国土地法中具有极为重要的地位"。[107] 由此可见,信托制度和土地制度都是最有英美法特色和代表性的制度,作为二者交叉领域的土地信托制度兼具二者的特点,是英国法典型中的典型,具有独特的吸引力和无穷的魔力。[108] 当代土地信托制度横跨土地法、信托法、家庭法、公益和慈善事业法,在一国经济中发挥了不可或缺的作用。可以说正是土地信托的存在,才使得英美财产法有别于大

---

〔102〕 W. S. Holdsworth, *The English Trust-Its Origins and Influence in English Law*, Legal History Review 1923(4), p. 382.

〔103〕 [德]海因·克茨:《信托——典型的英美法系制度》(《比较法总论》第四章),邓建中译,[德]门策尔校,《比较法研究》2009年第4期。

〔104〕 [德]海因·克茨:《信托——典型的英美法系制度》(《比较法总论》第四章),邓建中译,[德]门策尔校,《比较法研究》2009年第4期。

〔105〕 Martin Dixon, *Modern Land Law*, London: Routledge Taylor&Francis Group, 2014: xiii.

〔106〕 [英]凯特·格林、乔·克斯雷:《土地法(Land Law)》(英文影印版),法律出版社2003年版,第176页。

〔107〕 Judith-Anne MacKenzie and Mary Philips, *Text Book on Land Law*, New York: Oxford University Press, 2014, p. 18.

〔108〕 Kevin Gray, *Element of Land Law*, London: Butterworth & Co. (Publishers) Ltd., 1987, p. 77.

陆法系财产法。因此,研究英国的土地信托制度,对中国更好地理解英美法(尤其是英美财产法)的特点,具有极高的理论价值。

英国的信托法经过数百年的发展,其理念和制度渗透到了英国法律的方方面面。正如美国信托法权威专家斯科《哈佛大学法律评论》上所指出的:信托制度在英美法系得到普遍的应用,信托是英美法"法学宝库中最灵活的一项制度"。[109]在英国信托制度的发展进程中,土地信托法律制度从未间断,动产信托兴起之后,土地信托仍然具有重要地位。现代土地信托的发展演变对英国土地制度的形成、对英国地产权体系的建立、农业经营模式的演变、家族地产的传承、已婚妇女独立的财产权、公益事业等方面都发挥了重要作用。在当代英国,土地信托与每个人息息相关,因为它是处理房地产共有、家族财产传承、不当得利、公益事业和环境保护等不可或缺的法律制度。因此,英国土地信托法有着相当大的实践意义。

尽管如上所述,英国土地信托法的研究具有理论和实践价值,但是,由于法系概念的差异,其研究难度很大,目前也尚未引起我国学者的重视。

通过以上关于中英文文献相关研究成果的分析,笔者认为,关于英国土地信托法有如下研究方向值得开展研究。

(一)英国土地信托法现代改革

相比大陆法系,英国法具有独特性。它是英格兰历史理性的产物,是经过长时间历史积淀,无数人理性的结晶。英国法学家福蒂斯丘就曾经说过:英格兰的法律必定是世界上最好的法律,因为它是最古老的,比罗马法或者威尼斯法律更古老。英国大法官爱德华·柯克也一直强调:我们是属于昨天,我们生活在世间的时日不过是遥远的古老时代和过去岁月的投影:在那里,法律就是这样借助于最卓越的人的智慧,在无数世代中,通过漫长而持续的经验,得以完善,这是任何人都不能做到的。[110] 不研究罗马法就不能更好地理解大陆法系的财产法律,而不研究英国法律史就无法探究英美法,对于土地法和信托法来说尤其如此。德国著名比较法学专家海因·克茨就明确指出,只有当人们在英国法律史上追根溯源大约几百年之久,才能理解信托法中许多规则的特点。[111] 英国的信托制度则起源于中世纪英国

---

[109] Austin Wakeman Scott, *Fifty Years of Trusts*, Harvard Law Review 1936(60), p. 76.

[110] 参见李红海:《君民共治和君主独治——〈读福蒂斯丘论英格兰的法律与政制〉》,载易继明主编:《私法》2011年第1期;于明:《爱德华·柯克爵士与英国法学近代化》,载《环球法律评论》2009年第2期。

[111] [德]海因·克茨:《信托——典型的英美法系制度》,邓建中译,[德]门策尔校,《比较法研究》2009年第4期。

的土地用益制度,英国近现代土地信托法律制度确定了现代信托的基本模式。[112]

研究英国信托法的现代改革,尤其具有理论和现实意义。英国信托法的现代改革确立了现代土地信托法律制度体系,体现了其如何适应现代经济社会的发展需要。不深入考察英国信托法的现代改革,就无法理解自现代以来英国土地信托法功能、结构和价值导向的变化,更无法全面深刻了解英国财产权体系的变化。英国土地信托法的现代改革,体现了英国财产权体系的深刻变革。经过现代改革信托财产——地产权体系的纷繁复杂被简化,英国独特的双重所有权的性质也得以革新,衡平法所有权——信托受益权的性质也发生了变化,对物权性质大大缩减;改革后土地信托的结构得以简化,两种主要的土地信托——土地授予信托和土地出售信托的法律结构都更加合理。现代改革还完善了保护信托地产买受人的制度、实现部分共有权人、债权人与其他共有权人对地产占用权(居住权)之间的平衡。改革还体现了土地信托成文法与判例法的衔接和配合。概言之,现代改革的任务就是去除改革前土地信托法和财产法中阻碍土地自由转让和有效利用的诸多不利因素,体现了土地自由交易的现代精神,同时体现了自由交易前提下英国法多元利益权衡下兼顾公平原则的艺术性与稳进性。正因如此,研究英美法的现代改革具有较强的理论和现实意义。

(二)英国土地信托法对中国法律制度改革的借鉴和启示

我国当前的土地法律改革应广泛借鉴世界各国土地法律制度,而不应局限于大陆法系。英美法系土地法具有独特的制度优势,对其展开研究颇有意义。[113] 英国土地信托法是土地法、信托法和婚姻家庭法的交叉领域,[114]信托在英国土地法中具有极为重要的地位,[115]对其研究的现实价值体至少可以体现在以下方面:

1. 当前我国农地法律制度改革进入了新的阶段,研究发达国家走过的路具有重要的借鉴意义。英国土地信托法律制度的演变,反映了英国土地所有制关系的变化,反映了英国农业经营模式的变化,反映了英国地产权体系的变化,将其与当代中国农地法律改革进行比较,可以在有效实现"三权分置"、农村风貌保护等方

---

[112] Sir John Baker et al., *Oxford History of English Law*, Vol. XII, New York: Oxford University Press, 2010, p. 232.

[113] 孙宪忠:《争议与思考——物权立法笔记》,中国人民大学出版社 2006 年版,第 175 页;高富平、吴一鸣:《英美不动产法——兼与大陆法比较》,清华大学出版社 2007 年版,第 26~28 页。

[114] [英]凯特·格林、乔·克斯雷:《土地法》(影印本),法律出版社 2003 年版,第 176 页。

[115] Judith-Anne MacKenzie and Mary Philips, *Text Book on Land Law*, New York: Oxford University Press, 2014, p. 18.

面得出有益的发展经验。

2. 我国城市住房也到了新的发展阶段,父母为子女购房、借他人名义购房一类的案件越来越多,有必要研究域外经验。经过几百年的发展,英国土地信托法是当代英国住房共有关系的基本法,对我国借名购房等法律制度具有参考意义。

3. 社会主义新时代,社会对家族信托的需求越来越大,我国家族信托自2013年开始试水以来迅速发展,目前全国已经设立3000余个家庭信托机构,相关配套法律制度还有待于进一步健全,英国近现代土地信托法律制度是现代家族信托的直接来源,其发展演变对我国家族信托法律制度的发展具有重要的启示和借鉴意义。

4. 英国土地信托财产权,有助于我们展开两大法系财产法与物权法的比较研究。诸如英国土地信托财产权与大陆法系物权法是否有相通性?英国土地信托法中所谓的"双重所有权"与大陆法系"一物一权"是否冲突?众所周知,不动产的公示公信是市场交易不可或缺的保障,而英国土地信托法是财产法和土地法的一部分,其中是否也存在类似大陆法系物权法中的公示公信原则?

上述这些问题都是非常值得进行探讨的。

六、结语

英国土地信托法是典型的英美财产法制度,历史悠久,意义重大。而英国土地信托法的现代改革,使具有浓厚封建色彩的土地信托法发展成为处理地产共有、地产继承、物权救济方面的财产法律。目前,中文文献对英国土地信托法在其概念界定、功能地位等方面均缺乏研究,甚至存在不少不当认识;而英文文献又较为分散。本文希望作为一个概瞰性的综述,抛砖引玉;若能促成我国学者对英美法特别是土地法与信托法的研究之深入,则幸甚。

(责任编辑:张凇纶)

田野调查视野下集体土地征收问题的体系研究与科学方案

——《集体土地征收法制改革研究:法理反思与制度重构》评点*

陆 剑 刘 果**

| 摘 要 |

与民法典编纂有所不同,如何从我国社会实践出发找寻集体土地征收法律制度的真问题,并对集体土地征收补偿权利予以体系化构建,即田野调查找寻真问题,学理反思构造新理论,制度重构搭建新规则,这才是当下真正有价值的集体土地征收法律制度研究。《集体土地征收法制改革研究:法理反思与制度重构》一书具有田野调查、体系研究和科学方案等三大亮点。集体土地征收问题是农村土地权利体系的最后一环,亦是关键一环。在农地领域,私权利与公权力之间的关系不仅仅是法律问题,更是重大社会问题,但无论如何田野调查都是集体土地征收问题研究的起点和基础。

| 关键词 |

集体土地征收 田野调查 体系研究 科学方案

| 目 次 |

---

* 基金项目:本文系陈小君教授主持的国家社会科学基金重大项目"新时代中国特色土地管理法律制度完善研究"(18ZDA151)的阶段性成果。

** 陆剑,中南财经政法大学法学院副教授,硕士生导师,法学博士,民商法学博士后,从事土地法学研究;刘果,中南财经政法大学中国农地法律问题研究中心助理研究员,从事土地法学研究。

一、民法典编纂与当代我国农地法律问题的差异考察

2014年10月,党的十八届四中全会审议通过的中共中央《关于全面推进依法治国若干重大问题的决定》指出,要加强市场法律制度建设,编纂民法典,制定和完善发展规划、投资管理、土地管理、农业等方面法律法规。2019年《农村土地承包法》《土地管理法》相继修订出台;2020年年初,民法典草案提交全国人大审议。改革开放40多年来,我国社会主义初级阶段市场经济环境发生重大变革,正如马克思所言,立法者不是在制造法律,不是在发明法律,而仅仅是在表述法律,中国民法典编纂亟须反映人的现代性,适当体现民法典的人文关怀。现代民法逐步改变了以财产法为中心的倾向,更加关注对特殊主体如消费者、未成年人、老人等主体权利的保护,注重人的自由与尊严,并集中表现为人格权法与侵权责任法的独立成编,[1]以及近代以来方兴未艾的家庭法改革。[2] 我国民法典编纂虽不是制定新的民事法律,只是"对现行的民事法律规范科学整理",[3]但对新型财产权利的保护也应具备足够的前瞻性,并满足当代及未来发展所需;现代人无论如何都无法漠视个人信息、虚拟财产和大数据等蕴含的巨大财产价值,物权客体的更新已迫使我国民法典编纂走出与德国潘德克顿法系不甚相同的道路。有学者旗帜鲜明地指出,大陆法系尤其是德国法成熟的权利与客体体系,无法直接作为当代中国民法典编纂的典范,诸如有体物等作为农业社会的民法概念必为时代所抛弃。[4] 事实上,对立法概念或民法典范式的争论,本质是为财产权提供更全面的保护,无论是学界要求放开居住权的住宅属性、取消"人役性"的诉求,[5]还是对所谓人格利益财产价值的保障,都反映出我国民法典编纂在新时代采纳新范式的倾向。

受此种新理念和新范式的冲击,我国农地法律制度尤其是集体土地征收规则的设计,迎来新一轮的全面变革,步入"顶层设计和改革试点"顶天立地的新阶段,农村土地法律问题研究特别是集体土地征收法律制度研究较之民法典编纂表现出更为独特的谱系并急需更为务实的研究策略。具体表现为:(1)在我国,土地既是重要的战略资源,也是不可再生的稀缺资源,是集体和成员土地财产权利中最

---

[1] 参见王利明:《民法的人文关怀》,载《中国社会科学》2011年第4期。

[2] 参见刘征峰:《家庭法与民法知识谱系的分立》,载《法学研究》2017年第4期。

[3] 薛军:《中国民法典编纂:观念、愿景与思路》,载《中国法学》2015年第4期。

[4] 参见孟勤国:《变革性与前瞻性:民法典的现代化使命:〈民法总则〉的现代性缺失》,载《江汉论坛》2017年第4期。

[5] 参见鲁晓明:《"居住权"之定位与规则设计》,载《中国法学》2019年第3期。

具价值的部分,在促进农地使用权流转和放开用途管制的话语背景下,农村土地的经济利益必将逐步得到释放和显化,土地增值收益的分配系集体土地征收法律制度亟待解决的关键性问题。如果说我国民法典的发展和编纂,要从 1986 年《民法通则》讲起,着重归纳总结 1999 年《合同法》和 2007 年《物权法》实施经验,那么集体土地征收法律制度的更新与建设,必须以 2013 年农地"三权分置"的提出为起点,这意味着集体土地征收法律制度已远落后于社会发展所需,制度变化更为剧烈且更需要考察当下社会的时空环境。

(2)我国民法典编纂很大程度受益于中国法教义学或解释学的发展,虽然"司法割据"导致法律评注进展困难,[6]但已经有不少学者和实务人士从事法典评注工作。然而,农地问题不单单是法律问题,它与政策走向和基层实践密切相关,对集体土地问题开展纯粹的法解释学研究,如以传统大陆法系的土地权利体系构建我国集体土地法律制度,无异于隔靴搔痒,仅求得逻辑的周延而忽视我国农村的真问题。据此,研究我国当下农村土地法律问题,需以法社会学为支撑,充分进行田野调查并以所取得大数据真实反映基层社会的诉求,尤其应注重政策的引领与沉淀作用,才能解决我国农村发展中的真问题。事实上,在我国民法发展过程中,农地法律问题是最先拓展社会实证研究的领域,也从实证研究中获益良多。[7]

(3)农地法律问题的前述特征,很容易产生农地问题是政策问题而非法学问题的错觉。相较于传统民事法学理论的传承性及法律制度的稳定性,农地法律问题以顶层政策设计为起点,在其与传统民法尤其是物权法制度交汇融合时,学界呈现"公说公有理婆说婆有理"的"繁盛"景象。然而,农地问题尤其是集体土地征收问题,更应该沉淀基层、关注裁判规范,至少不应忽视农地法律制度实践中的具体问题。农民集体成员对集体土地征收补偿有异议时,享有何种权利,何时、向谁行使,请求权基础及其时效、法律后果如何,更应受到学界关注。换言之,农地权利的享有与行使,较《民法典总则》第五章规定的其他的民事权利,更亟待"教科书"式的界定与明确。

综上所述,如何从我国社会实践出发找寻集体土地征收法律制度的真问题,并对集体土地征收补偿权利予以体系化构建,以满足实践所需,即田野调查找寻真问题,学理反思构造新理论,制度重构搭建新规则,这才是当下真正有价值的集体土

---

〔6〕 参见贺剑:《法教义学的巅峰——德国法律评注文化及其中国前景考察》,载《中外法学》2017 年第 2 期。

〔7〕 参加陆剑:《中国问题与实证方法:农地法律制度研究的知识社会学考察》,载《中国农村研究》2013 年第 1 期。

地征收法律制度研究。

二、三大亮点:田野调查、体系研究和科学方案

我国农地法律制度研究发展至今,可认为学界至少已达成如下共识:其一,农地问题是依赖于中国经验的中国问题,是在中国城镇化和工业化进程中的重大问题;其二,法社会学与实证研究不可或缺,只有深入实践才能提出真问题;其三,承认政策在农地法律制度发展中的引领与沉淀作用,以及政策在农地领域发挥独特的治理作用。然而,如何将政策话语中的中国农地问题,结合司法实践和社会实践,以法律语言进行体系化表达,学界观点纷繁复杂。或机械套用比较法上的经验,或过于关注我国农地问题的抽象化建构,但都缺少对中国农地法律制度如何运作和实践的理性思考和科学表达。高飞教授所著的《集体土地征收法制改革研究:法理反思与制度重构》至少有以下三点值得所有学人借鉴。

1. 聚焦田野调查视野下集体土地征收中的真问题

相比其他部门法学,社会实证方法在中国农地法律研究中似乎并不鲜见。以陈小君教授和高飞教授等为代表的农地法律学人,从2002年开始,近二十年注重贯彻田野调查研究方法,被称赞极大地“拓展法学研究方法”。[8] 问题意识和创造性是实证研究的学术生命力所在,技术手段永远是辅助的。但是,缺乏合理方法支持的学术创造总是似是而非,难以有十足的说服力。[9] 本书亦充分应用社会实证特别是田野调查的研究方法,为提出真问题,高飞教授先后参与了2015年7月至9月在山东、湖北、贵州、河南、广东、黑龙江和浙江等7省的实地调研和2017年8月至2018年1月在地处“珠三角”的广州、珠海、佛山、东莞、中山、肇庆、江门、惠州等8市的实地调研,并进行了问卷抽样调查。科学研究方法的采用为研究结论的妥当性奠定了坚实的基础。

(1)在“公共利益的界定”研究中,考察公共利益在实定法、政策中相似概念的内涵变迁尤为重要,在公共利益界定标准不明、界定理念离辙、内涵模糊不清时,法律实践中事实惯行的做法实质上替代了法律法规发挥着法律适用的作用,进而影响征地补偿中权利人的基本权益。本书结合2015年调研资料,令人信服地证实受到早期法律如《国家建设征用土地条例》影响,我国行政机关多将经济建设作为公共利益,甚至将房地产开发等城市经营性用地作为征地主要目的,近1/4受访农户

---

〔8〕 参见温世扬:《一部拓展法学研究方法的力作——评〈农村土地法律制度研究——田野调查解读〉》,载《私法研究》2005年第1期。

〔9〕 参见程金华:《迈向科学的法律实证研究》,载《清华法学》2018年第4期。

表示征地以商业化为目的。[10] 该调研结果表明,对公共利益的离辙认定,在一定历史时期发挥了重要的作用,具有历史惯性和经济理性;另外,现行立法急需明确公共利益内涵,以推动行政机关及集体成员实现从观念到实践的真正转变。

(2)在对集体土地征收补偿规则及程序法的研究中,法律适用呈现出重实体轻程序、重公权轻私权的征收补偿法律实践样态。2017 年"珠三角"调研中,在问及受访者"是否参与过征地安置方案、补偿标准、公共利益的讨论"等问题时,仅"确定征地补偿方案"勉强过半,受访农户亦不关心征收程序是否得到良好的遵守。[11] 村民仅强调其遭受的不公,却漠视征收程序的实施,这表现出四点值得注意的问题:第一,我国关于集体土地征收补偿程序法的法律法规本就薄弱,并在实践中进一步缺失,最终形成了行政机关"一言堂"的不正常现象;此外,程序法得不到落实,村民缺乏程序性的救济渠道,极易发生群体性事件,村民上访不断。第二,在集体土地征收补偿这样的中国法律问题中,法学理论尚不成熟且未得到立法支持,程序法的实施,更多的是依靠行政机关的强制力保障,进一步可以得出如下结论:村农民集体及成员享有何种程序性权利,应由行政机关明确告知,对行政机关履行程序性义务,应以更加严格的立法予以督促。第三,在公权与私益的关系严重失衡时,应强化外部监督的力量,尤其是司法机关的支持。由此,本书针对实践中集体土地征收中的真问题,整合学界观点,提出了较为具体的几个意见:增加公共利益前置认定程序,强化国家土地督察机构及司法机关行政判决的有力监督;公告征收决定时,要细化至被征收人各自享有什么权利,救济权及具体行使时间,并借鉴人民法院的送达方式要求行政机关取得送达回执等。第四,农地征收补偿分配中,经 2010 年实地调查,多数村民认同分配主体为村委会或村民小组,[12] 而 7 省调研结果显示,过半数村民不愿意将补偿款分配给对集体土地享有用益的非本村村民,并希望将大部分土地补偿费分配给土地承包经营权人。此调查结果至少提示学人,对非本村村民经营权人的利益保护,除依法支持村集体同经营权人协商补偿外,更应在程序上明确土地经营权人的救济渠道,在实体上明确其补偿项目,以免在村民自治中损害第三方利益;考虑到"人增地减"逐渐成为主流,将大部

---

〔10〕 参见高飞:《集体土地征收法制改革研究:法理反思与制度重构》,中国政法大学出版社 2019 年版,第 48 页。

〔11〕 参见高飞:《集体土地征收法制改革研究:法理反思与制度重构》,中国政法大学出版社 2019 年版,第 95 页、第 100 页、第 101 页。

〔12〕 参见高飞:《集体土地征收法制改革研究:法理反思与制度重构》,中国政法大学出版社 2019 年版,第 189 页。

分补偿款分配给土地承包经营权人,可能损害对承包地“求而不得”的集体成员。上述理性思考,体现了农地征收补偿问题须进行田野调查的重要意义。

(3)除去样本问题,考虑到村民自决的政治组织形式安排,实践中有大量的征地补偿纠纷并未通过诉讼的方式表现出来,而是以上访、行政调解等非诉调解方式解决,使诸多问题并未暴露在研究者面前。田野调查的结果,显现征地补偿程序缺失要比想象中严重的多,即使新《土地管理法》对此问题有所修正,但计划经济以来形成的观念惯习尚需要时间去转变。应注意的是,立法的缺失,不应影响学界关于农地理论的完善,尤其是农地发展权,如何在中国生根发芽并予以法律化表达,须从解决实践问题的角度出发。本书指出,“农地发展权是通过农地现有用途加以改变和将集体土地变更为国有土地而获得更高收益的一种土地财产权”,[13]考虑到农地增值收益应归农民而非国家,将农地发展权与土地所有权相联系,较之将农地发展权与国家管制权结合,更有利于市场经济下农地征收补偿标准的提高与农民利益的维护,但现阶段不宜由立法规定农地发展权,而应在法学理论层面予以发展和完善。笔者认为,所谓农地发展权是因规划原因导致土地用途变更引发土地增值的权利,在实践层面,若政府对某块土地新作出或改变原土地规划,显而易见,两块相邻的土地,仅仅因为土地规划原因,导致两者土地价值大不相同,不甚合理。新《土地管理法》第48条第1款规定,征收土地应当保障被征地农民原有生活水平不降低、长远生计有保障,实质是以土地增值收益“涨价归公”为原则,并保障农民生活生产稳定——集体土地所有权变更为国有建设用地后,政府要确保集体成员的基本社会保障,养老、医疗等有所依护。此种立法所追求的结果,在一定程度上维护了农民利益,但不免面临一个诘难:新中国成立以来,为了保证城镇、工业化土地要素的尽快配置,依靠农民农产品与其他商品、服务的剪刀差,才完成我国工业化的原始积累,如今,通过以农地征收为代表的土地财政,发展现代工业化与城市化,却仅以维护农民“生活水平不降低”为基本原则,实属过于苛刻。换句话说,改革开放以来,高速发展的城市化进程,使城镇居民受益颇多,但因农地用途限制,农民很难从土地上享受土地增值的红利。政策层面虽不提倡单一的货币补偿方式,但社会保障方面,不仅仅是“户有所居”就能解决的,农村养老保险的具体保障数额,是否足以达到城镇化居民养老的水平,亦要打一个大大的问号。归根结底,考虑到国家经济发展与财政需要,立法上明文规定农地发展权尚不现实,但在

---

[13] 高飞:《集体土地征收法制改革研究:法理反思与制度重构》,中国政法大学出版社2019年版,第155页。

理论上建立和完善农地发展权,并为农地征收补偿标准的提高提供法理基础,却是亟待解决的事情,本书的论断可谓精准。

2. 构建集体土地征收问题的体系研究

在通过社会实证研究明确集体土地征收实践的制度需求后,法律框架应当与时俱进,与实践协调发展。本书的研究与其说是针对某一问题的研究,毋宁说是针对未来可能成文的《集体土地征收法》中关键和核心问题的分章研究。结合学界研究热点,宏观视野下集体土地征收问题的基本框架为:公共利益的界定是征收决定权合法实施的前提,征收程序正当和实体利益保护是征收补偿的核心,而因涉及集体土地所有权在农村集体及其成员间的复杂关系,征收补偿分配是我国集体土地征收法律制度体系的重要组成部分。微观视野下,集体土地征收补偿不单单是民法问题,其更多地表现为公法视阈下的私法问题,须贯穿特定议题下的公私法研究,以实现国家公权与集体成员私权的平衡。横向上,应以解释论对农地法律发展前30年的经验与成果进行总结,并以立法论关注和回应基层农村的发声,尤其应思考基层调研中发现的真问题及其法律化解决之道。“新中国成立以来,前30年,农地变迁的主要动力来自国家,后30年,农地变迁的主要力量来自基层农村。”[14]

(1)对规范性文件或制度现状的解读,既是对历史经验与成果的总结与反思,也要不拘泥于历史,而寻求当代集体土地征收法律制度的发展。征收与公权力的行使和限制息息相关,征收补偿标准及规则,亦不单单体现私权利的救济,须从《宪法》到党和国家的政策以及规章,体系化总结历史对当代制度实践的“不当”影响。就公共利益内涵的界定而言,《宪法》未明确征收时“依照法律规定的条件”与公共利益关系为何,在各类法规及政策中,“国家建设”成为公共利益的代名词,而法规规章对“国家建设需要”粗略的列举,导致长期以来我国土地资源浪费严重、征地冲突频发。[15] 新《土地管理法》第45条以列举加概括方式明确公共利益外延,却少了否定式列举、多纳入了概念不明的“成片开发建设”。征收程序上,集体土地征收包括农用地转建设用地审批——集体土地征收审批——公告征收决定、征地补偿登记手续——征地补偿、安置方案确定四个程序,从《宪法》第10条到《民法总则》第117条、《物权法》第42条以及《土地管理法》《土地管理法实施条

---

〔14〕 陆剑:《聚焦中国问题 探索实证近路——〈集体土地所有权主体制度研究〉评点》,载《私法研究》2012年第2期,第348页。

〔15〕 参见高飞:《集体土地征收法制改革研究:法理反思与制度重构》,中国政法大学出版社2019年版,第38页、第39页。

例》《征收土地公告办法》(已废止)《国土资源听证规定》等部门规章,征收决定权的启动,以及是否符合公共利益的界定,是内部行政行为,由行政机关单方面决定,所谓的公告与听证流于形式,行政机关既是运动员又是裁判员,使诸多内外部监督丧失法律意义。[16] 集体土地征收补偿规则上,法律层面多原则性规定,而地方补偿条例多空白或授权条款,虽然《民法总则》与新《土地管理法》明确了“公平、合理”的补偿原则,但下位法律法规并未予以衔接,造成补偿标准低、补偿方式单一。[17] 上述讨论,考察的是制度生成的历史背景和社会基础,也较为直观地展示了集体土地征收制度缺陷的来龙去脉和历史渊源。

(2)集体土地征收制度“缺陷”具有较强的历史成因,制度的不足随着经济社会发展越发凸显,本文所着眼的仍是当下我国集体土地征收补偿问题。在新中国成立后的30年,把经济建设同公共利益混为一谈,是国家工业化的需要;在计划经济向市场经济转型期间,以经济发展为核心的发展策略,使党和国家的政策、法律法规高度贴合经济目的,此种选择具有历史合理性,但并不意味着具有“现实合理性”。[18] 对公共利益内涵界定的失范根源为立法上以“节约用地原则”取代了“公共利益需要”,而实践中,政府为追求市场经济运行中自身利益的最大化(承认政府利益的独立性具有合理性),搁置“节约用地原则”,进一步架空对公共利益的认定,侵害土地所有权人权利,且此种缺陷无法通过“特定历史时空下”的内外部监督得以救济。[19] 征地程序与征地补偿实体制度缺陷的根源类似,受到了计划经济时代与农地权利两权分离下“国家大操办”“经济发展优先”“生存保障为主要目的”的深刻影响:土地资源配置、征地补偿的救济与争议解决以政府为主导,因而听证等程序的法律意义不明且争议的存在对征收方案的实施无实质影响,补偿标准受“土地财政”与公权力的影响,轻视农民集体及其成员权益。[20]

基于上述背景与讨论,本文或许呈现给大家一项极为重要的观点或结论:立法的缺失有着极为深刻的历史因素,农地法律制度尤其是集体土地征收问题,在改革

---

〔16〕 参见高飞:《集体土地征收法制改革研究:法理反思与制度重构》,中国政法大学出版社2019年版,第84页、第85页、第90页。

〔17〕 参见高飞:《集体土地征收法制改革研究:法理反思与制度重构》,中国政法大学出版社2019年版,第131页。

〔18〕 参见高飞:《集体土地征收法制改革研究:法理反思与制度重构》,中国政法大学出版社2019年版,第44页。

〔19〕 参见高飞:《集体土地征收法制改革研究:法理反思与制度重构》,中国政法大学出版社2019年版,第54页。

〔20〕 参见高飞:《集体土地征收法制改革研究:法理反思与制度重构》,中国政法大学出版社2019年版,第102页、第103页、第152页、第153页。

开放以来的40年间,其变化不可谓不大,在计划经济时期所遵循的征地补偿理念和原则,在逐步放开集体土地入市的时代变革中,应进行根本性的方向转变。此种理念转变深刻影响当代集体土地征收法律制度的构建。以2019年《农村土地承包法》及《土地管理法》修订实施为契机,农地权利体系从“两权分离”到“三权分置”,集体土地征收补偿从村庄内生存安置型向市场化财产发展型转变:第一,随着从事非农产业的农民日益增多,人地分离下如何有效地促进农地适度规模经营成为重要问题。[21] 集体土地征收补偿的重点从所有权、土地承包经营权向土地经营权转变,突出土地实际经营者的法律地位和土地经营权的重要价值。土地经营权人在征收中的利益有待于从实体和程序两个维度进行充分保护,特别是以村庄外部成员为被征收人的程序规则亟待补充。土地经营权流转是在市场驱动下的陌生人社会中进行,其权利保护规则有别于“两权分离”下的设计。具体而言,基于特殊依附关系,“两权分离”下集体土地征收补偿费一般由村集体统一领取、统一分配,分配比例等事项由村集体自决;在“三权分置”下,土地经营权人与村集体并无直接关系,无论土地经营权系物权或债权,补偿费均应由土地经营权人径直取得。第二,征地补偿以农户的生存保障向财产利益转变。所谓生存型的农村土地归属与利用,其一,就集体土地所有权而言,虽然新中国成立以来,多有土地征收规则变化,但维持农民原有生活、保障长远生计之目的一直承载其上。[22] 其二,就土地承包经营权而言,在城乡二元化的社会保障体系下,农地是农民就业的工具,对于多数农民而言,“失地意味着失业”。[23] 随着城乡二元化社会保障体系的打破,农民获得城镇相应的居住保障、就业保障及医疗保险等福利后,农村土地所承载的社会保障功能逐渐消失,法律应允许农地用益物权向财产权本质理性回归。由此,土地权利之流转价值,应参考市场价值而定,并可随土地价值的提高而提高。新《土地管理法》以“区片综合地价”作为征收标准,虽改善了以用途作为征地定价的低补偿标准现状,然尤为不足。

(3)建构集体土地征收补偿规则时,牵一发而动全身,不单单是《物权法》或者《土地管理法》,须公私法结合,实体法与程序法共建。就公共利益的界定而言,征

---

〔21〕 参见冀县卿、钱忠好:《中国农地产权制度40年——变迁分析及其启示》,载《农业技术经济》2019年第1期。

〔22〕 参见邹爱华:《土地征收中的被征收人权利保护研究》,中国政法大学出版社2011年版,第185~191页。

〔23〕 参见刘婧娟:《中国农村土地征收法律问题》,法律出版社2013年版,第182~185页。

收决定是具体行政行为,《物权法》“难以承受全面而系统的集体土地征收制度之重”,[24]故涉及公共利益界定的,采“概括立法”具有合理性,但《土地管理法》应对公共利益的界定作出突出而具体的表现。总体而言,列举加概括的方式具有合理性。其中,某些反面列举如“单纯为了土地储备、增加国库财产和地方财政等目的而征收土地”等,学界已达成共识,应纳入立法。[25] 新《土地管理法》没有明确反面列举,且把“成片开发建设”置于公共利益范畴,不甚妥当。此外,行政法与司法实践中,应当将公共利益认定的最终裁决权归还司法机关,并允许被征收人参与到公共利益的认定中,得以从公私法、程序法上控制与限制征收决定权的发生。除在公共利益的认定中,引入特定程序法规则外(如农用地转建设用地程序),将征地补偿协商议价制度作为集体土地征收审批前置程序,学界业已达成共识。[26] 本书建议,应当细化公告征收决定程序,在公告内容上增加符合公共利益的说明、征地的标准和理由,尤其应告知被征收人各自享有何种权利及其行使时间,并明确听证笔录的效力及权利人提起行政诉讼的权利,落实先补偿后拆迁原则,限制新《土地管理法》第47条第4款“个别确实难以达成协议的,应当在申请征收土地时如实说明”的适用等。[27] 在实体补偿规则中,更重要的是征收补偿理念的转变与农地权利体系理论的发展,引入农地发展权理论;在此基础上,引入高度市场化的征收补偿机制,对土地所有权的补偿,突出其财产性,而对安置补偿,则强调其社会保障功能,不局限于货币补偿的单一补偿方式。[28] 当然,应健全集体土地所有权主体制度,并区分村集体政治和经济事务,将经济事务归还给农民集体经济组织。[29]

最后,征收补偿分配问题是集体土地征收补偿制度体系的最后一环,是土地所有权人与集体成员土地权益的具体落实,更关系着新型农业经营主体的未来发展。该问题的解决,同征收补偿标准与规则的设定息息相关。具体而言,市场化补偿标准的确立与土地发展权的归属,将极大地影响集体成员的补偿收益,而补偿项目的

---

[24] 参见高飞:《集体土地征收法制改革研究:法理反思与制度重构》,中国政法大学出版社2019年版,第68页。

[25] 参见高飞:《集体土地征收法制改革研究:法理反思与制度重构》,中国政法大学出版社2019年版,第72页。

[26] 参见高飞:《集体土地征收法制改革研究:法理反思与制度重构》,中国政法大学出版社2019年版,第111页。

[27] 参见高飞:《集体土地征收法制改革研究:法理反思与制度重构》,中国政法大学出版社2019年版,第112页、第113页。

[28] 参见高飞:《集体土地征收法制改革研究:法理反思与制度重构》,中国政法大学出版社2019年版,第169页。

[29] 关于集体土地所有权制度研究。参见高飞:《集体土地所有权主体制度研究》,法律出版社2012年版。

确认,几乎决定了新型农业经营主体是否享有征收补偿权益。本文结合实践调研,认为农地征收补偿的分配主体为村委会,具有法适用合理性与实践妥当性;在分配对象上,集体成员的认定应着重考察是否依赖集体土地生存、生产,更为重要的是,在分配范围上,虽然用益物权人和担保物权人应为独立补偿,但用益物权不得为独立征收客体,否则与我国征收系原始取得的性质相违背。[30] 此外,尤其值得探讨的现实问题是:即使排除非本村村民征地补偿款分配问题,余下款项如何在村集体(村委)与集体成员,以及成员之间分配,亦是实践中征地补偿纠纷较为重要的一环。本文结合2015年7省实地调研与2017年"珠三角"实地调研,确认了土地补偿款在分配时对土地承包经营权人的倾斜分配,[31]并予以反思。

2013年7月,国家层面首次提出农地所有权、承包权与经营权构想;[32]"三权分置"在新《农村土地承包法》得以确立,新型农业经营主体的征收补偿权益如何保护,即成为一项亟待解决的问题,该问题同土地经营权的性质、担保类型等问题,共同影响"促进农村土地流转、放活经营权"的政策落地效果,其本质是对土地流转范围和程度的把握。笔者认为,无论土地经营权性质为何,在征收中,对受到侵害的财产权应一视同仁,因而确立新型农业经营主体的独立补偿地位应无疑异,较为困难的是如何在实体法与程序法中予以落实。本书在集体土地征收补偿规则及程序法规则的构建中,已有表述,殊值赞同。

3. 寻求与当代我国制度环境相吻合的科学方案

立法选择应与当下我国的制度环境相吻合,我国土地制度是随着我国工业化和城镇化发展的进程而不断发展的。[33] 我国的土地资源是相对稀缺资源,我国改革开放以来取得的巨大成就,离不开各级政府对土地资源的合理配置与科学利用。我国经济社会经历了高速的跨越式发展,农地制度也面临着急速的变革。如果说民法制度的变革,要关注1986年《民法通则》至今34年的发展,知识产权要关注从1992年中美《关于保护知识产权的谅解备忘录》起28年的发展,[34]那么我国农地

---

[30] 参见高飞:《集体土地征收法制改革研究:法理反思与制度重构》,中国政法大学出版社2019年版,第193页。

[31] 参见高飞:《集体土地征收法制改革研究:法理反思与制度重构》,中国政法大学出版社2019年版,第195~198页。

[32] 参见刘守英、熊雪锋、龙婷玉:《集体所有制下的农地权利分割与演变》,载《中国人民大学学报》2019年第1期。

[33] 参见甘藏春等:《当代中国土地法若干重大问题研究》,中国法制出版社2019年版。

[34] 参见吴汉东:《改革开放四十年的中国知识产权法》,载《山东大学学报》(哲学社会科学版)2018年第3期。

法律制度,更应关注近年来的发展与现状。在我国农村土地制度改革进入“顶层设计与改革试点”新常态的大背景下,农村基层社会以“改革试点”为基础对农村土地进行了诸多制度创新,也形成一批“可复制、可推广”的制度经验,亟待法律和政策的关注和表达,其表现为两个特征:其一,历史经验与改革成果不一定能适用在现行的集体土地征收制度中,我们应理性反思社会变迁所暴露的制度缺陷;其二,在新时代,研究者应关注新的农地法律关系及其适用。亟待在对旧有规则进行改造的同时创设新的规则,并注重贯彻新理念,着重保护新型权利主体与新型权利。事实上,本书的基本框架与制度建构中,深刻体现这样的研究思路:

(1)各章节可简单概括为制度现状、缺陷根源及制度构建三部分。在讨论制度现状时,以历史分析与法律实证的研究方法,系统分析公共利益界定、征收补偿规则、程序以及分配问题的宪法、法律、行政法规、司法解释等规范性文本,同时指出政策在其中扮演的重要作用,其目的是找寻如今看来较为“荒诞”或严重不公的制度缺陷从何而来,进而明确其回归之路。尤其在“节约用地原则”“征收补偿与程序的单方决定”等理念的生成上,探讨历史合理性,以更好指出新市场环境下旧有制度之不足。

(2)新理念与新制度应符合当代农地法律制度实践。以田野调查为主的社会实证所支撑的农村基层社会研究,既是思考起点,也是验证新理念与新制度是否妥当的依据。研究结论的务实妥当表现为是否对实践者的真问题进行了良好的回应。在第一章,社会实践调研表明,现阶段仍将经济发展同公共利益等同,容易引致行政权力的扩张与滥用。制度完善与设计上,应充分调动外部监督的积极作用;在第二章,多数农户不关心征收程序是否得到良好遵守,集体土地征收补偿程序虚化。立法上得嵌入被征收人提前介入的征收程序,强化行政机关程序履行的责任,严苛不履行法定程序的后果;在第三章,农户反映征地补偿标准过低,核心原因是土地发展权理论的缺失,以及非市场化或半市场化征收补偿标准的引致。本文提出应构建符合中国特色的农地发展理论,财产性土地补偿全面市场化,具有生存性质的土地应着重安置补偿、保障农民长远生计。在第四章,长期以来,实践形成的分配主体制度,应予以肯定,而农户对分配对象及分配范围的态度,一定程度影响了法律对个别主体的特殊保护。

(3)既要考虑我国城乡二元结构向城乡融合发展的大势所趋,又要尊重历史和现状。《国有土地上征收与补偿条例》已稳定实施多年,效果良好,不大可能再制定统一的城乡土地征收补偿条例,则单独制定《集体土地征收补偿法》尤为必要,尤其在《土地管理法》并未对集体土地征收单独成章的条件下,本书指出,更要以单独的集体土地征收补偿法,明确农地权利与土地增值的关联及集体土地所有权主体制度,以促进城乡融合发展。[35]

三、结语

近年来,受党和政策的影响,我国农地法律问题似已成显学,论文、著作汗牛充栋。集体土地征收问题涉及农民土地财产权利的实现,与农民生存保障及地方政府土地财政等问题密切相关,是牵一发动全身的重大议题,值得深入研究。难能可贵的是,本书以实证研究为支撑,从基层农民最为关切的具体问题出发,系统地完成了一部结构清晰、体系完整的著作。2019 年《农村土地承包法》与《土地管理法》相继修订实施,2020 年《民法典》的颁行,我国农地法律制度的公私法规制、实体与程序法的顶层建构已基本完成。然而,无论是权利体系理论建设的不完备,还是农地法律制度在实践发展中体现出的错位与不充分,都表明学界在农地法律制度的研究上仍大有可为。如在“三权分置”制度背景下,集体土地征收补偿问题不仅仅是集体土地所有权人关心的话题,更涉及土地经营权人的切身利益。截至 2017 年年底,全部或部分流转承包地的农户超过 7000 万户,面积达到 5. 12 亿亩,占家庭承包地总面积的 37%。[36] 随着农地流转规模的扩大以及新型农业经营主体的不断发展,“三权分置”下各权利主体间利益分配问题,仍可在本书关于集体土地征收补偿分配结构的框架上继续深入研究,且必须时刻关注试点地区的实践发展。集体经营性建设用地入市、宅基地退出等凡与农村土地用途变更或利益再分配相关的议题,都与集体土地征收息息相关。

集体土地征收问题或许是农村土地权利体系的最后一环,却贯穿着集体土地所有权的主体与客体制度,关系着国家公权力与集体私权利之平衡、影响着农民集体与集体成员之间的利益调控。在全面深化改革,扎实推进新型城镇化、实现乡村振兴的伟大进程中,在农地领域,私权利与公权力之间的矛盾与消解不仅仅是法律问题,更是充满机遇与挑战的重大战略课题,但无论如何田野调查都是集体土地征收问题研究的起点和基础,农地法律学人仍将砥砺前行。

(责任编辑:孙聪聪)

---

〔35〕 参见高飞:《集体土地征收法制改革研究:法理反思与制度重构》,中国政法大学出版社 2019 年版,第 205 页。

〔36〕 参见韩长斌:《中国农村土地制度改革》,载《农村工作通讯》2018 年第 12 期。

集体土地征收制度的症结和出路

——《集体土地征收法制改革研究:法理反思与制度重构》评介*

王天雁**

| **摘　要** |

在城乡融合发展和农村土地制度改革的大背景下,高飞教授所著的《集体土地征收法制改革研究》以明确的问题意识和目标导向,综合运用实证分析方法和价值分析方法,遵循从解释论到立法论的研究思路,对集体土地征收涉及公共利益认定、土地征收程序、征地补偿和征地补偿款分配等重大问题给予了全面分析和立法回应,对于未来《土地管理法》的修改提供了有益的理论积淀,是近年来土地法制研究领域比较出彩的一本专著。本文对于农村土地法制研究的主要学术贡献在于:对集体土地征收法制应当贯彻的制度理念进行了提炼和升华,构建了与国有土地房屋征收相区别的集体土地征收法律制度,将田野调查研究的方法充分运用在集体土地征收法制研究之中。

| **关键词** |

土地征收　公共利益认定　征收程序　征收补偿

| **目　次** |

---

* 基金项目:本文系国家社科基金项目"生态文明视域下牧区草地承包经营法律制度研究"(17XFX020)的阶段性成果。

** 王天雁,西北民族大学法学院副教授、法学博士,主要研究土地法。

在我国，农村土地问题无疑是关系改革发展稳定的根本问题，由农村土地征收引发的矛盾纠纷更是严重影响农村社会稳定发展的突出症结。据国家信访局统计，群体性上访事件60%与土地有关，土地纠纷占社会上访总量的40%，其中征地补偿纠纷又占到土地纠纷的84.7%，每年因为征地拆迁引发的纠纷在400万件左右。[1] 党的十八届三中全会因此对包括农村土地征收制度在内的农村土地制度改革作出重要部署。2014年12月，中共中央办公厅、国务院办公厅发布《关于农村土地征收、集体经营性建设用地入市、宅基地制度改革试点工作的意见》，自然资源部随后在部分地区就农村土地征收涉及的缩小征地范围、规范土地征收程序、完善多元保障机制等问题进行试点，并形成了制度性成果。这些成果最终体现在2019年《土地管理法》修订之中。但是，整体而言，本次《土地管理法》修订工作仍然略显仓促，土地征收中所存在的突出问题如何化解尚缺乏充分的讨论和透彻的争鸣，特别是一些根本性问题仍未得到彻底解决。[2]

这些突出问题的主要表现，一是土地征收中公共利益该如何认定，“成片开发建设”如何体现公益性？二是土地征收程序中征收决定、安置补偿决定等内部程序如何监督，如何保障被征收人的知情权和参与权？三是征地补偿法律关系的主体究竟是谁？征地补偿如何做到“公平、合理”？四是征地补偿款如何在农民集体和农民集体成员之间公平分配？

高飞教授的专著《集体土地征收法制改革研究：法理反思与制度重构》正是针对上述问题，进行了扎实的实证调查和深入的理论探索，并且提出了详细的解决方案。作者长期以来从事农村土地法制研究，秉持“用双脚丈量土地”的学术精神，常年在农村进行田野调查，密切追踪农村土地制度改革的实践，通过严密的理论分析对农村土地制度改革的重大问题给予精准回应。本书系由作者在中国社会科学院师从孙宪忠教授从事博士后研究的工作报告修改而来，是作者数年来对农村土地征收制度深入思考的重要成果，从理论上对我国农村土地征收制度存在的根本性问题提出了可能的改革路径，对于未来《土地管理法》的修改提供了有益的借鉴文本。

一、公共利益的认定：规范模式和审查监督

在农村集体土地征收中，公共利益的认定无疑是征收的前提性问题。虽然《土

〔1〕 参见洪巧俊：《公平补偿征地是最好的“维稳”》，载《新华每日电讯》2012年第3版。

〔2〕 参见高飞：《集体土地征收法制改革研究：法理反思与制度重构》，中国政法大学出版社2019年版，第5页。

地管理法》和《物权法》都将公共利益确定为农村土地征收的前提条件,以限制国家的征收权,但是,由于公共利益概念内涵的不确定性,实践中以"经济建设"为目的的土地征收大行其道,侵害农民集体及其成员的利益。虽然《土地管理法》的修改已经明确界定公共利益,并对征地范围加以严格限定,但是作者认为我国土地征收制度中公共利益的界定仍然存在法律规定粗疏、概念内涵模糊和认定规则虚无的问题,特别是新《土地管理法》第45条第5项规定的"成片开发建设"需要征地的情形,为"经济建设"进入公共利益范畴留下空间。[3] 作者认为,界定理念离辙(与"节约用地原则"限制征收的冲突)、界定权力异化(土地征收权的滥用和"权力寻租")、监督制度残缺(行政内部监督失效、外部监督薄弱)是公共利益认定存在困境的根源。[4]

为充分发挥公共利益条款所具有的授权功能、控权功能和利益衡平功能,作者认为未来公共利益条款的完善应当重点强调三个方面:一是公共利益条款的规范模式。作者认为对公共利益的类型进行列举且对不属于公共利益的情形加以排除的同时,应当设置一个兜底条款,以使公共利益条款的灵活性和发展性不至于被泯灭。[5] 二是公共利益认定的主体。作者认为在认定权力的配置上实行分权,由立法机关确定公共利益条款的法定内容,行政机关在实践中具体执行认定权力,司法机关对公共利益的认定争议进行个案判断。[6] 三是公共利益认定的监督。作者认为征收权的内部监督和外部监督应当结合,立法监督和司法监督应当互补,可以考虑在立法监督中将现行制度体系中的国家土地督察制度由行政的内部监督转化为立法监督,将国家土地总督察办公室设在全国人大监察和司法委员会,同时应当将公共利益认定的听证会规定为做出集体土地征收决定的必经程序,以此确保农民集体及其成员可以就公共利益的认定表达意见。[7]

从作者对于公共利益界定的论证思路来看,由于公共利益的不确定性,作者并未对公共利益给出确切的定义,仅是针对公共利益的特征及其与其他类似概念的

---

[3] 参见高飞:《集体土地征收法制改革研究:法理反思与制度重构》,中国政法大学出版社2019年版,第42~45页。

[4] 参见高飞:《集体土地征收法制改革研究:法理反思与制度重构》,中国政法大学出版社2019年版,第52~67页。

[5] 参见高飞:《集体土地征收法制改革研究:法理反思与制度重构》,中国政法大学出版社2019年版,第72页。

[6] 参见高飞:《集体土地征收法制改革研究:法理反思与制度重构》,中国政法大学出版社2019年版,第78页。

[7] 参见高飞:《集体土地征收法制改革研究:法理反思与制度重构》,中国政法大学出版社2019年版,第79~81页。

区别做出界定,大致划定了公共利益的外延。这种做法也符合目前法学界的主流认识和做法。当然,尽管不能给公共利益以准确的定义,但是为防止公共利益条款在实践中被滥用,作者提出应当采用正面列举加反面排除并设置兜底条款的折中方式规范公共利益认定模式。从保持法律的确定性和防止公共利益认定中自由裁量权过宽的角度,作者的观点无疑具有合理性,但是客观来讲,由于公共利益本身的不确定性,即使通过反面排除的方式,是否能够清晰地划定公共利益和非公共利益之间的界限令人怀疑。更有甚者,采用反面排除的方式,有可能导致简单和绝对化的做法,将公共利益与其他利益之间进行截然的对立,可能使法官陷入非此即彼的对立思维之中,妨碍公共利益的最大化实现。〔8〕因此,通过公共利益的类型化列举并不能完全杜绝公共利益条款在实践中被滥用的问题,现实的做法是通过公共利益认定的程序控制机制以实现对行政机关土地征收权的制约和监督。作者提出的优化多元化监督机制、建立公共利益认定听证程序以及国家土地总督察办公室转化为立法监督机构等解决方案都是具有借鉴意义的。当然,这些方案本身能否实现并达致预期的目标,不仅取决于方案在理论上的可行性,尚取决于政治和政策上的可接受性。

二、集体土地征收程序:透明化与信息公开

毫无疑问,土地征收程序机制是打破土地征收中公共利益和私人利益僵局的有效解决方案,是解决土地征收中利益冲突的有效方式。从目前我国土地征收程序来看,作者通过2015年7省和2017年“珠三角”地区的实地调查,发现由于土地征收过程中重实体、轻程序的历史延续,重效率、轻公平的价值主导,重权力、轻权利的观念指引,我国现有的土地征收程序存在征收决定的程序不透明(审批决定内部化),被征收人的参与权利无保障(公告程序和听证程序中知情权、参与权无保障),被征收人的救济渠道欠畅通(行政裁决为提起行政诉讼的先决条件、行政征收决定提起诉讼的范围非常有限)等问题。〔9〕

就上述问题,作者提出应该以权力和权利平衡的法律观念,以制约行政权力和保护财产权利为出发点,对现行集体土地征收程序制度予以重构:一是健全农用地转为建设用地审批程序。现行土地征收程序应该修改为:农用地转用预审程序——被征地调查与权属登记程序——公共利益认定听证程序——公共利益认定

〔8〕 参见王利明:《论征收制度中的公共利益》,载《政法论坛》2009年第2期。

〔9〕 参见高飞:《集体土地征收法制改革研究:法理反思与制度重构》,中国政法大学出版社2019年版,第92~106页。

监督和救济程序。[10] 二是确立集体土地征收审批前置程序。借鉴国外土地征收的经验,可以先由作为被征收人的农民集体与征收请求人对拟征收土地的价格进行协商,在双方达成协议时,农民集体则以该协议价格将土地转给国家。[11] 三是细化公告征收决定程序。在前置程序中不能达成土地征收协议的,则在做出土地征收决定后,予以公告,并确保公告内容具体化、公告形式多样化。[12] 四是改进征地补偿、安置方案确定程序。主要包括协商程序、听证及裁决程序、公告与通知程序、争议裁决程序、实施程序和供地程序等。[13]

相比较现有的土地征收程序,作者所提方案的突出特点在于:一是完善农用地转为建设用地审批和集体土地征收审批程序环节,增加公共利益认定的程序控制机制,将原有的土地征收决定内部行政行为转变为可以通过听证程序加以监督的外部行政行为,从而奠定了土地征收决定可诉性的理论基础;二是增加土地征收审批的价格协商程序,这将有助于减少土地征收的阻力,切实保障土地征收中农民集体及其成员的财产权益;三是在征地补偿、安置方案中增加协商程序,完善听证程序,切实落实先补偿原则,这将能够解决现有补偿安置程序中补偿安置方案决定不透明的问题,切实保障被征收人的参与权。总体上,作者的方案符合中共中央《关于全面深化改革若干重大问题的决定》提出的"缩小征地范围,规范征地程序,完善对被征地农民合理、规范、多元保障机制"的农村土地征收制度改革精神,也吻合《关于农村土地征收、集体建设经营性建设用地、宅基地制度改革试点工作的意见》提出的"规范土地征收程序,建立社会稳定风险评估制度,健全矛盾纠纷调处机制,全面公开土地征收信息"的试点要求。特别是2014年修订的《行政诉讼法》将集体土地征收决定和征地补偿决定纳入行政诉讼的受案范围后,被征收人可以通过行政诉讼程序对受行政决定侵害的权益加以救济,这使作者所提出的土地征收程序更加具有可行性。当然,《行政诉讼法》的新规定能否得到真正落实仍然有待于行政机关对行政征收权力的自我约束和克制。

---

〔10〕 参见高飞:《集体土地征收法制改革研究:法理反思与制度重构》,中国政法大学出版社2019年版,第107页。

〔11〕 参见高飞:《集体土地征收法制改革研究:法理反思与制度重构》,中国政法大学出版社2019年版,第110页。

〔12〕 参见高飞:《集体土地征收法制改革研究:法理反思与制度重构》,中国政法大学出版社2019年版,第112页。

〔13〕 参见高飞:《集体土地征收法制改革研究:法理反思与制度重构》,中国政法大学出版社2019年版,第113页。

三、集体土地征收补偿:何为“公平、合理”

集体土地征收补偿是集体土地被征收后国家应支付的对价,既是土地征收的关键环节,也是土地征收矛盾比较集中的领域。虽然修改后的《土地管理法》第48条规定“征收土地应当给予公平、合理的补偿,保障被征地农民原有生活水平不降低、长远生计有保障”。并且规定按区片综合地价进行补偿,安排被征地农民的社会保障费用。然而,从作者的实地调研来看,面对实践中征地补偿标准较低和征地补偿款难以到位的问题,修改后的《土地管理法》仍然存在征地补偿义务主体错位、征地补偿标准极低和征地补偿方式单一等突出问题。〔14〕 新《土地管理法》并没有从根本上改变旧法征地补偿法律关系不清、征地补偿观念混乱和农地发展权理论缺失的制度缺陷。〔15〕

何为公平、合理的补偿,应当不仅是原则性的规定,更应当贯彻在具体土地征收补偿规则设计之中。作者针对土地征收补偿存在的突出问题,提出了具体的解决方案:(1)明晰征地补偿法律关系。征收补偿是具有公法性的法律关系,土地征收中的补偿义务主体应当是国家,而不是用地单位。〔16〕 (2)厘清征收补偿观念。在集体土地征收补偿制度中,应当根据补偿的性质践行不同的补偿观念,让“市场的归市场,国家的归国家”。其中,对于土地补偿、附着物和青苗补偿应突出其财产性,并在补偿时贯彻市场化的补偿观念,而对于安置补偿应当强调实现其社会保障性质,让国家承担更多的责任。〔17〕 (3)引入农地发展权理论。对集体土地征收补偿制度进行变革,在征地补偿时不仅要对被征收土地的现有价值予以补偿,也要对农地发展权即被征收土地的可能用途价值予以补偿。〔18〕 (4)健全集体土地所有权主体制度。农村集体经济组织法人是由人民公社时期各种土地所有权主体演化而来,是特别法人的一种,《民法总则》首次在法律上确立集体土地所有权主体为农村集体经济组织法人;就当前农村社会发展状况而言,股份合作社形式对农民集

〔14〕 参见高飞:《集体土地征收法制改革研究:法理反思与制度重构》,中国政法大学出版社2019年版,第127~146页。

〔15〕 参见高飞:《集体土地征收法制改革研究:法理反思与制度重构》,中国政法大学出版社2019年版,第146~162页。

〔16〕 参见高飞:《集体土地征收法制改革研究:法理反思与制度重构》,中国政法大学出版社2019年版,第163~164页。

〔17〕 参见高飞:《集体土地征收法制改革研究:法理反思与制度重构》,中国政法大学出版社2019年版,第167~169页。

〔18〕 参见高飞:《集体土地征收法制改革研究:法理反思与制度重构》,中国政法大学出版社2019年版,第173页。

体加以改造是有效防止集体土地所有权缺位的最优组织形式。[19]

从作者的观点和论证过程来看,本文认为将土地征收法律关系界定为公法性质是符合土地征收权的行使逻辑和法理的,也符合土地征收乃集体土地所有权的限制理论。同时,基于集体土地所有的不同属性而区别采用不同的征收补偿观念,也是有合理性的。当然,如何确定集体所有土地的市场价值,仍然需要明确的标准和适当的程序,例如引入第三方评估机构;对于安置补偿的形式,如何落实以就业保障为主要形式的社会保障安置措施和安排被征地农民的社会保障费用,实践中可能还有诸多困难。对于农地发展权的性质,作者将其定性为私权,此对于合理确定土地补偿费的标准和提高农民集体的补偿水平都具有积极意义,但是在范围逐渐缩小的公益性征收中,土地增值收益对于农民集体及其成员可能无法发挥预期的增加农民收入的作用,因为纯粹的公益性征收中土地并没有显著的增值。最后,关于集体土地所有权主体的问题,作者认为《民法总则》所规定的农村集体经济组织法人就是集体土地所有权的主体,因为农村集体经济组织法人是人民公社的历史延续。但是,从目前的政策和《物权法》和新《土地管理法》的规定来看,[20]集体经济组织都仅是代表农民集体行使所有权的主体,作者的解释仍然欠缺政策和法律充分的支持。

四、征地补偿款的分配:不同分配模式的纷争

在集体土地征收中,征地补偿款的分配无疑是与被征地农户最紧密相关的问题,也是土地征收纠纷最集中的领域。针对征地补偿款(主要是土地补偿款)分配的正当性、分配主体、分配对象和分配范围的问题,作者认为农民集体在受领土地补偿费后,将该费用在自己和成员之间及其成员相互之间进行分配于民有利、于法有据,也是被实践所认可;[21]从调研数据可知,由农民集体成员以民主方式对征地补偿款的使用和分配进行决策,是最能为土地被征收的农民集体所接受的方

---

〔19〕 参见高飞:《集体土地征收法制改革研究:法理反思与制度重构》,中国政法大学出版社2019年版,第174~176页。

〔20〕 参见中共中央、国务院《关于稳步推进农村集体产权制度改革的意见》(2016年12月26日)"……(七)明确集体资产所有权";在清产核资基础上,把农村集体资产的所有权确权到不同层级的农村集体经济组织成员集体,并依法由农村集体经济组织代表集体行使所有权。另见新《土地管理法》第11条,《物权法》第60条。

〔21〕 参见高飞:《集体土地征收法制改革研究:法理反思与制度重构》,中国政法大学出版社2019年版,第180~181页。

式;[22]从法律层面,土地补偿费是对未受限制的处于完全支配状态的集体土地所有权的补偿,应当先向用益物权人支付相应的对价,以使该用益物权消灭,剩余的部分便是农民集体享有的土地所有权的实际价值和分配范围,应当分配给具有农村集体成员资格的社员。[23]

从作者的观点来看,其与《土地管理法实施条例》第26条的规定,即征收主体应当向被征收人支付土地补偿费,"土地补偿费归农村集体经济组织所有"的规定是相符的。土地补偿费应当归属农民集体(农村集体经济组织),然后由其在内部按照民主决议的方式分配。[24] 这种分配方式,看似符合法律规定和法理,但是却面临着诸多实践困境,容易造成被征地农户利益的侵害。一方面,基层自治和民主决策的缺陷容易导致土地补偿费分配过程中的"多数人暴政"和决策不公平;[25]另一方面,土地补偿费的发放程序容易导致分配过程中的权力寻租,现行土地补偿费分配模式无法反映大多数农户的意愿,忽视农户在承包地上的长期投入。这必然导致实践中土地征收补偿费分配产生不可避免的混乱,土地补偿费分配纠纷不断。为解决上述问题,2004年国务院发布的《关于深化改革加强土地管理工作的决定》明确要求:"省、自治区、直辖市人民政府应当根据土地补偿费主要用于被征地农户的原则,制订土地补偿费在农村集体经济组织内部的分配办法。"作者也认为集体土地上设立用益物权的,可以考虑由国家、集体土地所有权人和用益物权人三方当事人共同协商,对集体土地所有权和用益物权分别确定补偿金额,并由补偿义务人对各权利人分别予以补偿,以减少补偿费分割的纠纷。[26] 然而,如果在法律上不能明确补偿义务人对集体土地上用益物权人的补偿范围和标准,依赖农民集体和被征地的用益物权人之间的自治和协商对用益物权人进行单独补偿和分别补偿,土地补偿费的分割纠纷仍然无法彻底解决。就此而言,依据《物权法》第121条和第132条的规定进行文义解释,将土地承包经营权等用益物权作为独立的征

---

[22] 参见高飞:《集体土地征收法制改革研究:法理反思与制度重构》,中国政法大学出版社2019年版,第185页。

[23] 参见高飞:《集体土地征收法制改革研究:法理反思与制度重构》,中国政法大学出版社2019年版,第192页。

[24] 这与多数地方性立法的规定和部分司法实务的观点是相吻合的,最高人民法院《关于审理涉及农村土地承包纠纷案件适用法律问题的解释》第1条第2款和第24条规定,由发包方依法按照民主议定程序决定土地补偿费在本集体经济组织内部的分配,集体经济组织成员无权就用于分配的土地补偿费数额提起诉讼。

[25] 参见刘婧娟:《土地征收补偿款分配的两难困境分析及对策研究》,载《浙江学刊》2014年第1期。

[26] 参见高飞:《集体土地征收法制改革研究:法理反思与制度重构》,中国政法大学出版社2019年版,第194页。

收客体,将用益物权人作为征收对象和补偿权利人是具有合理性的。[27]

五、结论

综合本书的观点和论证方法,作者的研究思路和研究方法仍然延续了其全国百篇优秀博士论文《集体土地所有权主体制度研究》的风格。本书在城乡融合发展和农村土地制度改革的大背景下,在明确的问题意识和目标导向下,综合运用实证分析方法和价值分析方法,遵循从解释论到立法论的研究思路,对集体土地征收涉及的重大问题都给予了比较全面和深入的分析和立法回应,是近年来土地法制研究领域比较出彩的一本专著。本文认为其对于农村土地法制研究的主要学术贡献在于:

首先,对集体土地征收法制应当贯彻的制度理念进行了提炼和升华。作者认为集体土地征收法律制度的建构应当遵循制度结构的城乡融合、制度形式的法治化和制度内容的利益均衡化理念,将共享发展理念和城乡融合发展原则的政策精神内化到集体土地征收法律制度中,[28]从根本上扭转现行集体土地征收中存在的利益分配不平衡的问题。

其次,构建了与国有土地房屋征收相区别的集体土地征收法律制度。作者充分论述了集体土地征收中涉及的公共利益认定、征收程序和征收补偿及补偿款的分配等关键问题,对新《土地管理法》的相关规定进行了检讨,并提出了相应的解决方案,这对于未来我国集体土地征收立法无疑具有极高的学术价值。

最后,将田野调查研究的方法充分运用在集体土地征收法制研究之中。从田野调查中发现问题,以实践为导向解决问题,是贯穿本书始终的研究方法。作者在研究中进行了大量富有成效的调查,获取了有关集体土地征收法律制度运行状况和民众认知的第一手资料,科学揭示了集体土地征收法律制度所存在的现实问题根源,为集体土地征收立法完善奠定了坚实的理论基础。

(责任编辑:孙聪聪)

---

〔27〕 参见房绍坤、王洪平著:《公益征收法研究》,中国人民大学出版社2011年版,第226页,国外亦有学者认为,征收标的不仅及于各种各样的财产所有权,而且还及于他项财产性权利。另参见薛生全:《论土地承包经营权的征收》,载《法学杂志》2016年第8期;申建平:《对农村集体土地征收补偿范围的反思》,载《比较法研究》2013年第2期;王利明:《〈物权法〉颁布后土地承包经营权征收中的若干法律问题》,载《法学》2009年第5期;李菁、颜丹丽:《集体成员权和土地承包收益权的冲突与协调:稳定地权与不稳定地权的对比——以西水村第八村民小组两次征地补偿费分配为例》,载《中国农村观察》2011年第2期。

〔28〕 参见高飞:《集体土地征收法制改革研究:法理反思与制度重构》,中国政法大学出版社2019年版,第201~204页。

稿　约

为繁荣土地法制研究，广东外语外贸大学土地法制研究院特创办《土地法制科学》，拟每年出版2卷。为深入反映土地法制研究中的新观念、新动向，夯实土地法制理论基础；为全面解析土地法治实践中的新问题、新情况，助推城乡土地制度转型；为大兴社会调查之风，加强实证研究运用；为广泛参考发达国家和地区的有益经验，博采众长，评介外国法理论和制度，每卷将设置“城乡中国”“理论纵横”“田野采风”“外国法译评”等栏目，并根据情况设置相应栏目。

为更好地繁荣土地法制研究、扩大影响，经双方友好协商，主办方已由广东外语外贸大学土地法制研究院转为中国土地法制与乡村振兴战略会议联盟，由会议联盟成员轮流承办并指派专家担任执行主编，《土地法制科学》编辑部固定设在广东外语外贸大学土地法制研究院。

我们热诚欢迎专家学者赐稿，尤其欢迎就以下专题撰写的佳作：

1. 我国土地法制基础理论问题，包括对土地法制发展趋势的前瞻性研究，特别是公法与私法、实体法与程序法的法学科内的交叉研究以及法学与管理学、经济学、政治学、社会学等的跨学科研究；

2. 我国土地立法的理论和实务问题；

3. 对外国重要土地立法经验、判例学说和基础理论学说的评介；

4. 以学术沙龙或笔谈形式就土地法制展开的专题对话；对土地法制领域某一专题或作品展开的研究评述。

为提高审稿效率，来稿应符合下列要求：

1. 作者简介应包含姓名、所在单位详细名称、联系方式和通信地址等信息。

2. 基金项目成果应保留项目名称及编号。

3. 文章题目应附英文翻译。

4. 摘要应能明确、客观地反映文章的主要内容与观点，文句连贯，长度以300字左右为宜，请勿写成文章结构介绍、自我评价或文章引言，不要出现“本人”“本文”及类似表述。

5. 来稿应在正文前列出详细目次。

6. 来稿注释应采用自动生成的脚注形式，每页重新编号。

7. 注释要完整规范，至少包括作者（编者）、译者及其国别，文献题目，出版单位(及期刊名称)、出版时间(及杂志出版期号);引用书籍、文集及集刊等文献时,应标注页码;引用期刊文献时,无须标注页码;引用报纸文献时,无须标注具体的版。中文文献题名应使用书名号;引文出自报刊的,请勿出现“载”“载于”字样;出版时间仅须标明年份,无须标注“第×版”“修订版”等。前后注释相同的,请完整标注,无须使用“同前(上)注[x]”之类的标注方式;引用以必要为限,自引时请勿使用“拙著(文)”等类似表述,应完整写出相关信息;应尽量减少自引。外文注释从其原有体例,无须采用斜体;引文出自互联网的,请注明详细网址及访问时间,提倡引用正式出版物。示例如下:

(1)王利明:《物权法研究》(上卷),中国人民大学出版社2007年版,第534~535页。

(2)[美]H. W. 埃尔曼《比较法律文化》,贺卫方、高鸿钧译,清华大学出版社2002年版,第177页。

(3)陈小君:《我国农村土地法律制度变革的思路与框架》,载《法学研究》2014年第4期。

(4)韩俊:《准确把握土地流转需要坚持的基本原则》,载《农民日报》2014年10月22日。

(5)江平:《土地立法与农民权益》,载吴敬琏、江平主编:《洪范评论》(第3卷),中国政法大学出版社2006年版,第8页。

(6)Steven L. Emanuel, *Torts*, CITIC Publishing House, 2003, p. 149.

(7)Henry Hanuman, Ernie Karmas, “The Numerous Clauses Problem and Divisibility of Rights”, *Journal of Legal Studies*, June 2002, pp. 45-46.

(8)中国土地勘测规划院:《2016年第二季度全国主要城市地价监测报告》,载中国城市地价动态监测网:http://www.landvalue.com.cn/TheContent.aspx? ContentID=21951&Menu_ID=13,2016年12月9日最后访问。

在期盼您赐稿的同时,我们也真诚感谢您对本刊的支持与帮助!我们的联系方式如下:

通信地址:广东省广州市白云区白云大道北2号广东外语外贸大学土地法制研究院《土地法制科学》编辑部(邮编:510420)

电子邮箱:ps0103@sina.com

电话(/传真):020-36641655

《土地法制科学》编辑部

图书在版编目(CIP)数据

土地法制科学. 第4卷 / 耿卓主编. -- 北京 : 法律出版社, 2020

ISBN 978-7-5197-4825-8

Ⅰ. ①土… Ⅱ. ①耿… Ⅲ. ①土地管理法—研究—中国 Ⅳ. ①D922.304

中国版本图书馆CIP数据核字(2020)第143412号

土地法制科学(第4卷)
TUDI FAZHI KEXUE(DI-4 JUAN)

耿 卓 主编

责任编辑 郑怡萍
装帧设计 马 帅

出版 法律出版社
总发行 中国法律图书有限公司
经销 新华书店
印刷 北京玺诚印务有限公司
责任校对 杨锦华
责任印制 胡晓雅

编辑统筹 教育出版分社
开本 710毫米×1000毫米 1/16
印张 13.5
字数 238千
版本 2020年10月第1版
印次 2020年10月第1次印刷

法律出版社 / 北京市丰台区莲花池西里7号(100073)
网址 / www.lawpress.com.cn
投稿邮箱 / info@lawpress.com.cn
举报维权邮箱 / jbwq@lawpress.com.cn
销售热线 / 400-660-8393
咨询电话 / 010-63939796

中国法律图书有限公司 / 北京市丰台区莲花池西里7号(100073)
全国各地中法图分、子公司销售电话:
统一销售客服 / 400-660-8393/6393
第一法律书店 / 010-83938432/8433 西安分公司 / 029-85330678 重庆分公司 / 023-67453036
上海分公司 / 021-62071639/1636 深圳分公司 / 0755-83072995

书号:ISBN 978-7-5197-4825-8
定价:36.00元
(如有缺页或倒装,中国法律图书有限公司负责退换)